掌尚文化

Culture is Future

尚文化·掌天下

聊城大学学术著作出版基金资助

山东省重点研发计划（软科学项目）（2022RKY01004）

山东省高等学校青创科技支持计划（2021RW031）

聊城市羡林学者青年计划

中国专精特新企业韧性提升研究

赵耀腾 / 著

Research on Enhancing the Resilience of Chinese Enterprises
that Use Sophisticated Technologies to Produce Novel
and Unique Products

经济管理出版社
ECONOMY & MANAGEMENT PUBLISHING HOUSE

图书在版编目（CIP）数据

中国专精特新企业韧性提升研究 / 赵耀腾著. —北京：经济管理出版社，2023.11
ISBN 978-7-5096-9490-9

Ⅰ. ①中… Ⅱ. ①赵… Ⅲ. ①企业发展—研究—中国 Ⅳ. ① F279.2

中国国家版本馆 CIP 数据核字（2023）第 229148 号

组稿编辑：张　昕
责任编辑：董杉珊
责任印制：许　艳
责任校对：蔡晓臻

出版发行：经济管理出版社
　　　　　（北京市海淀区北蜂窝 8 号中雅大厦 A 座 11 层　100038）
网　　址：www.E-mp.com.cn
电　　话：（010）51915602
印　　刷：唐山昊达印刷有限公司
经　　销：新华书店
开　　本：720mm×1000mm/16
印　　张：14
字　　数：226 千字
版　　次：2023 年 12 月第 1 版　2023 年 12 月第 1 次印刷
书　　号：ISBN 978-7-5096-9490-9
定　　价：98.00 元

前　言
PREFACE

目前，我国企业所面临的经济环境发生了显著变化，包括全球经济增速放缓、存在系统性极端不确定性，以及对科学技术的保护、高质量发展的新要求、"双循环"新发展格局的规划和"双碳"目标的引导等。这些变化都不约而同地指向了一项经济发展的特征要求，即提升经济韧性。只有具备高经济韧性才能更好地应对经济环境中所出现的负面因素冲击，并保持可持续发展。国家经济韧性的构成基础是企业韧性，要想显著提升我国的经济韧性，就需要夯实其构成基础。企业韧性是以下企业能力的汇总：企业应对外部冲击扰动的防御能力和受冲击后优化转型持续发展的能力。从该定义可以看出研究企业韧性需要关注两个方面，即是受冲击时的抵抗能力和受冲击后的调整发展能力。另外，企业受冲击后经过优化转型所达到的状态通常会与受冲击前不同。企业通过调整战略规划、优化组织结构、增加新技术应用和人事调整等措施进行自身经营管理的升级，因此优化转型后的企业通常会变得对经济环境适应性更好和可持续发展能力更强。

专精特新企业是具备专业化、精细化、特色化和新颖化特征的中小企业的简称。根据我国优质中小企业梯度培育管理的相关规定，可将专精特新企业划分为创新型中小企业、专精特新中小企业和专精特新"小巨人"企业三个层次。专精特新企业既是我国广大中小企业的"排头兵"，也是进行科技创新的生力军。专精特新企业韧性的提升将会对其他中小企业起到良好的示范性作用，并且将直接增强其所在产业链的韧性，对产业链起到"强链补链"的作用；多条产业链韧性的协同提升又将会增强区域和国家经济韧性。本书基于复杂系统理论，全面系统研究我国专精特新企业韧性的提升机制、路径与对策，具体包括企业韧性的量化测度、数智化转型、创新生态系统、企业管理模式变革、金融服务、企业长青策略与案例研究等。

本书的理论研究基础是复杂系统理论，复杂系统理论研究对象的特征有复杂性、动态性、自适应性和涌现性等。专精特新企业韧性的提升机制就具备这些特征，所以使用复杂系统理论作为研究基础是非常契合和科学的。在选择专精特新企业韧性的量化测度指标时，需要根据其含义体现出对负面因素的抵抗能力和恢复能力两个维度，然后使用熵值法测度出专精特新企业韧性的阶段性动态数值。随着数字技术和人工智能的突破性发展，企业的数智化转型成为提升其韧性的关键因素。数智化转型是指专精特新企业利用数字化和智能化技术等对其经营管理进行全面转型升级，这种转型旨在提高企业的效率、创新能力和竞争力等，通过充分利用数字化工具和数据资产，实现业务流程的优化和创新。企业的创新能力是增强其韧性的核心因素，而创新生态系统是研究专精特新企业创新能力提升的最强工具。创新生态系统中参与者们吸收、转移和消耗资源进行创新发明的过程可视为类似于自然界生态系统中的新陈代谢现象，创新生态系统的功能优势有持续性创新涌现、创新资源高效分配、系统韧性增强和绿色创新导向等。企业管理模式变革和金融服务是辅助专精特新企业韧性提升的因素，而企业长青是企业韧性的一个终极表现，高韧性企业能够在长期的经营中跨越经济周期，具备持续性增长的能力。

本书的研究基于中国本土企业经营管理经验，从多个角度系统地阐述了专精特新企业韧性提升的理论依据与对策建议，丰富了中国式现代化企业管理的研究内容。书中难免存在不足之处，恳请同行专家、广大读者批评指正。

赵耀腾

2023 年 6 月 16 日

目 录
CONTENTS

第一章

我国专精特新企业发展概况

第一节　专精特新企业的支持政策演进

在我国经济高质量发展的进程中，专精特新企业扮演着至关重要的角色，对经济发展、社会稳定和国家创新具有重要影响。我国政府部门积极出台了一系列鼓励创新创业的政策，为专精特新企业提供了有力保障和支持。本节分三个时间段介绍我国专精特新企业支持政策的演进过程，分别是 2011—2017 年、2018—2020 年和 2021—2023 年。这样划分的逻辑是，以 2018 年为第一个分界点，这一年发生了历史性的国际贸易摩擦，国内一些先进科技产品和零部件的使用出现了"卡脖子"现象，使得我国对于关键核心技术的重视达到了空前水平；第二个分界点是 2020 年，这一年暴发了影响全球的新冠疫情，疫情也在不同程度上影响了国家治理、经济运行和社会交往的方式。

一、2011—2017 年

2011 年 7 月，工业和信息化部发布了《中国产业发展和产业政策报告》，首次提出了"专精特新"概念，随后在同年 9 月继续发布了《"十二五"中小企业成长规划》，为中小企业的转型升级指明了方向。根据该规划，中小企业应当以"专精特新"为目标，以实现"小而优"和"小而强"的发展效果。这一战略指导原则旨在引导中小企业在经济转型中寻求创新、突破与提升，专精特新的先进理念要求企业要在某个特定领域做到专业化和创新性，不断提升核心竞争力。同时，中小企业也要积极追求技术创新和产品创新，通过引入新技术、新产品、新模式，不断满足市场需求，保持竞争力。这样的发展战略有助于中小企业在激烈的市场竞争中找到自己的定位，实现可持续发展，并为经济增长注入活力。

2012 年 4 月，国务院发布了《国务院关于进一步支持小型微型企业健康发展的意见》。该意见鼓励小微企业选择"专精特新"的发展路径，并积极与大企业协作，实现互补和共同发展，以加快从要素驱动向创新驱动的转变。在这一指导方针下，小型微型企业被鼓励专注于某个领域，提升自身的专业化水平和核心竞争力。通过专精特新的发展战略，这些企业能够深入挖掘市场需求，不断优化产品或服务，提供更加符合市场和消费者需求的解决方案。与此同时，该意见也强调了与大企业的协作配套发展。小型微型企业可以通过与大企业合作，利用大企业的资源、技术和渠道方面的优势，实现优势互补，提高创新能力和市场竞争力。这种合作模式有助于小型微型企业更快地实现从要素驱动向创新驱动的转变，促进产业链的协同发展。

2013 年 7 月，"专精特新"一词正式出现在了政府政策文件的名称之中。工业和信息化部发布了《关于促进中小企业中小企业"专精特新"发展的指导意见》，通过培育和扶持，不断增加专精特新中小企业的数量和比重，提升中小企业的整体素质。通过提供政策支持、金融扶持、技术支持和市场拓展等多种手段，工信部将激励和引导中小企业在特定领域做到专业化和精细化。这有助于中小企业在激烈的市场竞争中找到自身定位，打造出具有竞争力的产品和服务。通过积极营造有利于专精特新企业发展的环境，如降低准入门槛和简化审批程序等措施，鼓励更多的中小企业朝着专精特新的方向发展。这有助于提升整个中小企业群体的生产水平和竞争力，推动中国经济的转型升级。工业和信息化部的指导意见为中小企业的发展提供了明确的方向和政策支持，为专精特新的发展提供了有力保障。通过培育和扶持专精特新中小企业，中国进一步激发中小企业的创新潜能，促进经济的可持续发展和结构优化。

2015 年 5 月，国务院发布了《中国制造 2025》，强调了激发中小企业的创业创新活力，促进发展一批专业性高、在细分市场中具备突出主营业务、竞争力强、成长性好的"小巨人"企业。《中国制造 2025》国家行动纲领为中小企业的发展确定了明确的目标和指导原则，其中之一就是鼓励中小企业在创业创新方面发挥更大的作用。政府通过提供产业政策、技术研发、人才培养等方面的支持，为中小企业创造更加有利的环境，激发它们的创新活力。这有助于中小企业不断推出具有市场竞争力的新产品、新技术和新模式。此外，该国家行动纲领还强调了培育一批专业化的"小巨人"企业。这些企业在特定的细分市场中，以其突出的主营业务、强大的竞争力和良好的成长性脱颖而出。政府通过优化政策环境、加大金融支持和提供市场拓展机会等方式，促进这些企业发展壮大。"小巨人"企业专注于细分市场，通过提供高质量的产品和服务，能够更好地满足市场需求，并取得更大的竞争优势。进而有助于中国制造业的高质量升级和转型，推动产业经济的可持续发展，并为中小企业提供更广阔的发展空间和更大的发展机遇。

2016 年 8 月，工业和信息化部与国家发展改革委等四部门发布了《工业强基工程实施指南（2016-2020 年）》（以下简称《指南》），强调建设一批产业技术基础平台，并培育专精特新"小巨人"企业助力"四基"领域的军民融合发展。"四基"领域指的是核心基础零部件（元器件）、关键基础材料、先进基础工艺和产业技术基础。根据《指南》，工业强基工程的目标是加强我国产业的技术基础，提升核心竞争力。其中，建设产业技术基础平台是一个重要举措。通过搭建先进的研发与创新平台，推动技术研发、产业转型升级，提高我国工业的创新能力和自主研发水平。这将为企业提供更好的科研和创新条件，有助于培育出更多具备专业化和创新能力的"小巨人"企业。同时，《指南》还强调了"四基"领域的军民融合发展。通过促进军民融合，在技术创新、产业升级等方面实现军民资源的共享和优势互补。这种融合能够加快科技成果转化和产业化进程，推动相关领域的发展，并带动一批专精特新的"小巨人"企业的涌现。

二、2018—2020 年

2018 年 4 月，美国商务部指控中兴通讯违反其出口禁令，并声称在调查中发现该公司涉嫌向禁售国家出售含有美国技术的产品。作为回应，美国商务部禁止美国企业向中兴通讯供应关键的零部件和技术，这给中兴通讯的运营和业务造成了严重影响。随着事件的发展，中兴通讯与美国政府进行了谈判，并达成了一项协议。根据协议，中兴通讯同意支付巨额罚款，并改革其内部管理制度以确保遵守国际贸易规定。美国商务部在接收了罚款并审查后，暂时解除了对中兴通讯的禁令。但是之后出现了持续性地对中国科技产品"卡脖子"的贸易限制，这警醒我国必须将关键核心技术掌握在自己手中。

2018 年 11 月，工业和信息化部发布了《工业和信息化部办公厅关于开展专精特新"小巨人"企业培育工作的通知》（以下简称《通知》），计划用三年的时间培育 600 家左右的专精特新"小巨人"企业。《通知》的目标是推动中小企业进行高水平转型升级，通过培育和支持一批专业化、精细化、特色化、新颖化的"小巨人"企业，推动我国工业产业的创新和竞争力提升。在培育工作中，《通知》强调了关键核心技术的重要性。企业在技术上具备核心优势，能够独立研发和掌握关键技术，才能在市场竞争中占据有利地位。自主创新也是培育工作的重要方面，鼓励企业在产品、技术、管理等方面进行突破，提高市场竞争力。《通知》鼓励建立创新支持体系，包括加强科技创新平台和创新资源的整合，为企业提供技术研发、转化和应用支持。这有助于提升企业的研发能力和创新水平，推动关键核心技术的突破。

2019 年 4 月，国务院发布了《关于促进中小企业健康发展的指导意见》，积极支持中小企业转型升级。这一指导意见的核心目标是促进中小企业聚焦主业，专注提升核心竞争力，并持续提高主营业务发展质量和水平，以实现专业化、精细化、特色化和创新化的发展道路。例如，政府加大了对中小企业的金融支持力度，提供更多的融资渠道和贷款便利条件，以帮助企业解决资金压力。同时，政府推动创新创业，鼓励中小企业进行技术研发和创新投入，以提高其产品和服务的竞争力。此外，政府还加强了对中小企业的培训和咨询支持，提供管理和营销等方面的指导，帮助企业提升运营效率和市场拓展能力。

《关于健全支持中小企业发展制度的若干意见》是由工业和信息化部等17 个部门于 2020 年 7 月发布的政策文件。这一文件的目标是为中小企业提供更加有力的政策和制度支持，以推动它们继续朝着专精特新的方向发展。这一系列意见的实施将对中小企业的发展产生积极影响。首先，通过提供更加有利的政策环境和支持措施，中小企业将能够更好地提升其技术创新能力。这意味着企业可以加大研发投入，不断推陈出新，提高产品的技术含量和竞争力。其次，通过健全制度和加强知识产权保护，中小企业能够更好地保护自己的创新成果和知识产权。这将激发企业的创新活力，增强其在市场上的竞争地位。同时，这也为企业提供了更多的发展机会，使其能够更好地利用自身的技术优势和特色产品进一步开拓市场。最后，这一系列意见还为中小企业创造了更广阔的市场发展空间。通过提升产品质量和品牌价值，中小企业可以更好地满足消费者的需求，拓展更大的市场份额。同时，政府将加强对中小企业的支持和引导，帮助其拓展国内外市场，参与国际竞争，实现更加全面的发展。

三、2021—2023 年

2021 年 3 月，十三届全国人大四次会议表决通过了《中华人民共和国国民经济和社会发展第十四个五年规划和 2035 年远景目标纲要》（以下简称"十四五"规划纲要），该纲要提出推动中小企业提升其专业优势，并培育一批具有国际竞争力的专精特新"小巨人"企业以及制造业领域的单项冠军企业。这一目标的设定对于中小企业的发展具有重要的引领意义。通过提升专业优势，中小企业能够在特定领域形成核心竞争力，更好地满足市场新兴需求，并在市场上取得持续性的竞争优势。这有助于中小企业整体提高产品和服务的质量水平，不断创新和优化主营产品，从而获得更多的市场份额和更强的盈利能力。同时，"十四五"规划纲要提出培育"小巨人"企业和制造业单项冠军企业的重要性。这些企业将成为中小企业中的佼佼者，展现出在特定领域的卓越能力和市场竞争力。培育这些企业将示范性地引领中小企业持续高效地向专精特新发展方向转型，提升整体制造业的竞争力和创新能力。为了实现这一目标，"十四五"规划纲要还提供政策和创新资源支持，包括金融支持、技术创新支持、市场拓展支持等。此外，"十四五"规划纲要还强调加强中小企业的培训和人才支持，提升企业的管理水平和技能素质，为其专业优势的发展提供有力支撑。

2021 年 6 月，工业和信息化部等六部门发布《关于加快培育发展制造业优质企业的指导意见》。这一指导意见引导具备"专精特新"特点的中小企业成长为国内市场领先的"小巨人"企业，并充分利用现有的资金渠道，支持这些企业实现高质量的发展。通过这一指导意见，政府希望中小企业能够在专业领域内展现出卓越的能力和优势。这意味着企业需要集中资源，专注于发展特定领域的专业化技术和产品，以满足市场需求并与竞争对手形成差异化的竞争优势。通过引导中小企业成长为"小巨人"企业，这些企业将能够在国内市场上脱颖而出，成为行业的领军者。2021年7月30日，中共中央政治局会议上首次提出开展"补链强链"专项行动，发展"专精特新"中小企业。这一专项行动的目标是在当前全球供应链格局不断变化的背景下，加强国内供应链的稳定性和韧性。通过发展专精特新的中小企业，政府希望在供应链中弥补短板、增强链条的关键环节。这将有助于提高供应链的自主性和可控性，降低对外依赖，提高国内产业链的竞争力和抗风险能力。通过"补链强链"专项行动，政府还将加强中小企业在供应链中的合作与协同，鼓励企业之间建立合作伙伴关系，促进产业链上下游企业之间的紧密合作。这将提升整条供应链的效率和灵活性，推动资源的优化配置和流动。

2021年9月，中国证监会发布了《证监会就北京证券交易所有关基础制度安排向社会公开征求意见》，针对专精特新的中小企业明确了简便、包容、精准的发行条件，并建立了多元、灵活、充分博弈的承销机制，聚焦服务实体经济，大力支持科技创新。《证监会就北京证券交易所有关基础制度安排向社会公开征求意见》的发布体现了我国证监会对中小企业发展的重视，并从制度层面出发，为其提供更加适应和便利的融资渠道。其中，简明科学的发行条件有助于降低中小企业的融资门槛，使更多具备专精特新特点的企业能够顺利发行证券并进入资本市场。这为中小企业提供了更多融资机会，支持其扩大规模、增强实力和实现可持续发展。同时，建立多元、灵活、充分博弈的承销机制为中小企业的发展提供了更加灵活和多样化的资金支持。这种机制的引入能够促使各类投资者参与中小企业的承销活动，提供更多的资金来源和投资渠道，为中小企业的成长和创新提供更广阔的空间。此外，《证监会就北京证券交易所有关基础制度安排向社会公开征求意见》明确聚焦服务实体经济和大力支持科技创新。这意味着中国证监会更加注重支持那些以实体经济为基础、依托科技创新的中小企业。这为中小企业提供了更多的金融政策和资源支持，有助于促进其技术创新、产品研发和市场拓展，推动实体经济的转型升级和可持续发展。2021年11月，国务院发布《为"专精特新"中小企业办实事清单》，包括加大财税支持力度、完善信贷支持政策、畅通市场化融资渠道等 10 个方面，提出了超过 30 项具体举措。

2022 年 6 月，工业和信息化部印发了《优质中小企业梯度培育管理暂行办法》的通知。该办法创造性地提出了优质中小企业三大培育梯度，即创新型中小企业、专精特新中小企业和专精特新"小巨人"企业。其中，梯度培育成为企业发展的关键要素。通过梯度培育，优质中小企业将得到逐步提升的支持和引导，实现更好的发展。工业和信息化部将建立完善的培育管理体系，通过制定具体的政策与措施，加强对优质中小企业的指导、支持和服务，推动其在专业领域实现竞争优势和创新突破。此外，该办法还规定了优质中小企业的梯度培育目标和具体要求。通过分类识别和评估，确定优质中小企业，并按照不同梯度进行精细化培育，这有助于更好地挖掘中小企业的潜力，提升其核心竞争力和市场地位。

2022 年 10 月，国家知识产权局与工业和信息化部联合印发《关于知识产权助力专精特新中小企业创新发展若干措施的通知》，通过知识产权的保护和运用，助力专精特新的中小企业实现创新发展。首先，针对专精特新的中小企业，将加强知识产权的保护工作，包括加强知识产权法律法规的宣传培训，完善知识产权保护体系，加大对侵权行为的打击力度，确保企业的创新成果得到充分的保护和回报。其次，措施将促进知识产权的运用与转化。通过建立知识产权交易平台和技术转移机构，提供技术转移、转化和运营的服务，帮助中小企业将技术创新成果转化为市场价值，实现技术的商业化和产业化，推动企业的发展和壮大。最后，措施将加强知识产权的培训和指导，提升中小企业的知识产权意识和管理水平。通过开展知识产权培训班、研讨会等活动，帮助企业了解知识产权的重要性，掌握知识产权的管理方法和策略，提高企业对知识产权的有效运用和保护能力。

2023 年，全国各省份各部门为加快培育"专精特新"企业，推动产业链创新链协同发展，采取了一系列举措，具备创新能力的企业通过参与专精特新培育计划，可快速走上专精特新发展道路，享受政策红利。例如，北京市对企业符合条件的智能化、数字化和绿色化技术改造项目给予最高3000 万元的奖励；上海市市级专精特新中小企业、国家级专精特新"小巨人"企业分别给予不低于 10 万元、30 万元的奖励；浙江省鼓励企业通过并购或自建方式在海外设立研发机构，研发投入总金额高于 1000 万元的，按核定研发投入的 5% 给予最高不超过 500 万元的一次性奖励；辽宁省对新认定的国家级和省级专精特新中小企业、专精特新"小巨人"企业、制造业单项冠军，给予最高不超过 100 万元奖励；等等。

我国专精特新企业支持政策的实施取得了积极的效果，对中小企业的发展起到了重要的推动作用。一是促进中小企业转型升级。专精特新企业支持政策鼓励中小企业走专业化、精细化的发展道路，推动企业实现技术升级、产品质量提升和市场竞争力增强。政策的实施帮助中小企业更好地适应市场需求，提高企业整体素质和竞争力。二是培育高成长企业。专精特新企业支持政策注重培育一批具有竞争力的中小企业，重点关注其创新能力和成长潜力。通过提供资金支持、技术咨询、市场拓展等服务，促进了一批高成长性的中小企业的涌现，为经济增长和就业创造了机会。三是推动创新驱动发展。专精特新企业支持政策强调自主创新和知识产权保护，鼓励中小企业加大技术研发投入，提升核心技术能力。在支持政策的推动下，中小企业积极开展创新活动，推动了科技成果的转化和应用，加快了产业结构升级和创新驱动发展。四是拓展市场机会。专精特新支持政策推动中小企业参与国内外展会和交易会，加强与大企业的合作与协同。这为中小企业提供了更多的市场机会和资源对接平台，促进了企业间的合作与共赢，拓展了中小企业的市场份额和发展空间。这些政策为中小企业提供了更好的发展环境和支持，推动了经济结构的优化和提升，为中国经济的可持续发展打下了坚实基础。

第二节　梯度培育体系

一、专精特新企业梯度培育的理论基础

1. 梯度理论

梯度理论是一种用于描述事物按照不同级别或程度进行分类和分级的

理论框架。"梯度"一词源自"逐渐变化"的概念，表示在某个特定领域内，事物可以根据其属性、特征或表现形式的差异被分成多个级别或层次。梯度理论认为，事物在同一领域内存在不同的级别或程度，并且这些级别之间通常存在一种递进或渐进的关系。每个级别或程度具有特定的特征和属性，而且较高级别的事物通常比较低级别的事物具有更高的水平、更复杂的功能或更强的能力。

梯度理论与专精特新企业梯度培育相结合，为培养和推动专精特新企业的发展提供了有力的理论支持和实践指导。梯度理论认为，企业可以按照不同的级别进行划分，以便更好地理解其特征和发展需求。专精特新企业梯度培育则强调在培育过程中，通过逐步提升企业的专业化、精细化和创新能力，使其逐渐在市场竞争中脱颖而出。基于梯度理论的思想，专精特新企业梯度培育注重构建良好的创新生态系统，通过产业集群、技术孵化器等平台，为企业提供资源、支持和合作机会。同时，借鉴创新创业生命周期理论，根据企业所处的生命周期阶段，制定相应的培育策略和管理措施，包括资源配置、组织调整和市场拓展等，以促进企业的快速成长和持续发展。在梯度理论与专精特新企业梯度培育的综合框架下，企业可以通过有效的知识管理，实现创新能力的提升和竞争优势的打造；通过与其他企业和组织的合作与协同，实现资源共享和互补，推动企业向高级别的梯度迈进。综上所述，梯度理论与专精特新企业梯度培育的结合为企业提供了战略指导和实践路径。通过充分理解企业的特点和发展需求，并采取相应的培育策略和管理措施，企业可以不断提升自身的专业化、精细化程度和创新能力，实现长期竞争优势和可持续发展。

2.产业集群理论

产业集群是指一定地理区域内密集分布的相关产业企业、供应商、服务提供者以及相关机构和组织的聚集。这些企业和机构之间存在相互依赖、互动和合作的关系，共同形成一个相对独立的生态系统。该理论认为，通过在某一特定领域形成紧密的产业集群，可以促进企业之间的合作与创新，提高整个集群的竞争力。产业集群理论提出了以下主要概念和原则。一是聚集效应，相近的企业和机构在地理上的聚集形成了规模经济和密切互动的优势。这种聚集可以带来资源共享、技术创新、人才流动和市场机会等好处。二是协同效应，集群中的企业和机构通过合作和协同，可以共同解决问题、分享知识、实现创新，并提高整个集群的竞争力和创造力。三是知识溢出，集群中的企业和机构之间的紧密互动和知识交流会产生知识溢出效应，促进创新和技术进步。四是政策支持，产业集群理论认为，政府和相关机构可以通过制定政策和提供支持，促进和培育产业集群的发展，提高整个地区的经济竞争力和发展水平。

根据产业集群理论，专精特新企业在地理上的聚集可以带来资源共享、知识交流和协同创新的机会。梯度培育注重通过提升企业的专业化、精细化程度和创新能力，使其在市场竞争中脱颖而出。在产业集群中，专精特新企业可以从集群中获取支持和合作机会，与其他企业和机构共同开展研发合作、技术转移和市场拓展等活动。通过与集群中的企业建立紧密联系，专精特新企业可以共享资源、知识和经验，加快创新和发展的速度。同时，专精特新企业梯度培育还强调建立良好的创新生态系统。在产业集群中，通过与技术孵化器、研究机构和政府部门等合作伙伴的协同，专精特新企业可以获得专业支持、资金投入和市场导向等资源，提高创新能力和市场竞争力。综合运用产业集群理论与专精特新企业梯度培育，可以实现企业在地理聚集中的优势和集群中的合作机会。通过专注于企业的专业化发展、加强与集群内外合作伙伴的协同创新，专精特新企业可以在集群中成长壮大，并逐步向更高级别的梯度迈进，实现持续发展和竞争优势。因此，将产业集群理论与专精特新企业梯度培育相结合，能够为企业提供更加全面和系统的发展策略，加速专精特新企业的成长，并促进整个地区的经济发展和创新生态系统的构建。

3.创新创业生命周期理论

创新创业生命周期理论是描述创新企业从创业初期到成长和成熟阶段的演进过程的理论框架。该理论旨在理解创新企业在不同阶段的挑战、需求和管理策略，并提供相应的指导和建议。创新创业生命周期理论主要包含以下几个关键阶段。初创期（Nascence），是创新企业从创业开始到产品或服务的初步开发阶段。在这个阶段，创业者通常处于探索和实验的阶段，面临创意的验证、市场需求的确认和资源的获取等挑战。成长期（Growth），是创新企业在市场中逐渐获得认可和发展的阶段。企业在这个阶段承担着规模扩大、运营优化、市场份额增加等任务，需要建立有效的组织结构、拓展销售渠道和吸引更多的投资。成熟期（Maturity），是创新企业在市场中稳定运营并取得商业成功的阶段。企业在这个阶段面临市场竞争的加剧、产品创新的需求和组织文化的建设等挑战。这个阶段重要的任务是保持竞争优势、维持创新能力和管理变革。衰退期（Decline），是创新企业在市场竞争中逐渐失去优势并面临业务下滑的阶段。企业在这个阶段需要重新评估战略、进行业务重组或转型，以应对市场的变化和恢复竞争力。

利用创新创业生命周期理论有助于理解专精特新企业在不同发展阶段的需求和挑战。根据创新创业生命周期理论，专精特新企业可以通过不同的阶段实现持续发展和创新。在初创期，专精特新企业需要验证其商业模式和产品的可行性。创业者要积极探索市场需求、确定目标客户，并努力获得初步资源和资金支持。此阶段的关键是快速学习、迅速适应和快速迭代到成长期，专精特新企业开始获得市场认可和业务增长。企业需要建立可拓展的组织结构、优化运营流程，并开展市场推广和渠道拓展。此阶段的关键是实现可持续增长、提升竞争力，并吸引更多的投资和合作伙伴。在成熟期，专精特新企业已经确立了自己在市场中的地位和竞争优势。企业需要保持持续创新能力，不断改进产品和服务，同时注重组织文化和人才培养。此阶段的关键是持续创新、管理变革和维持竞争优势。在衰退期，专精特新企业可能面临市场变化、竞争压力或业务下滑的挑战。企业需要审时度势，重新评估战略，进行业务重组或转型，以恢复竞争力和可持续发展。

4. 创新生态系统理论

创新生态系统是目前研究创新管理最为先进的范式，是描述和解释创新活动在特定环境中相互依存、相互作用和相互影响的理论框架。它强调了创新的复杂性和系统性，认为创新不仅仅是单个企业或个体的行为，而是由多个参与者、资源和机构构成的生态系统的结果。创新生态系统中的参与者包括企业、创业者、投资者、政府机构、研究机构、孵化器等，这些参与者在生态系统中扮演不同的角色，相互合作、竞争和协同，共同推动创新的发展。①创新资源。创新生态系统中的资源包括知识、技术、资金、人才和市场等。这些资源通过参与者之间的互动和交换得以共享和利用，促进创新的产生和传播。②互动和合作。创新生态系统强调参与者之间的互动和合作关系。通过合作、共享和开放的创新模式，不同的参与者可以共同解决问题、分享知识和资源，并实现协同创新和竞争优势。③知识流动。创新生态系统中的知识流动是创新活动的关键要素。通过知识的交流、转移和共享，参与者可以获得新的想法、技术和商业机会，推动创新的发展和实现商业化。④政策环境。创新生态系统理论认识到政策环境对创新的影响。政府机构和政策制定者可以通过制定支持创新的政策和提供相应的资源和基础设施，促进创新生态系统的形成和发展。

创新生态系统理论与专精特新企业的发展密切相关。创新生态系统提供了一个多元化的环境，涵盖了创新者、投资者、政府机构、研究机构等各种参与者和资源。专精特新企业作为创新生态系统中的重要组成部分，可以通过参与和受益于这个生态系统来实现其发展目标。在创新生态系统中，专精特新企业可以与其他创新者和相关机构建立合作关系，共同开展创新活动、分享知识和资源。它们可以通过与技术研究机构合作，获得最新的科技研发成果，从而推动自身的技术创新和产品优化。专精特新企业还可以与投资者和风险投资机构合作，获得资金和投资支持。这些资源可以帮助企业扩大规模、加速产品上市，并为其提供在市场竞争中取得优势的机会。此外，政府机构在创新生态系统中扮演着重要角色，通过制定创新政策、提供创新基础设施和资金支持，促进专精特新企业的成长和发展。专精特新企业可以借助创新生态系统的支持和资源，实现持续创新和发展。通过与系统内其他主体的合作，企业能够获得创新知识、技术、资金和市场机会，不断提升自身的创新能力和竞争力。创新生态系统为专精特新企业提供了一个有利的环境，促进了创新和创业的蓬勃发展。

二、梯度培育的概念与体系构建

根据 2022 年工业和信息化部发布的《优质中小企业梯度培育管理暂行办法》，我国优质的中小企业可以明确分为创新型中小企业、专精特新中小企业和专精特新"小巨人"企业三个层次。创新型中小企业虽然是培育梯度中最低的一级，但只要是纳入梯度体系，就说明已经具备了相对较高的专业化水平、创新能力和发展潜力，成为培养梯度中优质中小企业的基础力量。专精特新中小企业已经实现了主营业务专业化、精细化和特色化发展，创新能力强且效益好，是我国优质中小企业的中坚力量，也最有潜力成为"小巨人"企业层。"小巨人"企业是某一产业的基础核心和产业链的关键环节，掌握了一定的核心技术，在细分市场中具有较高的占有率，是我国优质中小企业的核心力量。梯度培育的层次划分具有较强的科学性。培育层次是基于企业核心竞争力和发展阶段进行划分的，体现了科技创新、专业化发展和规模扩大的内在逻辑。通过这种划分，可以更准确地评估和指导中小企业的发展，提高资源配置和政策支持的科学性和针对性。

专精特新企业梯度培育体系具有诸多优点。第一，科学的层次划分有助于识别和培育创新型企业。创新是推动经济发展和提升企业竞争力的重要驱动力，通过明确创新型中小企业的层次，可以更好地发现和支持那些具有更强创新能力的企业，为其提供专门的政策和创新资源支持，推动其技术创新和市场拓展。第二，层次划分有助于促进企业的专业化和精细化发展。专精特新中小企业的划分强调企业在某一领域具有专业化和差异化优势，这对于提高企业的市场竞争力和产品质量至关重要。通过注重企业的专业特长和差异化优势，可以推动企业进行技术创新、工艺改进和产品升级，提高产品的附加值和市场竞争力。第三，层次划分还有助于加强企业的规模效益和综合实力。专精特新"小巨人"企业的划分意味着企业在专精特新中小企业的基础上，通过进一步整合资源和拓展市场，实现规模和效益的显著扩大和提升。这对于中小企业来说是一个重要的发展目标。通过规模扩大和资源整合，企业可以降低成本、提高生产效率，增强市场竞争力和抗风险能力。同时，规模扩大也可以为企业提供更多的资源支持，包括资金、技术、人才等，进一步促进企业的创新能力和市场拓展。第四，梯度层次有助于优化政府的支持政策。中小企业是国民经济的重要组成部分，政府通过制定相应的扶持政策来支持中小企业的发展。通过明确优质中小企业的层次划分，政府可以更加精准地制定针对不同层次企业的支持政策，以满足和适应其不同的需求和发展阶段。这样不仅能够提高政策的针对性和有效性，还能够减少资源浪费和政策错位的问题。综上所述，梯度层次划分的科学性和优点使其成为指导中小企业发展的重要工具，对于促进中国中小企业的健康发展和产业的可持续增长具有积极的作用。

三、梯度培育实施措施

1.创新型中小企业的培育措施

创新型中小企业仍处于创新发展的初级阶段，所以主要任务是夯实创新基础和配套设施等，具体包括以下措施。一是加强创新能力培养，鼓励企业加大科研投入，提升研发能力，推动技术创新和产品创新。政府可以通过设立创新基金、提供科技支持和补贴等方式，为创新型中小企业提供资金和技术支持。二是搭建创新平台，建立创新孵化器、科技园区等创新平台，提供创新资源和创业支持服务，帮助企业加速技术研发和市场推广。三是强化知识产权保护，加强知识产权法律保护，提高企业对知识产权的意识和保护能力，鼓励企业进行自主创新并申请专利、商标等知识产权。四是建立创新合作网络，鼓励企业与高校、科研院所、行业协会等建立合作关系，促进技术交流与合作，共同推动创新型中小企业的发展。

2.专精特新中小企业的培育措施

处于培育梯度中间层次的专精特新中小企业可以说是我国优质中小企业群体里的中坚力量，因为它们具有相对较高的创新研发能力，也是最有潜力成为"小巨人"企业的群体。专精特新中小企业的培育措施可包括以下四个方面。一是提供专业化培训，加强对企业的管理、技术、市场等方面的专业化培训，提高企业的管理水平和市场竞争力。政府可以通过组织专业培训班、开展企业导师制度等方式，帮助企业提升专业能力。二是支持品牌建设，鼓励企业进行品牌塑造和市场推广，提升产品的品质和形象。政府可以提供品牌认证、宣传推广等支持，帮助企业树立良好的品牌形象。三是加强供应链合作，鼓励企业与上下游企业建立合作关系，形成供应链协同效应，提高产品的供应能力和市场竞争力。四是拓宽市场渠道，支持企业拓展国内外市场，开拓新的销售渠道。政府可以提供市场开拓资金、参展补贴等支持，帮助企业拓宽销售渠道。

3.专精特新"小巨人"企业的培育措施

专精特新"小巨人"企业已经在细分市场和产业链中占据了一定的市场地位和具备了一定程度的竞争力，需要进一步提高和扩大市场占有率和规模的创新经费支撑，从而研发出具有领先水平的产品。专精特新"小巨人"企业的培育措施可包括以下四个方面。一是强化资本支持，为专精特新"小巨人"企业提供专项融资支持，包括风险投资、股权融资、银行贷款等，帮助企业扩大规模、提升效益。政府可以通过设立专项资金、引导基金等，促进资本与企业的对接。二是建立创业生态系统，构建完善的创业生态系统，提供创业孵化、投资对接、政策支持等"一站式"服务。政府可以打造创业园区、创新中心等，提供场地、设备、资源等支持。三是强化国际合作，鼓励专精特新"小巨人"企业参与国际交流与合作，加强国际市场的拓展和技术的引进。政府可以组织企业参加国际展会、派遣代表团赴海外考察，促进企业的国际化发展。四是提供有针对性的政策支持，制定针对专精特新"小巨人"企业的扶持政策，包括税收优惠、创新奖励、人才引进等，提供全方位的政策支持，促进企业快速成长。加强企业管理能力培养，如提供企业管理顾问、专业培训等支持，帮助企业提升管理水平和团队能力。政府可以组织企业家交流活动、建立导师制度等，促进企业家的学习和成长。

此外，为了实现中小企业培育梯度，还需要营造良好的创新环境和市场环境。具体措施包括：第一，简化行政审批程序，如优化企业办事流程，减少行政审批环节，提高办事效率，降低企业的成本和时间成本；第二，改善营商环境，如加强知识产权保护，完善法律法规，减少市场壁垒，促进市场良性竞争，为中小企业提供公平竞争的环境；第三，加强金融支持提供专精特新贷款、担保、融资担保等金融服务，降低企业融资难度，增加融资渠道，支持企业的发展和扩张；第四，加强人才培养和引进政策，加大人才培训投入，提高人才培养质量，吸引高层次人才和专业人才，为中小企业提供人力资源支持，推动企业的创新和发展。此外，政府还需要加强与企业的沟通和合作，建立健全的政企互动机制，及时了解专精特新企业的需求和问题，调整政策和措施，解决企业发展中的困难和瓶颈。

第三节　专精特新"小巨人"企业分布特征

根据工业和信息化部数据，截至 2022 年底，我国已培育 8 万多家专精特新中小企业、8997 家专精特新"小巨人"企业和 848 家制造业单项冠军企业，其中 2022 年新培育的第四批"小巨人"企业数量最多，达到 4328 家。专精特新"小巨人"企业总量增加速度较前几年提升，主导产业更加聚焦，专业化优势进一步凸显。

一、行业分布特征

我国专精特新"小巨人"企业重点培育行业方向正逐渐从制造业向高技术服务业转移，特别是科学研究和技术服务业以及信息传输、软件和信息技术服务业等行业的发展态势正日益提升。随着时间的推移，这些行业在专精特新"小巨人"企业所处行业中的比例逐渐增加。从行业领域来看，已经公示的专精特新"小巨人"企业所处行业主要集中在制造业，占到公示企业所处行业总数的 60% 以上。然而，随着分批次的公示，制造业领域的专精特新"小巨人"企业的数量明显下降。从第一批企业占比近 70% 下降到第四批企业占比不到 60%。与此相比，科学研究和技术服务业以及信息传输、软件和信息技术服务业在专精特新"小巨人"企业所处行业中的比例虽然目前较低，分批次观察却呈现出明显的增长趋势。

目前，科学研究和技术服务业占比为 23%，而信息传输、软件和信息技术服务业的占比仅为 4%。然而，随着时间的推移，这些行业在专精特新"小巨人"企业所处行业中的比例逐渐提高。这一转变标志着我国经济结构的调整和转型，将重点发展高技术服务业，以促进科学研究和技术创新的蓬勃发展。科学研究和技术服务业以及信息传输、软件和信息技术服务业的上升趋势将进一步提高我国在创新领域的竞争力，为经济持续发展注入新的动力；同时，也为专精特新"小巨人"企业提供了更广阔的发展空间。

随着制造业专精特新"小巨人"企业数量的下降，需要关注和支持高技术服务业的发展，这些行业具有创新性、高附加值和高度专业化的特点，为经济增长和就业提供了新的动力。政府和企业应加强合作，为科学研究和技术服务业以及信息传输、软件和信息技术服务业等行业提供更多的支持，推动其持续健康发展，进一步推动我国经济的转型升级。

二、区域分布特征

就区域分布而言，专精特新"小巨人"企业主要集中在我国经济较为发达的东部地区，占企业总量的58.9%。中部地区、西部地区和东北地区的专精特新"小巨人"，企业占比分别为22.9%、13.0%和4.4%。这表明在专精特新"小巨人"企业的培育数量上存在明显的地域差异。

从省域分布来看，专精特新"小巨人"企业遍布全国31个省（自治区、直辖市），数量排名前三的省份依次是浙江、广东和山东，这三个省份的企业总数占到全国专精特新"小巨人"企业总量的近1/3。这些数据反映了我国专精特新"小巨人"企业的快速发展和良好势头。这些企业在各个领域展现出了突出的专业化和创新能力，成为经济发展的重要推动力。政府应进一步加大对这些企业的支持力度，为他们提供更好的发展环境和政策保障，推动他们在市场竞争中取得更人的成功。此外，需要注意的是，虽然东部地区的企业数量相对较多，但中部、西部和东北地区的专精特新"小巨人"企业也呈现出不断增长的趋势。这为促进区域经济平衡发展、推动内陆地区经济转型升级提供了新的机遇。各地区应加强合作，共同推动专精特新"小巨人"企业的培育和发展，实现更加全面、均衡的经济发展格局。

以山东省为例，2022年新增的专精特新"小巨人"企业数量达到401家，制造业单项冠军企业数量为41个。累计来看，山东省的专精特新"小巨人"企业总数已经达到756家，制造业单项冠军企业总数为186个，分别位居全国第三位和第二位。此外，山东省在中国民营企业500强榜单上共有50家企业上榜，展现出了企业创新实力和竞争力。为了优化企业创新生态，山东省深入实施了标志性产业链突破工程，共有11位省领导担任"链长"，并细化了"链长制"的运作措施，共推动实施了 343 个"补链强链"项目。山东省还高标准承办了全国首场"百场万企"融通创新对接大会，推广了"融链固链"的"山东模式"。同时，山东省精心组织了"创客中国"中小企业创新创业大赛、山东省人工智能创新创业大赛等赛事活动，为企业创新提供了平台和机会。另外，山东省实施了网络营销"流量券"和创新发展"服务券"，以支持中小企业市场拓展和创新能力提升。

为了培育更多优质中小企业，山东省开展了数字化赋能、科技成果赋智和质量标准赋值的专项行动。其目标是在 2023 年新增创新型中小企业10000 家、专精特新中小企业 1000 家、瞪羚企业 400 家和独角兽企业 3 家，同时努力培育 200 家以上国家级专精特新"小巨人"企业。为了达成这些目标，山东省加强了各方面要素和政策的保障，支持企业建设"一企一技术"研发中心、工业设计中心等研发机构和创新平台，并计划新增约 100 家省级"一企一技术"研发中心。总体而言，山东省在专精特新中小企业培育方面展现出了积极的态势和坚定的决心。通过一系列的政策支持和创新举措，山东省致力于为中小企业创造更好的营商环境和创新生态。通过支持企业建设"一企一技术"研发中心、工业设计中心等研发机构和创新平台，山东省为企业提供了更好的创新环境和资源支持。这些举措旨在激发企业的创新潜力，推动科技成果转化和商业化，并为企业的发展提供更多的机遇和可能性。

第二章

专精特新企业韧性的理论分析

第一节　研究背景

一、经济环境背景

进入 2023 年以来，随着我国经济社会的全面恢复并逐渐实现常态化运行，宏观政策采取积极协同发力措施，国民经济持续向好的势头得以延续，积极因素不断增加。2023 年 1—4 月，全国规模以上工业增加值同比增长了 3.6%，较 1—3 月提速了 0.6 个百分点；社会消费品零售总额同比增长了 8.5%，较 1—3 月提速了 2.7 个百分点；货物进出口总额同比增长了约 6%；高技术产业投资同比增长约 15%；实物商品的在线零售额同比增长了 10%；4 月，新能源汽车的产量同比增长了 85%，我国经济显示出较强的韧性。

从微观层面来看，企业韧性构成了国家经济韧性的重要基础，探索发现本土经济韧性的研究对于我国经济高质量发展具有重大意义。近几年，我国领导人多次使用"韧性"一词来形容中国经济的特征。2014 年 12 月，中央经济工作会议上强调，要用好我国经济的巨大韧性、潜力和回旋余地；2015 年 9 月，李克强于达沃斯论坛上提出，"中国经济有巨大的潜力和内在韧性"。2021 年 3 月发布的《政府工作报告》中将当年的国内生产总值预期目标定在 6% 以上，在后疫情时代国内经济复苏和发展仍然具有很大的不确定性，国家经济工作重点是巩固经济增长的基础、推动经济高质量发展、保持发展的可持续性。受疫情影响早期，我国居民收入分配及边际消费倾向出现分化，消费增速缓慢修复，如 2020 年全年社会消费品零售总额累计同比下降 3.9%，消费对于中国经济贡献率显著降低。因此，国内外经济环境的重大变化严峻考验了我国企业的经济韧性。经济韧性不仅体现在抵御负面冲击方面，也体现在受冲击后的恢复方面。2021 年，我国消费市场规模有所扩大，消费品零售总额出现了明显的复苏，较同一年增长 12.5%，良好的消费复苏使两年平均增长率提升为 3.9%。我国产业链韧性也在逐步增强，2021 年规模以上企业的工业增加值同比增长为 9.6%，其中作为强国之基的制造业同比增长 9.8%。技术创新是推动我国产业发展的核心因素，新型产业增长迅速，高技术制造业增加值同比增长 18.2%，先进制造业和现代服务业的优化融合发展对经济增长贡献率达到了 54.9%，产业结构继续优化的同时体现了产业链的较强韧性。

二、文献综述

"韧性"的概念最初在物理学科中使用，Holling（1973）首次跨学科将"韧性"的概念引入生态学，用来表述生态系统遭受自然或者人为因素干扰后保持或者恢复到原状态的能力。在经济学研究领域中，全球范围内发生了多次区域性金融危机，如何通过提升经济韧性来应对负面因素对经济发展的影响逐渐成为热门课题。Gibson 和 Tarrant（2010）也提出经济管理领域对"韧性"的概念产生了相当大的兴趣，并且形成了部分概念定义、分析流程、管理系统和度量工具等，这些研究成果使韧性的概念在学科之间的界限变得模糊。企业韧性并不只是"企业或组织从逆境中恢复过来的结果"，而是更广泛地关注其适应新经济环境的能力，以及如何更好地理解和应对内外部环境中的不确定性。企业韧性的基础是对经营风险的理解和处理，特别是非常规的或可能中断主要经营活动的风险。通过构建概念模型能够说明有效的企业韧性是建立在一系列相关战略之上的，这些战略增强了企业"硬"和"软"的组织能力。Starr 等（2003）提出了企业韧性是抵御对自身业务负面因素和适应新风险环境的能力，一个有较强企业韧性的组织能够有效地将战略、运营、管理、公司治理和决策支持系统结合起来，使企业能够适应不断变化的风险和扰动，从而形成一种新的竞争优势。Erol 等（2010）设计了一种称为"韧性工程"的研究方法，强调了企业韧性的重要性，倡导发展研究程序来分析度量和提升企业韧性。他们将企业韧性定义为两种能力的结合，分别是降低脆弱性、应对负面冲击的能力和从危机中快速恢复的能力。

企业韧性体现了微观企业本身应对经济危机和长期可持续增长的水平，为国家经济实现高质量发展提供重要支撑。胡海峰等（2020）通过研究全球金融危机时期 38 个国家上市公司的经济数据，探索投资者保护制度对企业韧性的影响情况。研究结果发现，国家层面的投资者保护制度有助于提升本国企业韧性，高质量的投资者保护制度能够增强企业应对外部冲击的能力，具体表现为对负面冲击的抵抗能力和受影响后的恢复能力。另外，企业良好的财务状况能够强化投资者保护制度、提升企业韧性的效果，投资者保护制度也能减轻企业融资约束和提高企业内外部融资能力。Nan 和 Sansavini（2017）研究了经济社会中理解系统韧性的重要性，并提出了部分增强系统韧性的方法，特别是对于日常生活所依赖的公共基础设施领域。该文献指出，近年来理论界关于系统韧性领域提出并发展了几种研究方法和框架，目的是探索全面评估和分析系统韧性的适用技术。然而这些分析方法往往针对的是特定的破坏性危险事件，或者未能包含系统吸收、适应和恢复等所有阶段。该文献中提出的评估系统韧性的定量方法由两部分组成，分别是系统韧性量化的综合度量和表示基础设施系统失效行为的混合建模方法。以供电系统作为示范基础设施，对所构建方法的可行性和适用性进行了仿真测试。仿真结果表明，该方法在设计、建设和提高基础设施韧性等方面是有效的，最后提出了系统韧性可以作为量化相互依赖的基础设施之间耦合强度的代理变量。Ates 和 Bititci（2011）提出在经济环境动荡的时代中，韧性被视为企业的一种关键可持续性能力。为了使企业具有更强的经营可持续性和韧性，需要通过不断地调整和改进来产生对市场环境的创新响应。根据经验估计，全世界范围内中小企业的产量占到 70% 以上，且创建可持续性发展的中小企业的需求越来越大，由此可见，创新变革能力对于提升企业可持续性和恢复力等方面至关重要。因此，该文献提出变革管理过程能力是中小企业创建韧性的基础，并基于多案例研究方法，通过对欧洲 37 家制造业中小企业的 232 名高管进行半结构化和面对面的采访获取数据。结论表明，中小企业的可持续性和韧性将会从以下方面得到增强：接受组织和人员维度以及变革管理的运营能力，关注长期规划和外部沟通，推动创新变革的主动性。张宝建和裴梦丹（2020）基于可持续创新理论，使用系统动力学仿真模型构建了分析企业韧性的模型。在企业可持续创新理论的研究中分为"技术派"和"市场派"，代表了企业韧性的内涵中所包含的技术和市场。技术层面，企业主动适应行业技术进步和工艺升级等变化，体现为企业韧性中的"刚性"；市场层面，企业通过分析市场需求、消费者行为偏好和营销方法迭代等变化，及时调整企业生产销售策略，体现为企业韧性中的"柔性"。该文献使用模型仿真方法分析得出结论：企业韧性提升战略效果存在时滞效应，在危机期间降低盈利预期，结合政府政策导向和市场需求进行产品创新，可使"技术"和"市场"进行耦合升级。

目前，关于经济韧性的研究很少渗透到企业微观层面，国内外关于经济韧性的研究文献主要集中在国家韧性和区域城市韧性层面，缺乏企业韧性层面的研究，但是国家宏观经济和产业结构政策的核心执行者就是企业。目前研究较少渗透到企业微观层面的原因主要有以下几个方面。第一，企业经济韧性的概念尚没有进行充分的研究论证，测度的指标和数据范围仍需要进行科学的筛选。第二，数据获取的便利性较差。从相关文献中可以看出，衡量经济韧性的指标涉及人均 GDP、研发投入、万人发明专利授权量、城镇登记失业率、劳动就业人数、全要素生产率和经济增长变化率等，通常有专业的机构对这些指标进行测度；而企业层面的微观数据则需要一定的实地调研工作，另外还有一些数据需要利用网络爬虫获取等新方法。本书梳理了企业韧性的理论基础与内涵，并基于相关概念的科学界定，丰富了高质量发展理论中微观企业层面的韧性研究。

第二节　企业韧性的理论基础与概念界定

与企业韧性概念相关的理论基础存在一个动态演进的过程，使用到的理论基础包括均衡论、演化论和复杂系统理论。

企业韧性属于经济韧性概念的范畴，根据研究范围和对象不同，在经济研究领域中的韧性可以分为国家韧性、区域韧性、城市韧性和企业韧性等。首先，均衡论包含工程韧性和生态韧性两个概念。工程韧性表示的是当系统受到负面冲击后恢复到原始状态的能力，工程韧性认为系统具有某种单一均衡状态，系统受到外部危机影响后有着恢复到原均衡状态的趋势和能力。生态韧性则打破了系统具有单一均衡状态的设定，认为系统是具有多种均衡状态，并且具有一个回弹阈值（Elasticity Threshold）。当外部扰动超过系统回弹阈值时，系统将会从原均衡状态转到另一个均衡状态，于是生态韧性表示系统达到状态转变所需要吸收的扰动能量。但是不管是生态韧性还是工程韧性都没有摆脱均衡论的局限性，都认为系统的均衡状态是稳定的。但是，经济系统中的均衡状态是随着外部环境不断发生变化的，关于经济韧性均衡论的研究视角已经遭到批判。其次，基于演化论的演化韧性认为系统韧性是一个持续的状态，而不仅是指受到冲击后恢复到原来的均衡状态。演化韧性被定义为系统通过持续调整自身组织和结构等来适应外部环境变化并保持优化升级的能力。由演化韧性的定义可知，通过测量系统某一时点对外部冲击的反应不能作为衡量系统韧性的结果。其将经济组织视为能够从外界获取知识并持续优化的复杂适应性系统，其同时受到系统历史积累和外界环境的影响。演化韧性的理念普遍渗透到经济韧性研究领域中。

随着对企业韧性的研究变得更加复杂化、动态化和非线性化，研究理论基础逐渐转变为复杂系统理论。复杂系统理论起源于物理学中对非线性系统演化进程的研究，通常具有以下几个特征：一是系统内部存在大量互相联系并互相影响的内部行动单元；二是系统与外部环境之间存在着能量和信息交换；三是系统内的某些特性存在初始值，并且这些特性在不同的参数设定下会产生非线性涌现。具有以上特征的企业也属于复杂系统的理论范畴，复杂系统具有反化约性，即系统内部个体的线性加总不等于总体。复杂系统内部不同单位之间的互动会形成复杂的关系网络，单位个体的活动和网络结构的动态演化会使系统内部涌现出单独个体所不具有的新特性。复杂理论的两个重要分支分别是协同学理论和耗散结构理论。协同学理论研究开放系统在非平衡状态下与外界环境持续进行能量和信息交流，并逐步实现内部结构有序的动态过程；耗散结构理论主张在复杂系统的外界环境条件达到一定阈值时，其内部将会产生自组织的活动，原本无序状态的系统内部演化成功能有序的新状态结构。协同学理论和耗散结构理论内容的不同之处在于，协同学认为系统转化为有序状态的关键因素在于内部子系统之间的协同作用，处于平衡状态和非平衡状态的开放系统在特定条件下都有可能演化出宏观有序的内部结构。

因此，本书基于演化论和复杂系统理论，将企业韧性定义为企业应对外部冲击扰动的防御能力和受冲击后优化转型持续发展的能力。根据以上定义可知企业韧性的几个特征。首先，企业韧性需要考察两个方面，分别是受冲击时的抵抗能力和受冲击后调整发展的能力。其次，企业受冲击后经过优化转型后达到的发展状态可能会发生变化。企业受冲击后达到的发展状态通常会和受冲击前不同，现在及未来的企业想要在市场中存活必须具备适应市场变化的能力。当企业受到外部环境变化的影响后，需要通过调整战略规划、优化组织结构、增加新技术的应用和调整人事等措施进行自身升级，优化转型后企业通常将会具备更好的发展能力。

第三节　企业韧性的时代内涵

一、构成国家经济韧性的微观基础

国家经济韧性的构成基础是企业韧性，提升企业韧性能够为国家高质量发展提供必要的支持。高质量发展的理念是创新、协调、绿色、开放和共享，以协同学理论作为支撑的企业韧性概念同样受益于相同研究体系下的科研成果，其中影响最为直接的是协同创新概念。协同创新服务于国家创新体系，我国的国家创新体系以系统论作为理论出发点，旨在发挥市场资源配置的基础作用和企业自主创新的主观能动性，为我国自主创新战略提供基石支撑。协同创新概念由 Peter Gloor 提出，在协同创新进程中组织系统内部的子系统或个体具有共同的创新愿景，并且在系统内部形成的网络中通过信息传递、经验交流、知识学习和科学实验实践等活动达到创新目标。在目前的经济环境下，企业是全球范围内创新的主要群体，企业层面的创新成果通过汇集先形成区域层面的创新水平，再升一层会形成国家创新水平。同理，国家经济韧性由区域经济韧性构成，区域经济韧性由该区域的企业韧性构成，所以说企业韧性是构成国家韧性的微观基础，并服务于国家创新体系。

创新能力方面，具备创新能力的企业更能适应市场需求的变化和技术的进步。创新能力包括产品创新、技术创新、管理创新等方面，能够帮助企业开辟新的市场空间和提高竞争力。当一个国家的企业具备较强的创新能力时，国家经济在面对外部冲击时能够更快地调整产业结构和升级经济模式。企业灵活性和适应性方面，企业应具备灵活的运作机制和适应环境变化的能力。这包括快速调整生产线、改变供应链配置、灵活运用人力资源等。当企业能够及时采取应对措施并适应市场需求和政策变化时，国家经济就能够更好地应对外部的冲击和挑战。资源多元化和可持续发展方面，企业在资源配置上的多元化是其韧性的重要体现。当企业拥有多样化的资源来源和市场分布时，能够在面临单一市场或行业波动时减少冲击。此外，企业的可持续性发展也是韧性的关键，包括环境友好型生产、社会责任、员工福利等方面。这些能力有助于企业在经济不确定性中保持稳定并为国家经济的韧性提供支持。领导力和治理机制方面，企业韧性还与其领导力和治理机制密切相关。强有力的领导团队能够制定明智的战略决策并迅速应对危机；健全的治理机制能够确保企业的决策合理、运营高效，提高企业的应变能力。品牌价值和声誉方面，企业的品牌价值和声誉是其韧性的重要组成部分。建立良好的品牌形象和声誉可以提高企业的市场竞争力和消费者信任度，使企业更具抗风险的能力。当企业在市场上拥有良好的声誉和品牌影响力时，即使面临困难和挑战，其仍能够获得支持和合作机会。技术能力和数字化转型方面，随着科技的发展和数字化时代的来临，企业的技术能力和数字化转型成为国家经济韧性的重要基础。具备先进的技术能力和数字化转型的企业能够提高生产效率、降低成本，并更好地适应市场需求的变化。这些能力有助于企业在竞争激烈的环境中保持竞争优势，并为国家经济提供支持和推动力。

二、"双循环"发展格局的基本要求

我国将逐渐形成以国内大循环为主体、国内国际双循环相互促进的新发展格局，在这种发展趋势大背景下，增强国内企业韧性将是基本要求。

　　首先，增强企业韧性有助于提升国内企业的国际竞争力。在国内和国际两个循环体中都蕴含着一个基础，那就是国内企业具有较强的国际竞争力。在目前全球贸易中，优秀的产品将会借助现代物流体系摆脱地域束缚，销售到全球范围内有需求的消费者手中。消费者拥有较强的商品选择权，如果本国企业所生产出来的产品质量、功效和服务等不如国外企业的产品，本国的消费者出于基本理性也会选择为自己带来更大效用的国外产品，这样就不利于"双循环"发展格局的形成。以华为技术有限公司所生产的智能手机为例，在 2019 年的 4G 手机时代，华为手机以全球 17% 的市场占有率位居世界第二，超过了市场占有率为 14% 的苹果手机。但是随着 5G 手机时代的到来和美国对华为公司芯片断供的限制，2020 年华为手机的出货量下降了 21.5%，2021 年更是下降 74.6%，全球市场占有率仅为 8%。在 5G 手机时代，仅有 4G 网络功能的智能手机已经失去了产品竞争力，华为 2021 年全年营收同比下降了 28.9%，全球手机销量排行榜中华为品牌手机被归类于"其他"。企业韧性一个重要的体现就是受到外部不利因素冲击时企业的抵抗能力，高科技企业中韧性的变动要高于其他行业，原因是技术的升级速度快且颠覆性强。在百年未有之大变局中，国家之间的竞争日趋激烈，政治风险和技术风险等对企业经营的冲击会变得常见，所以在负面冲击因素出现的可能性大幅度提高的时代，增强企业韧性是提升国内企业抵抗冲击能力和国际竞争力的必要条件。

　　其次，增强企业韧性有助于提升国内企业服务国内消费者的水平。我国有世界上最大的消费群体，随着居民可支配收入的逐步增加，消费者需求出现多样化和个性化等特点，企业本身需要紧跟市场需求偏好和消费习惯的变化，调整产品性能和营销方式。例如，当疫情冲击消费市场时，线上销售额占比较高的企业所受到的负面影响显著小于其他同行企业，甚至个别企业实现了逆势增长。例如，家电行业在受新冠病毒感染疫情影响最为严重的 2020 年，家电巨头上市公司格力电器和海尔智家前三个季度的净利润增长率分别是 -73%、-53%、-38% 和 -50%、-45%、-17%，而线上销售额占比达到 90.58% 的小熊电器在同时期的净利润增长率高达 84%、99% 和 92%，这个例子是企业在受外部冲击后产生经济韧性差异的一个直观体现。

最后，增强企业韧性有助于提升国内区域产业链韧性。产业链聚集有助于优化资源配置效率，当不同企业在同一区域内聚集形成完整的产业链时，资金、人才和自然资源可以更加高效地流向具备韧性的企业。这种资源的集中配置有助于提高资源的使用效率和价值转化效率，进而推动整个区域经济的发展。区域产业链聚集也促进了企业之间产品和技术信息的交流。在产业链聚集区域，企业更容易获取到其他企业的产品研发成果和技术进展，从而丰富自身的研发基础。这种信息交流和共享促进了技术创新效率的提升，推动了整个产业链的优化升级。同时，产业链聚集还具有技术外溢的正外部效应。当一个企业在产业链中取得技术进步时，其周边的企业也会受益并逐渐提升自身的竞争力和韧性。这种技术进步的辐射效应加快了整个产业链的优化升级速度，推动了区域经济的高质量发展。此外，产业链聚集通过提高商业信息透明度，降低了信息不对称性。在产业链聚集区域，企业之间更容易获得商业信息，包括市场需求、供应链情况等，这种信息的透明度有助于缓解企业融资约束、降低投资者的资本成本，从而促进企业的发展和投资活动。由于产业链聚集区域内交通较为便利，行业劳动力在特定区域内的流动成本也会大幅降低。这样的流动便利性有助于企业更好地调配和利用劳动力资源，提高生产效率和竞争力。由于产业链聚集区域的原材料使用量较大，形成了一定的规模效应。这种规模效应可以降低原材料的单位使用成本，使企业在生产过程中更具竞争力。综上所述，产业链和区域特色产业的聚集对于优化资源配置、促进技术创新、降低信息不对称性、提高劳动力流动性和促进规模效应等方面都起到了积极的作用。这种聚集现象有助于形成一个相互依存、互补发展的产业生态系统，促进区域经济的协同发展。

三、"双碳"战略目标的必经之路

我国经济曾经在高速发展时期取得了巨大的成就，但同时也面临一系列严重的社会问题，如能源高消耗、环境高污染和房价高企等。这些问题的存在，使我国经济发展模式亟须转变。与此同时，随着人口红利的逐渐消失，过度依赖外向型经济的发展模式已不再适应我国经济环境的需求。

　　为了实现经济的可持续发展，我国现在将经济发展的重心转向高质量发展，并提出了具有里程碑意义的目标：2030 年实现碳达峰，2060 年实现碳中和。为了实现这一目标，企业必须采用绿色发展模式。只有通过绿色可持续发展，企业才能在我国的经济环境中实现长期的生存和发展。在实现"双碳"目标的背景下，低韧性的企业将面临巨大的困境。这是因为实现碳达峰和碳中和的过程将对企业产生深远的影响。那些未能适应绿色发展模式的企业将会面临市场竞争力的下降、资源约束的加剧以及政策风险的增加。因此，企业必须以绿色可持续发展为目标，通过创新和改革来提升其韧性，以适应国家宏观战略目标的要求。

　　专精特新企业作为新兴的创新型企业，在追求经济增长的同时，也应当注重绿色发展和可持续性发展。第一，专精特新企业可以通过技术创新和研发，提供更加环保和资源节约的解决方案。通过引入先进的节能技术、高效的生产工艺和绿色材料，这些企业能够减少能源消耗和排放，实现节能减排的目标。第二，专精特新企业可以积极探索清洁能源的利用和开发。通过开展研究和应用太阳能、风能等可再生能源技术，这些企业可以减少对传统能源的依赖，降低碳排放，同时为自身创造新的商机和竞争优势。专精特新企业可以在清洁能源领域寻找新的商业模式，推动可再生能源的普及和应用。第三，专精特新企业应当将绿色理念融入产品和服务的全过程。通过绿色设计和生产，这些企业可以提供更加环保、可持续的产品和服务，满足消费者对环境友好和可持续发展的需求。例如，专精特新企业可以设计出低碳、高效的产品，推动可持续的供应链管理，减少资源的浪费和环境污染，实现循环经济的目标。专精特新企业还可以积极开展绿色供应链管理，与供应商建立合作伙伴关系，要求供应商符合绿色标准和环境要求，共同推动整个供应链的绿色化。通过供应链绿色管理，专精特新企业可以控制环境风险，提高产品的环境竞争力，同时也能够减少对环境的负面影响。第四，专精特新企业应当积极履行环境管理和社会责任。建立健全环境管理体系，制定环境保护措施，并主动参与社会公益活动，推动环境保护和社会可持续发展。这些企业可以通过减少废弃物的产生、提高资源的再利用率以及改善员工的工作条件等方式，为社会和环境做出积极的贡献。第五，专精特新企业应当加强绿色技术创新和绿色人才培养。

通过不断的技术创新，这些企业可以推动绿色技术的发展和应用，提高资源利用效率和环境友好性。同时，培养具备绿色意识和专业能力的人才队伍，为企业的绿色转型提供强有力的支持，推动企业向绿色可持续发展的方向迈进。第六，专精特新企业还应积极参与政府的绿色发展政策和行动。专精特新企业可以与政府、行业协会等合作，共同推动绿色发展，分享经验和资源，形成合力，加速实现绿色可持续发展的目标。

综上，实现绿色可持续发展是我国经济转型和发展的必然要求。企业作为经济活动的主体，承担着重要的责任。只有通过绿色发展模式，企业才能适应国家宏观战略目标的要求，提升自身的韧性，实现长期可持续发展。因此，企业应加强节能减排、积极探索清洁能源利用、推动产品和服务绿色化、加强环境管理和社会责任、加强技术创新和人才培养，并积极参与政府的绿色发展政策和行动，共同构建一个绿色、可持续的经济发展新格局。

第四节　专精特新企业韧性提升对策分析

一、提升企业绿色创新效率

绿色创新涵盖的内容相对广泛，因为几乎是只要兼顾有价值的创新活动和资源节约、环境优化等就可称之为绿色创新。具体来说，在企业的生产经营活动过程中使用各领域科学技术进行节能减排生产流程改造或生产出可以改善环境的绿色产品，从而实现经济效益增加和环境改善的双重效果。一般的创新效率衡量的是企业创新生产活动的投入资源与新产品产出比，而绿色创新效率则需要兼顾考虑减少资源消耗和改善环境。注重提升企业绿色创新效率，有助于企业同时达到创新和绿色可持续发展的双重效果，推动国家"双碳"目标的实现。

首先，政府规制引导和制度压力双管齐下。一方面，政府可以通过制定和完善环境保护法律法规，设立污染防控指标和排放标准，明确企业在环境保护方面的责任和义务。这些规定将为企业提供明确的行为准则，推动企业加大环境治理和减排力度。另一方面，政府可以采取定期的现场检查和评估机制，对企业的环境保护措施和绿色创新进行监督和评价。通过对企业的绩效评估和评级，政府可以公开企业的环境表现和绿色创新成果，激励企业加大环保投入和改进环境治理措施。此外，政府还可以建立奖罚机制，对环境表现良好的企业给予奖励和优惠政策，鼓励企业主动开展绿色创新和环保行动。同时，对环境违法行为的企业进行处罚和制裁，增加企业潜在合规风险和法规制裁成本，以此对企业施加环保压力，促使其转型向绿色可持续发展。政府可以促进企业、高校和科研机构之间的合作，共同开展环境保护和绿色创新的研究与应用。通过资源共享、技术交流和人才培养，提升企业的创新能力和技术水平，推动绿色技术的研发和应用。政府可以鼓励市场导向，引导消费者选择环保和可持续的产品和服务。通过加强对环保的教育和宣传，提高公众对环境保护的认知和意识，培养绿色消费观念，激励企业加大绿色产品的研发和推广力度。

其次，激励绿色金融产品助力绿色材料和节能减排技术研发。绿色能源和绿色原材料等在未来需求量将会大幅增加，与此相关的研发和生产企业将迎来一次技术革命的收益红利。在这个过程中，金融机构扮演着重要的角色，通过提供相关的投资和信贷产品，促进绿色材料和节能减排技术的研发和应用。金融机构可以推出绿色债券和绿色贷款等绿色金融产品，用于支持绿色材料和节能减排技术的研发和生产。绿色债券是一种筹集资金专门用于环境友好项目的债券，发行资金可以用于支持绿色材料和节能减排技术的研发和推广。绿色贷款则是金融机构向符合绿色发展标准的企业提供的专项贷款，帮助企业开展绿色技术研发和生产。金融机构可以设立专项基金，用于投资绿色材料和节能减排技术的创新企业。这些专项基金可以由金融机构单独设立，也可以与政府、企业合作共同设立。通过资金的注入，支持绿色材料和节能减排技术的研发和商业化应用，为企业提供必要的资金支持和市场推广。金融机构还可以开展绿色评级和绿色投资指数等活动，提供绿色投资的评估和指导。绿色评级是对企业、项目或产品的环境友好程度进行评价，为投资者提供绿色投资的参考依据。绿色投资指数则是对符合绿色发展标准的企业进行综合评估和排名，帮助投资者选择具有良好环境表现的企业进行投资。

最后，加大绿色专利保护制度。要让科研工作者的研究成果得到有力保障，使他们能够踏实做科研，并保障其收益可观。为科研工作者提供简化的专利申请流程，减少烦琐的手续和时间成本。政府可以加强对专利局的监督和管理，推动简化和优化专利申请流程，提高申请效率；同时，鼓励科研机构和高校设立专门的知识产权部门或委员会，提供专业的指导和支持，帮助科研工作者顺利进行专利申请。建立健全的专利侵权保护机制，加大对绿色技术专利侵权行为的打击力度。政府可以加强对专利侵权行为的打击和惩罚力度，通过加强司法保护和侵权行为的追究，维护科研工作者的合法权益；同时，加强专利侵权的预警和监测，提供专业的法律咨询和援助，帮助科研工作者维权。政府可以鼓励科研机构、高校和企业之间进行绿色技术的专利转让和合作，通过提供相关的奖励和激励措施，促进绿色技术专利的转化和商业化，使科研工作者能够获得更多的收益；同时，加强专利信息的共享和交流，提高科研工作者获取专利信息的便利性，促进绿色技术的创新和应用。

二、增强数字技术应用水平

将专精特新企业的业务流程、数据和资源数字化，以便更高效地管理和利用，这包括使用数字工具和平台来管理供应链、生产流程、客户关系、销售和营销等方面的活动，具体包括以下方面。一是数据驱动决策。利用数据分析和人工智能技术来获取洞察力，并基于数据做出决策。通过收集、分析和解释数据，企业可以更好地了解市场趋势、客户需求和竞争对手的行为，从而做出更明智的商业决策。二是强化网络安全。随着数字化程度的提高，网络安全变得尤为重要。专精特新企业应投资于强大的网络安全措施，确保客户数据、企业机密和其他敏感信息的安全；这包括使用防火墙、加密、多重身份验证等技术来保护数据免受潜在的网络攻击。三是专精特新企业应积极采用灵活开发和创新方法，以快速适应市场变化。数字技术可以帮助企业更快地推出新产品和服务，更好地满足客户需求。此外，企业应鼓励员工参与创新，不断寻找改进和优化的机会。使用数字技术工具来促进内部和外部的沟通与协作；这包括使用团队协作平台、视频会议工具和实时聊天应用程序，以促进员工之间的合作，提高工作效率。此外，与供应商、合作伙伴和客户之间的沟通也可以通过数字渠道来加强。四是智能自动化。利用人工智能、机器学习和自动化技术，对企业流程进行智能化改进，例如，自动化生产流程、物流和库存管理，以提高效率并降低成本。智能自动化还可以帮助企业更好地处理大数据，并自动生成有关市场趋势和客户行为的见解。利用数据分析和预测模型，专精特新企业可以更好地识别潜在风险和挑战。通过监测市场动态、预测供应链中断、评估竞争压力等，企业可以尽早采取行动来应对风险，降低损失并保持韧性。五是强化客户体验。通过数字技术改善客户体验，提高客户忠诚度和满意度，例如，提供个性化的产品和服务、建立客户关系管理系统以及改进在线销售和客户支持流程。六是数字营销和电子商务。加强数字营销和电子商务的应用，通过在线渠道吸引和扩大客户群体。利用社交媒体、搜索引擎优化、内容营销等手段，增加品牌知名度和市场份额；同时，建立安全可靠的电子商务平台，提供便捷的购物体验，促进销售增长。

国内企业应深刻建立数字化经营思维，在转型初期可以与平台建设公司合作开发自身的数字化经营平台，并通过物联网、云计算和人工智能等技术实现企业内部精准控制和智能感知，建立自己的大数据仓库，升级智能决策、预测性分析和智能制造。

三、增强国产品牌文化认同

我国要想建立"双循环"经济发展新格局，从供给端来说首先要提升国产品牌产品的质量，这是国内企业促进"双循环"格局的"硬本领"。从我国经济发展史来看，能够发现许多自力更生、自主创新的成果案例。我国企业应注重提升产品质量和品牌价值。产品质量是企业赖以生存和发展的基础，也是企业在全球市场竞争中取胜的关键。要提升产品质量，企业需要注重技术研发和创新，加强生产过程管理，确保产品符合国际标准和客户需求。同时，注重产品品牌建设，通过品牌塑造树立企业形象和声誉，提高产品附加值和市场竞争力。

例如，在汽车市场中，发达国家的老牌企业一直在燃油车市场占据绝对主导地位，国产车企只能在低端市场赚取微薄的利润。国外企业在燃油车核心专利上已经形成了很深的"护城河"，国有企业想要攻破燃油车专利的"铜墙铁壁"难度巨大，再加上使用低污染排放汽车是国内市场的发展趋势，国内企业集聚资金、人才和技术等资源重点研发新能源汽车，从目前来看已经取得了一定的成绩。2021年12月，在国内插电混合动力汽车市场中，自主品牌比亚迪的国内市场份额从上年的40%，提升到了2021年的59%，提升了近20个百分点；而国内外合资品牌的市场份额在混合动力汽车市场中持续下降，仅占24.2%，并且其市场份额继续被国产品牌占领。在国内企业有了"硬本领"之后，仍很有必要增强企业的"软实力"。国内企业的"软实力"主要包括售前售后服务和品牌文化建设等，目前市场上国内和国外产品常见的现象是国产品牌性价比更高，但是国产品牌的认同度相对低。这就需要国内企业和媒体等提高宣传、推广力度，促使消费者理性比较产品性能，降低消费虚荣心，建立文化自信。

四、开拓乡村市场需求

我国较强的经济韧性在目前国际经济形势下显得格外明显，支撑我国经济韧性发展的基础是"双循环"发展格局中的"内循环"，而我国国内庞大的消费市场又为"内循环"提供了需求基础。与城市消费市场相比，乡村市场具有巨大的发展空间，目前国内乡村消费者属于中低收入人群的比例较高，可以从乡村消费者收入端和消费端两方面来刺激乡村消费市场的成长。

首先，产品定位要准确。专精特新企业在开拓农村市场时，首先需要对农村市场的需求进行深入研究和了解，明确产品在农村市场中的定位。农村市场有其独特的消费习惯和需求特点，企业需要针对农村居民的实际需求开发出具有针对性的产品。其次，提供有竞争力的产品和服务。专精特新企业在农村市场中需要提供具有竞争力的产品和服务。这可以通过提升产品品质、合理定价、增加产品附加值和提供定制化服务等方式实现。同时，要注重产品的包装和营销策略，使产品能够吸引农村消费者的注意。

再次，建立稳定的供应链和物流体系。农村市场的特点之一是交通不便和物流成本较高。专精特新企业需要建立稳定的供应链和高效的物流体系，确保产品能够及时、稳定地送达农村市场，并提供良好的供货服务。可以考虑与当地的相关企业、机构等合作，共同解决物流难题。复次，加强品牌建设和宣传推广。在农村市场中，品牌建设和宣传推广尤为重要。专精特新企业应注重建立自己的品牌形象，通过有效的宣传渠道和推广活动将产品的特点和优势传递给农村消费者。可以通过农村广告、村庄推广活动、社交媒体等方式进行宣传，树立品牌在农村市场中的知名度和信任度。最后，开展农村市场调研和市场营销策略。在农村市场中，了解消费者的需求和消费习惯至关重要。专精特新企业可以开展市场调研，了解农村居民的消费需求、购买能力、消费习惯等，根据调研结果制定相应的市场营销策略。可以通过与农村合作社、农村电商平台合作，拓宽销售渠道和提高市场份额。

第三章

专精特新企业韧性量化测度

第一节　专精特新企业韧性的影响因素

一、外部宏观因素

对专精特新企业韧性产生影响的外部宏观因素，属于环境因素。环境因素对企业的影响具有广泛性、潜移默化性、多样性、不确定性、时效性和相互依赖性等特征。广泛性指环境因素对企业的影响范围广泛，涵盖了经济、政治、社会、技术、法律等多个领域。这些因素可以直接或间接地影响企业的经营和发展，如市场需求的变化、政府政策的调整等。环境因素的影响通常是逐渐且潜移默化的，企业可能并不立即察觉到环境的变化对其产生的影响，而是在较长的时间内逐渐显现。这种潜移默化的影响可能会对企业的战略、竞争力和盈利能力产生深远影响。环境因素的多样性指的是它们来自不同的领域、来源和形式：经济因素包括市场规模、通货膨胀率等；政治因素涉及政府政策、法律法规等；社会因素包括文化价值观、人口结构等；技术因素包括科技创新、数字化进程等。这种多样性使企业同时受到来自各个方面的影响。环境因素通常具有不确定性，难以准确预测和控制。经济波动、政策变化、技术突破等因素的发展往往具有一定的风险和不可预测性。企业需要适应和回应这些不确定性，以保持灵活性和抵御风险。环境因素的影响是随时间变化的，市场趋势、消费者行为、竞争态势等环境因素都可能随着时间的推移而发生变化。企业需要及时监测和适应这些变化，以保持竞争优势和市场地位。环境因素与企业之间存在相互依赖的关系。企业的经营活动和决策可能对环境产生影响，同时企业也受到环境因素的制约和影响。例如，企业的发展受到法律法规的约束，同时企业的行为也可能对法律法规产生影响；这种相互依赖性需要企业在经营过程中综合考虑各种因素，寻求可持续的发展路径。影响专精特新企业的宏观因素具体包括经济增长情况、政府政策、通货膨胀率、货币汇率、社会文化因素、技术进步、市场竞争和公共卫生事件等。

经济增长对专精特新企业的发展至关重要。在经济发展的环境下，市场规模扩大，消费者需求增加，为专精特新企业提供了更多的商机和市场。这意味着企业有更多的机会扩张业务、开拓新市场，并增加利润。在经济蓬勃发展的时期，消费者的购买力提高，对高质量、创新性产品和服务的需求也相应增加，这为专精特新企业创造了更多的发展机遇。

政府制定的宏观经济政策、税收政策和监管政策等都会对企业的发展产生影响。例如，专项减税政策可以减轻被扶持企业的税负，激励企业增加投资和创新，进而推动经济增长。政府还可以通过优惠政策、补贴和贷款支持等方式，为专精特新企业提供资金和资源支持，促进其发展壮大。然而，不同的政策法规也可能对企业带来限制和挑战。例如，环境保护法规可能增加企业的环境治理成本和合规压力，特定行业可能需要面对更严格的监管要求和准入门槛。又如，利率政策直接影响企业的融资成本和消费者的借贷成本。当利率水平较低时，企业可以以较低的成本获得资金，这有助于刺激企业进行投资和扩大生产。同时，较低的利率也可以促进消费者的借贷和消费行为，刺激市场需求的增加。对于专精特新企业来说，低利率政策可以帮助它们获得更多的资金支持，推动其扩大市场份额和加速发展。

通货膨胀率的高低直接影响企业的运营成本和利润率。高通胀率意味着物价上涨和成本增加，这可能导致企业的运营成本上升，从而对企业利润产生负面影响；相反，低通胀率有助于企业控制成本并提高盈利能力。稳定的通货膨胀率环境可以使企业更好地进行经营预测和规划，减少不确定性，并为专精特新企业提供更有利的经营环境。

货币汇率的波动对专精特新企业的国际贸易和海外业务产生重要影响。当本国货币贬值时，出口商品的价格相对降低，这使专精特新企业在国际市场上更具竞争力。贬值货币可以促进国内企业更多地转向出口，从而扩大市场份额和增加收入。此外，贬值货币还可以提高海外游客的购买力，促进旅游和跨境消费。然而，如果本国货币升值，专精特新企业的进口竞争力可能会受到影响。由于本国货币升值，进口商品的价格相对降低，这可能使国内消费者更倾向于购买进口产品，从而对专精特新企业造成竞争压力。此外，本国货币升值还可能增加企业的进口成本，对从海外采购原材料或设备的企业造成不利影响。

人们的消费习惯、价值观念和生活方式的变化都会直接影响市场需求和产品服务的需求。随着社会的进步和变革，消费者对环保、可持续性和社会责任等方面的关注不断增加，这也促使专精特新企业在产品设计、生产流程和企业文化等方面作出相应调整，以满足消费者的新需求。同时，社会文化的多元化也为企业提供了创新和差异化的机会，通过深入了解目标消费群体的价值观和喜好，企业可以开拓新的市场细分并提供个性化的产品和服务。

技术进步是推动企业发展的重要驱动力。科技的快速发展不仅改变了产品和服务的形态，还提高了生产效率和运营效能，降低了成本，并创造了新的商机。专精特新企业需要紧跟技术发展的脚步，不断引入新技术、改进生产工艺，并积极进行研发和创新，以提升自身竞争力。例如，人工智能、大数据分析、物联网等新兴技术的应用可以帮助企业实现精细化运营、个性化定制和智能化管理，从而更好地满足市场需求，提高企业的竞争力。

竞争激烈的市场中，企业需要与竞争对手展开差异化竞争，通过提供独特的价值和创新的产品或服务来吸引消费者。此外，竞争对手的实力和市场份额也会影响企业的定价和市场地位。专精特新企业应密切关注竞争对手的动向，进行有效的竞争分析，并制定相应的竞争策略。当市场需求超过供应时，企业有机会获得更多的市场份额和利润；而当市场供应过剩时，企业可能面临激烈的价格竞争和利润压缩。专精特新企业需要了解市场需求的变化趋势，及时调整产品定位和市场策略，以满足消费者需求并保持竞争优势。

近几年国际公共卫生事件显著影响了企业甚至区域和国家的经济韧性。首先，公共卫生事件可能导致国际贸易及供应链中断，如旅行限制、交通管制和物流问题。这些可能会导致原材料短缺、生产延迟和交付出现问题，对企业的生产和运营造成重大影响。企业需要制订弹性的供应链和备货计划，以应对潜在的供应风险。其次，公共卫生事件会引发人们的恐慌和不稳定情绪，导致消费者的消费意愿下降。人们可能会减少出行、减少消费和限制非必需品的购买等。这对涉及旅游、餐饮、零售等行业企业的影响尤为明显。企业需要灵活调整业务模式，寻找新的市场需求和消费趋势，以适应消费者行为的变化。再次，公共卫生事件可能导致经济不稳定和市场波动，对企业的财务状况造成影响。销售下降、利润减少和资金流出现问题可能会给企业带来财务压力。在这种情况下，企业需要加强财务规划和风险管理，寻求资金支持和灵活的融资方式，以确保企业的资金流和偿债能力。复次，公共卫生事件可能导致企业的品牌声誉受损，特别是在涉及健康和安全的行业，如医疗保健、旅游和餐饮业，企业的信任和形象可能受公众的质疑。企业需要及时、透明地应对危机，采取措施保护员工和顾客的健康安全，并积极与利益相关者沟通，恢复和维护品牌声誉。最后，尽管公共卫生事件带来了许多挑战，但也可以催生出创新和新的商机。企业可以寻找与公共卫生事件相关的新需求和解决方案，如医疗设备、在线健康服务、远程办公工具等。灵活的企业可以通过创新和适应能力从变局中找到新的增长点和市场机会。

二、内部微观因素

影响专精特新企业韧性的微观因素来自企业内部，按照主体来源可以分为公司治理方面、运营方面、员工发展方面等。

公司治理方面包括领导管理能力、组织结构和灵活性、组织文化和价值观、灵活的战略规划和调整、风险管理、资本结构和财务规划。①优秀的领导管理能力可以帮助企业在面临挑战和变化时保持稳定和灵活。具备良好领导能力的管理层能够制定明智的决策、合理分配资源，并激励团队克服困难。他们具备战略眼光和创新思维，能够引领企业适应市场的变化，迅速调整战略方向。②合理的组织结构和灵活性使企业能够快速适应市场需求和环境变化。灵活的组织结构可以加快决策流程，促进沟通和协作，提高反应速度。它还能使企业快速调整资源配置、变革业务模式，以满足市场的不断变化和需求的多样化。③积极的组织文化和价值观是韧性的重要支撑。一种开放、创新和团队合作的组织文化能够培养员工的创造力和合作精神。共享的价值观和目标可以凝聚企业成员的力量，增强企业的凝聚力和抗压能力。④灵活的战略规划和调整能力使企业能够随时应对市场变化和竞争挑战。企业应定期评估市场环境和竞争态势，及时调整战略方向和业务模式。这种灵活性使企业能够抓住机遇、规避风险，并迅速适应市场需求的变化。⑤风险管理是保持企业韧性的重要防御因素，企业需要建立健全的风险评估和管理机制，识别潜在风险，并制定相应的风险应对策略。有效的风险管理可以降低风险对企业的冲击，保护企业的稳定性和可持续发展。⑥恰当的资本结构和财务规划对于企业的韧性至关重要，健全的资本结构可以确保企业有足够的资金支持和流通性，以应对突发的挑战和困难。此外，良好的财务规划可以帮助企业在经济不确定性和市场波动时保持财务稳定。企业应根据自身情况制订合理的财务计划，包括预测和管理现金流、降低债务负担、优化资金使用效率等。

企业运营方面影响专精特新企业韧性的因素有：资源配置和供应链管理、客户关系和市场定位、质量管理、市场营销策略、人力资源管理、数智化转型等。一是资源配置和供应链管理。专精特新企业需要有效地配置资源，并建立可靠的供应链网络，以确保原材料供应的稳定性和生产的高效性。优化资源分配，确保供应链的可靠性和灵活性，有助于企业在面对供应链中断、原材料短缺或其他不可预见的事件时保持运营的连续性和稳定性。二是客户关系和市场定位。建立良好的客户关系和准确的市场定位对于增强专精特新企业的韧性至关重要。了解客户需求，与客户保持紧密的沟通和合作，建立稳固的客户关系，有助于企业在市场竞争中保持竞争优势和市场份额。三是质量管理。专精特新企业需要确保产品和服务的高质量，以赢得客户的信任和忠诚度。建立有效的质量管理体系，进行严格的质量控制和持续改进，有助于企业提供稳定可靠的产品和服务，增强企业的市场竞争力和韧性。四是市场营销策略。灵活的市场营销策略可以帮助专精特新企业在不断变化的市场环境中保持竞争优势。通过市场细分和目标定位，确定有效的营销策略和沟通渠道，与市场需求和趋势保持一致，有助于企业在市场中保持稳定的市场份额和收益。五是人力资源管理。拥有具备适应性和创新能力的员工团队是专精特新企业韧性的重要组成部分。招聘和培养具有相关专业知识和技能的人才，建立积极的企业文化和团队合作精神，有助于企业灵活地应对变化和挑战。同时，注重员工的福利和发展，提高员工满意度和忠诚度，有助于企业保持稳定和持续的运营。

　　除上述因素外，随着信息科学和人工智能技术的突破性发展，企业的数智化转型成为提升企业韧性的一个决定性因素。这种转型不仅改变了企业的运营方式和业务模式，还提供了更强大的应对外部风险和挑战的能力。首先，企业数字化和智能化转型提高了企业的决策能力和反应速度。通过数字化技术和数据分析工具，企业能够快速获取和处理大量的数据，从中提取有价值的信息，为决策提供科学依据。这使企业能够更准确地识别市场机会和风险，及时做出决策调整。同时，智能化系统和自动化流程的引入使企业能够更快速地响应市场需求和变化，提高生产效率和灵活性。其次，企业数字化和智能化转型提升了企业的创新能力。数字化技术为企业创新提供了更多的工具和平台。通过云计算、大数据分析、人工智能等技术的运用，企业能够更好地理解消费者需求、预测市场趋势，并在产品设计、营销策略等方面进行创新。此外，数字化和智能化的转型也促进了企业与合作伙伴、顾客之间的创新合作，形成更加开放和协同的创新生态系统。再次，企业数字化和智能化转型提高了企业的业务灵活性和适应能力。数字化技术使企业能够更加灵活地调整业务模式和运营策略，适应市场需求的快速变化。例如，电子商务平台的兴起使企业能够更加灵活地开展线上业务，扩大销售渠道。智能化技术的应用也使企业能够实现自动化生产和供应链管理，提高生产效率和加快响应速度。最后，企业数字化和智能化转型增强了企业的风险管理能力。数字化技术和智能化系统可以对企业的风险进行实时监测和预警，帮助企业及时发现和应对潜在的风险。通过数据分析和模拟仿真等工具，企业能够进行风险评估和决策优化，降低经营风险和损失。

　　在员工发展层面影响企业韧性的因素有员工技能与能力、员工创新能力和创新文化、团队合作和沟通、员工持续学习、员工健康与福利、员工参与和反馈等。一是员工技能与能力。专精特新企业需要依靠员工的专业技能和能力来创造创新和独特的产品或服务。具备相关技能和知识的员工能够在快速变化的市场中适应新技术和需求，为企业提供竞争优势和差异化。重视员工的技能培训和提升，使企业能够应对挑战和变化，有助于提高企业的韧性。二是员工创新能力和创新文化。专精特新企业的韧性与其创新能力和创新文化密切相关。员工的创新意识和能力可以推动企业不断寻求新的解决方案和业务模式，以适应市场需求的变化。建立鼓励创新的文化和环境，采取激励措施，为员工提供创新的机会，有助于企业在竞争激烈的市场中保持竞争优势和创新能力。三是团队合作和沟通。在专精特新企业中，团队合作和有效的沟通是实现创新和应对变化的关键。员工之间的良好合作和协调能够促进知识共享、迅速解决问题，并加强团队的凝聚力。有效的沟通渠道和机制可以减少信息不对称和误解等问题，确保团队成员理解企业的目标和战略，以便在市场变化时做出迅速的调整。四是员工持续学习。专精特新企业需要不断学习和适应新的技术、市场趋势和行业发展。培养员工的学习能力和自主学习的习惯，为他们提供学习和发展的机会，有助于提高员工的适应性和创新能力，增强企业在不断变化的环境中的韧性。五是员工健康与福利。员工的健康和福利对企业韧性至关重要。关注员工的身体和心理健康，提供良好的工作环境和福利待遇，能够减少员工的离职率、提高员工满意度，增强企业的稳定性和韧性。员工的健康状况直接影响其工作效率、创造力和工作动力，因此，专精特新企业应关注员工的健康与福利，以增强企业的韧性。六是员工参与和反馈。专精特新企业的韧性可以通过员工的积极参与和反馈机制得到增强。员工参与决策和变革的过程能够增强他们的归属感和责任心，激发他们的创造力和动力。员工参与不仅可以提供宝贵的意见和建议，还能够减少变革的阻力，提高变革的成功率。与此同时，建立有效的反馈机制可以促进员工个人和团队的学习与发展，使其能够更好地适应变化和创新。

第二节　指标构建

一、专精特新企业韧性的阶段动态性

专精特新企业韧性的量化具有阶段动态性。阶段指的是专精特新企业在一定的经营时期中，外部经济环境和内部企业特征变化不大，已经构建了风险防御和经营能力恢复系统，在此阶段的企业韧性维持在一个相对稳定的水平。这意味着企业在此时期具备一定的应对风险和适应变化的能力，能够保持相对稳定的经营状况并克服挑战。然而，随着时间的推移和环境的变化，专精特新企业所处的外部经济环境和内部经营特征可能会发生显著变化，从而对企业的韧性产生影响。这种动态性要求对企业韧性进行定期重新测量和评估。在经历了较长一段时间后，企业可能面临着新的市场竞争、技术变革、法规政策调整等挑战，此时企业的韧性通常会发生明显的变动。重新测量企业韧性需要考虑多个因素，如变化的市场需求、竞争压力、供应链的稳定性、员工的适应能力等。企业需要根据新的经营环境和内部特征来评估其在应对不确定性和压力方面的能力，并采取相应的策略和措施来提高韧性。因此，专精特新企业在经营过程中应密切关注外部经济环境和内部企业特征的变化，并根据变化情况灵活调整经营战略和应对措施，以保持企业韧性的动态适应能力。定期测量和评估企业韧性，及时发现并解决潜在的风险和问题，有助于企业持续发展和长久生存。

专精特新企业韧性的阶段动态性决定了其量化测度需要在一定的时期阶段内进行，并且随着时间的推移和企业所面临的环境变化，需要重新进行度量。这是因为企业在不同阶段所面临的风险和挑战是多样化且动态变化的，而企业韧性的度量必须能够捕捉到这些变化。在特定的时期，专精特新企业可能会经历不同的发展阶段，包括市场创造期、扩张期、成熟期等。每个阶段都有其独有的特征和挑战，对企业韧性的要求也不同。因此，在每个阶段，企业需要根据当前的经营环境和内部特征来量化和评估其韧性水平，以便了解企业所处阶段的韧性状况。然而，随着时间的推移，企业所面临的外部经济环境和内部经营特征可能会发生显著变化，例如，新的竞争对手进入市场、技术的快速演进、市场需求的变化等因素都会对企业韧性产生影响。因此，为了准确度量企业韧性，需要定期对其重新评估，以反映当前的经营环境和内部特征。重新度量可以帮助企业了解其韧性水平的变化趋势，并针对新的挑战和机遇制定相应的战略和措施。企业可以通过重新评估员工技能和能力、供应链管理的灵活性、市场营销策略的调整等方面来提高其韧性水平。这样可以帮助企业更好地适应变化，并保持稳定的竞争力和长期的可持续发展。

综上所述，专精特新企业韧性的度量具有阶段动态性，需要在特定的时期进行，并随着时间的推移和环境变化重新进行度量。这种动态度量可以帮助企业了解自身的韧性状况，并据此制定相应的战略和措施，以适应不断变化的市场环境和内部特征。保持企业的竞争力指标是影响因素的体现。

二、专精特新企业韧性的指标选择

1. 指标选择原则

指标的选择是专精特新企业韧性影响因素的体现，所以并不是与第一节所分析的影响因素一一对应。在对衡量专精特新企业韧性的指标进行选择时，应有以下原则：

一是整体性。指标应该能够尽量全面地反映企业在经济、社会和环境方面的韧性表现，包括财务健康状况、市场竞争力、社会责任、环境可持续性等多个方面。企业需要考虑各个维度的韧性表现，以确保在不同方面都具备稳健性和适应能力。企业应建立一个综合的指标体系，涵盖不同维度的韧性。这样可以获得更全面的韧性评估，并提供有关企业整体韧性的综合洞察结果。

二是目标导向性。量化指标选择的目标导向性指的是在选择量化指标时与企业的战略目标和价值观相一致，这意味着选择的指标应该与企业的长期战略目标和核心价值观保持一致，并能够反映企业韧性的表现和进展。指标选择应基于企业对韧性的独特定义和目标，而非简单地应用通用的指标。企业可以根据自身特点和战略需求，选择那些最能够反映其韧性表现的指标。指标选择应该与企业的价值观相一致。企业的价值观反映了企业的核心信念和行为准则，因此，选择的指标应该能够反映企业对可持续性、社会责任、环境保护等价值观的承诺。

三是可量化性。企业需要确保所选择的指标能够基于可获得的数据，这意味着企业需要有可靠的数据来源，如内部财务报表、市场调研数据、员工调查结果等。这些数据源可以为企业提供必要的信息，以支持指标的计算和分析。指标选择应该能够通过量化和跟踪进行测量，可以通过使用定量数据、指标或指数来实现。定量数据可以以数字形式呈现，如收入、成本、销售量等。指标可以是经过计算或衍生出来的指标，如财务比率、市场份额、员工满意度指数等。指数可以是将多个指标组合在一起，形成一个综合的度量标准，如可持续发展指数、韧性指数等。通过量化和跟踪这些指标，企业可以更好地理解和评估其韧性水平和表现。在使用数据进行指标选择和测量时，企业应确保数据的准确性和可靠性，这可以通过采用严格的数据收集和处理方法，以及进行数据验证和核实来实现。准确和可靠的数据将为企业提供可比较的分析和评估基础，帮助企业了解自身在韧性方面的表现，并与行业标准、竞争对手或自身历史数据进行比较。

四是经济可行性。需要从成本效益的角度进行考虑，指标的采集和分析过程应该是经济可行的，不应给企业带来过大的负担。企业可以选择利用现有的内部数据和资源，减少额外成本。此外，选择指标时还应考虑数据收集和更新的可行性，以确保及时获得有效的信息支持决策。

五是持续改进性。选择的指标应该能够为企业提供持续学习和改进的机会，指标的结果和趋势分析应该能够揭示企业的优势和改进领域，并激励企业采取有针对性的行动。企业应该建立一个反馈循环机制，以不断评估和优化选定的指标，确保其适应企业需求和目标的变化。

2. 具体指标的选择

根据上文所分析的企业韧性具有阶段动态性，本章选择衡量的时间区间是 2016—2022 年。此区间包含了新冠疫情冲击企业经营的典型事件，负面影响事件的冲击使衡量和比较不同企业的韧性具备了一定的条件。本书使用万得金融终端上的数据，选取专精特新上市公司，剔除被实施特别处理和数据缺失的样本，共得到 519 家样本公司。

（1）归母扣非净利润增长率及其变动率。归母扣非净利润增长率是一个用于衡量企业盈利能力增长的指标。它计算的是企业在特定时间段内，扣除非经常性损益后的归属于母公司股东的净利润的增长百分比，是衡量企业韧性的一个核心指标。

外部负面因素冲击企业时，高韧性企业的归母扣非净利润增长率不会有明显的变化；当企业受到外部负面因素冲击之后，其归母扣非净利润增长率稳步提升则可认为其具有较高的企业韧性。归母扣非净利润增长率直接反映了企业盈利能力的增长情况。它衡量了企业在扣除非经常性因素后的净利润的增长速度，可以帮助企业和投资者了解企业核心盈利能力的变化。该指标具有较强的可比性，可以与行业内其他企业进行比较，或者与企业自身历史数据进行对比。这有助于企业评估自身在盈利能力方面的相对表现，并发现潜在的增长机会或问题。该指标可以作为一个持续性的指标来评估企业的盈利能力增长趋势。通过跟踪多个时间段的数据，企业可以观察和分析其盈利能力的长期变化，以便做出战略性的决策和规划。计算归母扣非净利润增长率需要可靠和准确的财务数据作为基础，因此，企业需要确保其财务报告符合相关的会计准则，并经过审计或内部审计的验证，以保证数据的可靠性和可信度。

衡量专精特新企业韧性的区间中会用到与归母扣非净利润增长率相关的三个指标，分别是2016—2020年平均归母扣非净利润增长率、2021年相对于前五年均值的变动率、2022年相对于2021年的变动率。采用此种指标选择的依据是以2020年新冠疫情的暴发作为一个分界点，在此之前企业所面临的宏观经济环境和内部经营特征变化不大；2021年底的指标与前五年的指标均值比较体现了企业受冲击后的防御水平，2022年底与2021年指标的比较体现了企业受冲击后的恢复能力。

（2）经营活动产生的现金流量净额比总负债。经营活动产生的现金流量净额比总负债是一个用来评估企业偿债能力和现金流动性的重要财务指标，反映了企业通过日常经营活动所产生的现金流量是否足以覆盖其所欠债务的能力。经营活动产生的现金流量净额是专精特新企业从其日常经营活动中产生的现金流入与现金流出之间的差额，包括与主营业务相关的现金流量，如销售商品或提供服务所收到的现金、与供应商之间的现金交易、与员工之间的现金交易等。总负债是指企业所负有的全部债务，包括短期债务（如应付账款、短期借款）和长期债务（如长期借款、发行债券）。总负债是企业的债务总额，反映了企业所欠债务的总体规模。这一比率的数值越高，表示企业通过经营活动所产生的现金流量足以覆盖其总负债的能力越强。较高的比率表明企业具有较好的偿债能力和现金流动性，能够更轻松地偿还债务。

（3）市场占有率。市场占有率是指企业在特定市场中销售的产品或提供的服务所占的比例，本章采取样本公司营业收入占本行业总营业收入的比率作为市场占有率的测量指标。高市场占有率通常表示企业在市场中具有较强的竞争力和市场地位。这种竞争力可以为企业提供更稳定的收入和更大的市场份额，使其能够更好地应对竞争对手的挑战和市场波动。较高的市场占有率可以提升企业的抗风险能力，当市场出现不利变化，如经济衰退、市场需求下降或竞争加剧时，具有高市场占有率的企业通常能够更好地应对挑战；这是因为它们拥有更大的市场份额和更牢固的客户基础，可以更好地分散风险、保持稳定的销售和现金流。高市场占有率往往与较高的客户忠诚度和品牌认知度相关。当企业成功地建立起品牌和客户关系时，客户更有可能忠诚于企业的产品或服务，从而成为企业稳定的收入来源。客户忠诚度和品牌认知度有助于降低客户流失风险，提高市场占有率的持续性。拥有较高市场占有率的企业通常在供应链中具有更强的议价能力和稳定性。由于其销售量大，它们可以更好地与供应商谈判，获取更有利的采购条件和价格。此外，供应商也更有可能与具有高市场占有率的企业建立长期稳定的合作关系，从而确保供应链的稳定性。然而需要注意的是，高市场占有率并不总能保证企业的韧性，过度依赖某一特定市场或产品也可能增加企业面临的风险。此外，市场占有率的持续性也需要企业进行持续创新和适应市场变化，以确保长期竞争力。

（4）股东权益。股东权益为专精特新企业提供了资本支持，可以用于研发创新、市场推广、设备更新等方面。对于专精特新企业来说，这些资金可以用于支持技术研发、知识积累和市场渗透，从而增强其创新能力和竞争力。股东权益的增加可以为专精特新企业提供更长期的发展视角。相比于短期利益导向，股东权益的增加使企业能够更加专注于长期的技术创新和市场开拓，而不必受到短期盈利压力的束缚。这种长期发展和创新投资有助于企业建立核心竞争力，提高韧性和可持续发展能力。专精特新企业通常面临着技术风险、市场风险和竞争风险等挑战，较高的股东权益可以提升企业的抗风险能力，有充足的股东权益可以为企业提供一定的缓冲，使其能够更好地应对不可预见的风险和市场波动。较高的股东权益还可以增强专精特新企业吸引人才和合作伙伴的能力。高股东权益意味着企业有更大的资源投入和发展潜力，这对于吸引具有高技术能力和创新精神的人才非常关键。此外，与企业合作的伙伴也更有可能与拥有较高股东权益的企业建立长期合作关系，从而提高企业的韧性。股东权益的增加可以加强专精特新企业与合作伙伴的关系。企业在发展过程中可能需要与其他企业进行合作，共享资源、技术和市场渠道。较高的股东权益可以增强企业在合作伙伴中的地位和谈判能力，从而促进更稳定和有利的合作关系。

（5）净资产收益率。净资产收益率是衡量专精特新企业利润相对于股东权益投入的指标，表示企业利润与股东投资之间的关系。净资产收益率反映了企业的利润能力和资源利用效率，较高的净资产收益率表明企业能够有效地利用股东权益实现盈利。对于专精特新企业来说，高净资产收益率可能意味着其专业知识和技术的应用能够带来较高的利润，同时能有效利用股东权益进行资本投资，提高韧性和盈利能力。专精特新企业通常依赖于创新和技术优势来获得市场竞争优势，较高的净资产收益率可能意味着企业能够在市场中实现高额利润，并在特定领域建立起创新和技术领先地位。这种创新和竞争优势有助于企业在市场竞争中保持韧性，并实现可持续发展。净资产收益率还涉及投资回报和风险管理，较高的净资产收益率表明企业能够获得较高的投资回报，能对投资风险进行有效管理。专精特新企业在追求创新和市场机会时，需要进行风险评估和管理，以保护股东权益并实现可持续盈利。高净资产收益率反映了企业对风险的有效管理，增强了企业的韧性。较高的净资产收益率可以提高专精特新企业在资本市场上的融资能力。投资者通常倾向于投资那些具有高净资产收益率的企业，因为这意味着企业具有较高的盈利能力和较大的回报潜力。这为企业提供了更多的融资渠道和资金来源，使其能够更好地满足资本需求、扩大业务规模，并增强韧性。

（6）总资产周转率。总资产周转率反映了企业有效利用总资产实现销售收入的能力。较高的总资产周转率意味着企业能够高效地运营和管理其总资产，并将其转化为销售收入。对于专精特新企业来说，高总资产周转率可能意味着其在专业知识和技术应用方面具有高效的资源利用能力，能够将其专业能力转化为商业价值，增强韧性和提升盈利能力。专精特新企业通常依赖于创新和市场机会来获得竞争优势，较高的总资产周转率可能表明企业能够快速把握市场机会，高效地将创新成果转化为销售收入。这种能力使企业能够迅速适应市场变化，不断推出新产品或服务，增强韧性和提高市场竞争力。总资产周转率与净利润率的乘积可以计算出净资产收益率。较高的总资产周转率可以为企业带来更高的销售收入，同时也有助于提高净利润率。这进一步提高和增强了企业的资本回报能力和财务稳定性，使企业能够更好地应对市场波动和风险挑战，增强韧性。总资产周转率还涉及企业的资本效率和资源配置能力。较高的总资产周转率意味着企业能够更有效地利用有限的资本资源来实现销售收入。对于专精特新企业来说，资源的有效配置对于创新和技术应用非常关键。高总资产周转率可以促使企业更加注重资源的优化配置，增强韧性和提高创新能力。

（7）创新能力。学术文献中衡量企业创新能力的指标较多，本章使用研发支出占销售额的比例作为衡量企业创新能力的指标，企业专利信息可以作为稳健性检验环节使用的数据。创新能力是影响企业韧性的核心因素之一，使专精特新企业能够不断进行技术创新，推出新产品、新服务或解决方案，以适应市场的变化和需求。这种灵活性和快速响应能力有助于企业在市场竞争中保持韧性，不断寻求新的商机和发展方向。通过技术创新和专业知识的运用，企业可以在特定领域建立竞争优势，并实现差异化定位。这有助于企业抵御竞争对手的挑战，提高韧性和市场地位。企业能够不断反思和优化自身的产品、流程和经营模式，从市场反馈和客户需求中吸取经验教训，不断提高自身的竞争力。这种持续改进和学习能力有助于企业保持灵活性和适应性。创新能力使专精特新企业能够积极参与创新生态系统的合作和共享。与其他企业、研究机构、创新孵化器等形成紧密的合作关系，共同开展研发和创新活动，共享资源和知识，有助于企业获得更多的创新资源和机会。

（8）ESG（环境、社会和公司治理）。ESG 是环境（Environmental）、社会（Social）和治理（Governance）的缩写，是一种综合性的评估框架，用于衡量企业在可持续性和社会责任方面的表现。ESG 考虑了企业在环境保护、社会影响和良好治理方面的因素，本节使用万得数据库中企业 ESG 综合得分数据，根据数据的可获得性，收集了样本公司 2021 年底和 2022 年相对于 2021 年的变动率。

专精特新企业通常依赖于技术和创新来实现竞争优势，因此对环境责任和资源管理有较高的关注。积极采取环保措施、减少能耗和排放，推动可持续发展，有助于增强企业的韧性。同时，有效的资源管理也有助于企业降低成本、提高效率，并提升在竞争激烈的市场中的长期竞争力。专精特新企业在社会责任和企业声誉方面的表现对其韧性至关重要。通过关注员工福利、社区参与、人权保护等社会责任，企业能够建立良好的企业形象，增强与利益相关者的信任和合作关系。这种良好的企业声誉和社会认可有助于企业在市场竞争中保持韧性，吸引人才和投资，并降低潜在的社会风险。专精特新企业需要建立良好的治理结构和内部控制体系，以保障企业长期发展和韧性。强调透明度、诚信和道德行为的治理实践有助于防范企业内部和外部风险，提高企业的决策质量和执行力。有效的风险管理和良好的治理能力有助于专精特新企业在不确定和复杂的市场环境中保持韧性，并吸引投资者的关注和支持。ESG 因素在投资决策中的重要性不断增强，专精特新企业能够通过关注 ESG 问题，吸引投资者和注重企业社会责任的利益相关者的关注和支持，这为企业提供了更多的融资渠道和投资机会，增强了企业的资金实力和韧性。同时，与投资者和利益相关者的积极合作也有助于企业获取更多的资源和市场机会。

（9）学习能力。本章使用"学习型组织菱形工具"问卷对样本公司进行调查评分。学习能力是企业获得新知识、技能和经验的能力，而专精特新企业在创新方面通常表现出色。通过不断学习和吸收新知识，专精特新企业可以提升其创新能力，包括技术创新、产品创新和业务模式创新。这种创新能力使企业能够适应不断变化的市场环境，拥有较高的韧性。学习能力使企业能够更快速地识别和适应市场变化。专精特新企业通常处于竞争激烈的行业或新兴市场中，需要快速调整和变革。通过学习能力，企业能够积极获取市场信息、分析竞争动态，并及时调整战略和业务模式，以适应市场的需求和变化，增强企业的韧性。学习能力使企业能够进行持续改进和优化。专精特新企业通常注重持续创新和提升自身的核心竞争力。通过学习和反思，企业能够识别和解决问题，并不断改进业务流程及产品和服务质量。这种持续改进和优化能力有助于企业在变化多端的市场中保持竞争优势和韧性。学习能力可促进企业的知识管理和人才培养。专精特新企业通常拥有高度专业化的团队和技术能力，学习能力使企业能够有效地管理和传承知识，培养和吸引高素质的人才；优秀的知识管理和人才培养能力使企业具备较强的技术创新和应对变化的能力。

（10）宏观环境指标。本节选取 GDP 增速、一年期存款利率、政策不确定性指数作为影响专精特新企业韧性的代表性宏观环境指标，其中使用 Yu 等（2022）构建的省份经济政策不确定性指数作为衡量政策不确定性指标。综上所述，本章选取的构建专精特新企业韧性的指标汇总见表 3-1。

表 3-1　指标汇总

目标变量	指标选择	符号	指标解释
专精特新 企业韧性 （Ten）	归母扣非净利润增长率	Ned	当前期归母扣非净利润减上一期归母扣非净 利润的差除以上一期归母扣非净利润
	经营活动产生的现金流量 净额与总负债比值	Ebt	经营活动产生的现金流量净额除以总负债
	市场占有率	Mkt	营业收入除以行业总收入
	股东权益	Sto	年度股东权益平均值
	净资产收益率	Roe	净利润除以平均股东权益
	企业创新能力	Inn	研发支出占销售额的比例
	ESG	Esg	万得企业 ESG 综合得分
	企业学习能力	Lea	使用"学习型组织菱形工具"进行问卷调查
	GDP 增速	GDP	国家统计局数据
	利率水平	Irt	一年期存款利率
	政策不确定性指数	Esg	各省份经济政策不确定性指数

三、测度方法

本章使用熵值法计算专精特新企业韧性。熵值法作为一种多指标权重确定方法，常用于决策问题中对多个评价指标进行综合评估和排序。该方法通过计算指标的熵值，衡量指标的多样性和信息量，进而确定各指标的权重。熵值法能够考虑指标之间的相互关系和多样性，使权重的分配更加合理。然而，该方法也存在一些限制，如对指标的理想值选择敏感、依赖数据标准化方法等。

考虑到各项指标的计量单位不一致，在计算综合指标之前，需要先对不同指标数据进行标准化处理，即将指标的绝对值转换为相对值，并将它们归一化到一个共同的尺度上，这样做可以解决不同指标值的异质性问题。

此外，由于正向指标和负向指标在含义上有所区别，正向指标的高值表示较好的情况（如增强企业的韧性），而负向指标的高值表示较坏的情况（如减弱企业的韧性），因此需要使用不同的算法对高低指标进行数据标准化处理。根据本章所选取的测度专精特新企业韧性的指标，利率水平和政策不确定指数属于负向指标，其他指标属于正向指标。

用 n 表示样本企业，m 表示指标，x_{ij} 表示指标的数值，其中，$i=1,2,3,\cdots,n$；$j=1,2,3,\cdots,m$。标准化处理后的正向指标计算公式是：

$$x'_{ij} = \frac{x_{ij} - \min\{x_{1j}, x_{2j}, \cdots, x_{nj}\}}{\max\{x_{1j}, x_{2j}, \cdots, x_{nj}\} - \min\{x_{1j}, x_{2j}, \cdots, x_{nj}\}}$$

标准化处理后的负向指标计算公式是：

$$x'_{ij} = \frac{\max\{x_{1j}, x_{2j}, \cdots, x_{nj}\} - x_{ij}}{\max\{x_{1j}, x_{2j}, \cdots, x_{nj}\} - \min\{x_{1j}, x_{2j}, \cdots, x_{nj}\}}$$

第 i 个样本企业的第 j 个指标的比重 p_{ij} 计算方法如下（其中，$i=1,2,3,\cdots,n$；$j=1,2,3,\cdots,m$）：

$$p_{ij} = \frac{x'_{ij}}{\sum_{i=1}^{n} x'_{ij}}$$

计算第 j 项指标的熵值 e_j，其中 $k = \frac{1}{\ln(n)} > 0$，$e_j > 0$。

$$e_j = -k \sum_{i=1}^{n} p_{ij} \ln(p_{ij})$$

各指标的权重指 w_j 计算方法如下：

$$w_j = \frac{1 - e_j}{\sum_{j=1}^{m} (1 - e_j)}$$

最后计算各样本企业的综合得分，即企业韧性的数值：

$$ten = \sum_{j=1}^{m} w_j \times p_{ij}$$

熵值法可以将定性指标转化为可量化的数值，使不同指标之间可以进行比较和排序。通过将指标进行标准化和加权，可以计算每个指标的贡献度，并综合得出企业的韧性值。熵值法为企业提供了决策支持的工具和依据，通过对指标的分析和评估，企业可以发现其韧性的薄弱之处，并采取相应的措施来增强韧性。这有助于企业在面对外部冲击和变化时更加稳健和灵活地应对，从而提高竞争力。熵值法作为一种多准则决策方法，具有综合性评估、可量化指标、考虑不确定性以及决策支持等特点，可以有效地用于评估专精特新企业的韧性。

第三节　描述性分析

一、专精特新企业韧性的行业分析

笔者本章选取的 519 家专精特新样本企业，计算出了相应企业韧性指标，该变量的统计情况见表 3-2。所有样本企业韧性的均值为 0.4175，最大值为 0.5443，最小值为 0.2985。最大值超过平均值 30.4%，超过最小值 82.3%，说明低韧性企业和高韧性企业之间的差距较大。企业韧性的中位数为 0.4161，表明了企业韧性水平的中心趋势，中位数和均值差距不大。另外企业韧性的 25% 分位数为 0.3899，75% 分位数为 0.4431，这两个分位数与中位数之间的差距比较小。企业韧性的变异系数为 0.1069，变异系数是标准差与均值之比，用于衡量相对离散程度，较高的变异系数表示样本中企业韧性水平的相对波动性较大。通常认为变异系数为 10%~30% 时表示数据的变异性适中，表明样本变量的值相对分散，数据点之间存在一定的差异。企业韧性的偏度为 0.1942，偏度是衡量数据分布偏斜程度的指标，接近于零的偏度值表示样本中企业韧性水平的分布相对对称。企业韧性的峰度为 3.6178，峰度是衡量数据分布峰值尖锐或平坦程度的指标，较高的峰度值表示样本中企业韧性水平的分布具有较尖峭的特征。

表 3-2　专精特新企业韧性统计

变量名	均值	最大值	最小值	中位数	25%分位数	75%分位数	标准差	个数	变异系数	偏度	峰度
企业韧性	0.4175	0.5443	0.2985	0.4161	0.3899	0.4431	0.0446	519	0.1069	0.1942	3.6178

为了分析样本企业韧性的分布情况，使用分布直方图进行分析，共分成了 22 个统计区间，具体如图 3-1 所示。从图 3-1 可以看出，样本企业韧性的分布整体呈现正态分布的特征，即大部分企业的韧性值集中在均值附近。这表明在样本企业中，大多数企业的韧性水平相对稳定，接近整体平均水平。然而，与标准正态分布相比，图 3-1 的两端呈现明显的长尾，即最高和最低韧性的企业数量明显增加。这表明在样本中存在一些企业的韧性远高于或远低于平均水平的情况。这些极端值的存在反映了一些特殊的经营或市场条件，使这些企业的韧性表现明显偏离整体水平。基于对分布直方图的分析可以得出结论，样本企业的韧性整体表现良好，符合正态分布的趋势。然而，存在一些韧性极高或极低的企业，这些企业可能面临特殊的挑战或拥有特殊的优势。为了更好地理解和管理企业韧性，可进一步研究和分析这些极端值所代表的企业，并识别其成功或失败的关键因素。通过深入了解这些特殊情况，可以从中借鉴经验或吸取教训，并为其他企业提供有针对性的建议和支持，以提升整体的企业韧性水平。

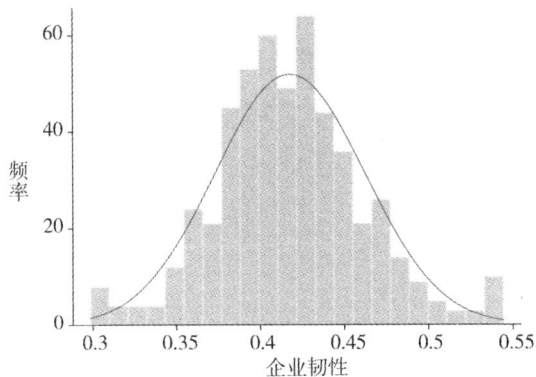

图 3-1　专精特新企业韧性分布直方图

本章使用万得数据库一级行业对样本进行划分，分析不同行业专精特新企业韧性之间的差距，具体见表3-3。包含样本最多的三个行业是工业、信息技术和材料行业，分别包含样本177家、133家和109家，医疗保健和可选消费包含样本分别为57家和36家，公用事业、日常消费和能源包含的样本较少。标准差表示的是行业中专精特新企业之间的差异程度，对于包含样本数最多的前五个行业来说，差异最大的是医疗保健行业，最小的是工业企业。

表3-3 专精特新企业韧性分行业统计

万得数据库	均值	最大值	最小值	中位数	标准差	样本数
工业	0.4054	0.5443	0.2985	0.4042	0.0375	177
信息技术	0.4155	0.5164	0.2985	0.4184	0.0448	133
材料	0.4302	0.5443	0.2985	0.4268	0.0454	109
医疗保健	0.4476	0.5443	0.3575	0.4416	0.0475	57
可选消费	0.4059	0.4991	0.2985	0.4026	0.0380	36
公用事业	0.3513	0.3593	0.3454	0.3492	0.0072	3
日常消费	0.4175	0.4291	0.4058	0.4175	0.0165	2
能源	0.3924	0.4354	0.3493	0.3924	0.0609	2
汇总	0.4175	0.5443	0.2985	0.4161	0.0446	519

均值比较能代表一个行业中企业韧性的水平，根据表3-3的统计结果，均值最大的行业是医疗保健行业（0.4476），均值最小的行业是公用事业行业（0.3513），两者之间差距为27%。医疗保健行业相对于公共事业行业具有更强的韧性可能有以下原因。一是市场需求。医疗保健行业是一个基本的社会需求，而公共事业则主要提供公共服务，如供水、供电等。医疗保健行业的需求相对稳定且持续增长，受人口增长、老龄化趋势以及健康意识提升等因素的影响。这使医疗保健行业具备一定的市场稳定性，即使在经济不景气或政策变化等不确定性因素下，需求仍然存在。公用事业行业的需求相对较为稳定，但受政府政策和投资等因素的影响较大。二是技术创新和适应能力。医疗保健行业在技术创新方面具备较强的能力。随着科技的进步和医疗技术的不断革新，医疗保健行业能够不断适应和引领变化，提供更高质量的医疗服务和更有效的治疗手段。相比之下，公用事业行业的技术创新相对较为有限，更多地依赖于基础设施建设和运营管理。三是

市场竞争和多样性。医疗保健行业存在较高的市场竞争，多家医疗机构和服务提供商争夺市场份额。这种竞争促使企业不断增强自身韧性，包括提高管理效率、降低成本、创新服务模式等。同时，医疗保健行业具有较高的多样性，包括公立医院、私立医院、诊所等不同形式的机构，以及不同类型的医疗服务。这种多样性使整个行业具备更强的适应性和韧性，能够灵活应对市场变化和风险。四是政策支持和投资。中国政府一直重视医疗保健行业的发展，并出台了一系列政策和措施支持行业发展。这包括加大对医疗资源的投入、改革医疗体制、推动医疗技术创新等。政府的支持和投资为医疗保健行业提供了稳定的政策环境和资金支持，增强了行业的韧性。相比之下，公共事业行业的政策支持相对较少，投资也较为有限，导致其韧性相对较弱。五是消费者行为和需求变化。随着人们收入水平的提高和健康意识的增强，中国医疗保健行业的消费者需求呈现出多样化和个性化的特点。消费者更加注重医疗服务的质量、便捷性和对个性化需求的满足，从而推动了医疗保健行业的发展和韧性的增强。相比之下，公共事业行业的需求相对较为固定和单一，消费者对于公共事业的选择和偏好相对较少。

二、专精特新企业韧性的区域分析

将专精特新样本企业按省份划分后分析，表3-4列出了包含样本数超过10家的省份，并根据包含样本数量进行了排序。从表中可以看出包含样本数量最多的省份是江苏省，达到96家，超出第二名浙江省28家。根据标准差对不同省份内企业韧性的差异进行分析，标准差最大的省份是河北省，标准差最小的省份是河南省。

表3-4 专精特新企业韧性分省份统计表

省份	均值	最大值	最小值	中位数	标准差	样本数
江苏省	0.4152	0.5443	0.3156	0.4148	0.0393	96
浙江省	0.4097	0.5025	0.3449	0.4070	0.0317	68
广东省	0.4185	0.5368	0.2985	0.4176	0.0461	55
上海市	0.4446	0.5335	0.3462	0.4365	0.0406	49

省份	均值	最大值	最小值	中位数	标准差	样本数
北京市	0.4267	0.5269	0.2995	0.4303	0.0522	39
四川省	0.4012	0.5058	0.2985	0.3988	0.0398	29
山东省	0.4080	0.4712	0.3083	0.4152	0.0470	23
安徽省	0.4120	0.4849	0.3454	0.4091	0.0307	21
福建省	0.4347	0.5402	0.3740	0.4301	0.0498	16
湖北省	0.4111	0.5443	0.2985	0.4187	0.0606	14
湖南省	0.4127	0.5299	0.3150	0.4103	0.0528	14
天津市	0.4064	0.5443	0.3417	0.4085	0.0505	13
河南省	0.4168	0.4389	0.3767	0.4226	0.0203	12
河北省	0.4159	0.5164	0.2985	0.3973	0.0635	11
辽宁省	0.4078	0.4975	0.2985	0.4094	0.0598	10

江苏省对于专精特新企业的支持措施值得借鉴。2023 年 2 月，江苏省政府办公厅发布并实施了《江苏省专精特新企业培育三年行动计划（2023—2025 年）》，明确规定到 2025 年，全省将累计培育 300 家制造业单项冠军企业、1500 家专精特新"小巨人"企业、超过 10000 家专精特新中小企业和 5 万家以上的创新型中小企业。早在十年前，江苏省就率先启动了专精特新中小企业培育工作，取得了先发优势。截至 2022 年底，全省累计培育省级专精特新中小企业达 5594 家，创建国家级专精特新"小巨人"企业 709 家，以及制造业单项冠军企业 186 家。

针对不同发展阶段的企业，江苏省采取了不同的支持措施；重点在于加强省市县之间的协作，以及各部门之间的协同，集中力量培育重点领域。为此，江苏省完善了优质企业培育库，并实施精准培育措施，加快构建了创新型中小企业、专精特新中小企业、专精特新"小巨人"企业和制造业单项冠军企业的梯度培育体系。这四个梯度代表了企业不同的发展阶段，层次清晰且相互衔接。鼓励企业沿着这个梯度发展，不断进阶。为推动创新资源向专精特新企业集聚，江苏省实施了"创新能级提升工程"，并推动了"企业研发机构高质量提升计划"，培育了一批高水平、高层次、高质量的企业研发机构。江苏省也支持专精特新企业开展原创性、引领性科技攻关，并引导金融机构为其提供更多的"苏科贷"产品，以拓宽其融资渠道。

为激发更多中小企业的创新热情，江苏省实施了"高价值专利培育工程"。省知识产权局将争取更多资源保障，支持更多专精特新企业参与项目实施，加快重点产业领域关键核心技术攻关和高价值专利的创造和储备；同时，还加快建立了重点专精特新企业专利审查的绿色通道，缩短申请时间，为企业提供个性化、精准化的知识产权服务。

浙江省作为全国专精特新"小巨人"企业数量最多的省份，为发展本省的专精特新企业采取了以下措施。一是创建创新创业生态环境。浙江省积极构建有利于创新创业的生态环境。首先，简化企业注册和办理手续，降低创业门槛，为创业者提供更便捷的创业平台。其次，提供优惠政策和财务支持，包括税收减免、贷款优惠等，降低创业成本和风险。此外，建设创新创业孵化基地和科技企业孵化器，提供办公场所、技术支持和导师指导，为专精特新企业提供良好的发展环境和资源支持。这些措施的目的在于，创新创业是经济增长和竞争力提升的关键因素，通过搭建良好的生态环境，吸引更多的创新创业者和企业进入市场，能够推动经济的创新和发展。二是加强人才培养和引进。浙江省注重培养和引进高素质的创新创业人才。首先，设立人才计划和引才计划，通过提供奖学金、科研经费等激励措施，吸引优秀人才加入专精特新企业。其次，提供专业培训和指导，帮助创业者提升管理和创新能力。这些措施的目的在于，人才是创新创业的核心驱动力，高素质的人才能够带来创新思维和技术突破，提高企业的竞争力和市场影响力。三是支持技术创新和研发投入。浙江省为鼓励专精特新企业进行技术创新和研发投入，一方面，提供财务支持，包括科技项目资助、科研经费补助等，以减轻企业的研发成本压力；另一方面，建立知识产权保护制度，加强对创新成果的保护，鼓励企业进行技术转移和转化。这些措施的目的在于，技术创新是企业竞争力和发展的关键因素，技术创新能够提升企业产品质量、降低生产成本、改善生产效率，从而提升企业在市场竞争中的地位。通过支持技术创新和研发投入，浙江省能够促进专精特新企业不断提升技术水平、开发新产品、拓展市场份额，实现经济增长和可持续发展。四是加强产业链协同和合作。浙江省鼓励专精特新企业加强与上下游企业的合作，建立产业联盟和合作平台：一方面，通过产业链上下游企业的合作，可以实现资源的共享和优化配置，提高生产效率和降低成本；另一方面，通过合作平台的搭建，企业之间可以进行技术创新、市场拓展和资源整合，形成良好的合作生态系统。这些措施的目的在于，产业链协同和合作能够实现资源的优化配置、提高产业链附加值，提高企业的市场竞争力和抗风险能力。

专精特新企业的发展对于经济增长至关重要。创新是推动经济增长的主要动力，通过鼓励专精特新企业进行技术创新、产品创新和商业模式创新，可以不断提升产品质量、降低生产成本，提高企业竞争力，进而推动整个产业链的升级和经济的发展。专精特新企业的发展可以创造更多的就业机会，包括高技能和高附加值的就业岗位。这有助于解决就业问题，提高就业质量，增加和提高居民的收入和消费能力，进而拉动内需，促进经济的稳定增长。专精特新企业的发展可以提升浙江省产业的竞争力，通过加强产业链的协同发展和合作，形成良好的产业生态系统，企业之间可以共享资源、技术，提高整个产业链的附加值和竞争力，进一步巩固浙江省在相关产业领域的地位，促进经济的可持续发展。专精特新企业的发展有助于优化产业结构和提高资源利用效率。通过引入新的技术和创新型企业，浙江省可以加快产业结构的升级和转型，提高产业链的协同效应和资源的利用效率，进而增强经济的竞争力和可持续发展能力。这有助于提高企业的经济效益，降低资源消耗，实现高质量发展。

第四章

数智化转型与专精特新企业韧性

第一节　数智化转型与企业韧性的理论框架

一、专精特新企业数智化转型的概念

专精特新企业数智化转型是指专注于特定领域或行业的新兴企业利用数字技术和人工智能等方法，进行业务和运营的全面转型。这种转型旨在提高企业的效率、创新能力和竞争力，通过充分利用数字化工具和数据资产，实现业务流程的优化和创新。

专精特新企业数智化转型具体包括以下内容。一是数字技术的应用。专精特新企业数智化转型依赖于广泛应用各种数字技术，这些技术包括人工智能、大数据分析、物联网、云计算、区块链等，企业利用这些技术来实现自动化、智能化和数据驱动的业务流程。通过数字技术的应用，企业可以更高效地收集、分析和利用数据，从而获得竞争优势。二是数据驱动的决策。数智化转型强调数据在企业决策中的重要性，专精特新企业积极收集、整理和分析内部和外部的大数据，从中洞察发展趋势，用于支持决策制定。数据驱动的决策可以帮助企业更好地了解市场需求、优化产品和服务，以及改进运营效率。三是业务流程的数字化和优化。数智化转型要求企业将传统的业务流程数字化，并通过技术和数据的应用进行优化，这涉及自动化和整合不同环节的业务流程，以提高效率和质量。企业可以采用电子化文档管理、在线协作工具、自动化生产流程等方式，实现业务流程的数字化转型。四是创新和灵活性的培养。通过组织内部的创新培训和工作来提升员工的创新意识和能力。这些培训可以涵盖创意生成、问题解决技巧、设计思维等方面，帮助员工学会从不同的角度和途径思考，以寻找创新的解决方案。此外，企业还可以邀请外部数智化专家来进行前沿讲座或培训，以进一步开阔员工的视野和知识领域。五是客户体验的改善。数智化转型致力于改善客户体验，提供个性化和定制化的产品和服务：通过分析客户数据和行为，企业可以了解客户的需求和偏好，进而提供更好的产品和服务；通过数字化的客户关系，企业可管理系统、在线服务平台和个性化营销。六是技术生态系统的建立。数智化转型需要专精特新企业与技术供应商、创新生态系统和合作伙伴建立紧密的合作关系。通过与技术合作伙伴的合作，企业可以获得最新的数字技术解决方案和专业知识，加速数字化转型的进程。技术生态系统的建立还可以促进创新和共享资源，推动企业在数智化转型中的成功。七是持续改进和学习。数智化转型是一个持续的过程，专精特新企业需要不断改进和学习。通过持续监测和评估数字化转型的成果和效果，企业可以发现改进的机会，并及时调整战略和计划。此外，企业还应关注新兴技术的发展趋势，以便及时调整数字化转型的方向和策略。

综上，专精特新企业数智化转型作为全面的业务和运营转型，通过数字技术和数据驱动的方法，提高企业的效率、创新能力和竞争力。这需要企业应用各种数字技术、优化业务流程，改善客户体验，并与技术合作伙伴建立紧密的合作关系。同时，风险管理、安全保障和持续学习也是数智化转型中需要关注的重要方面。

二、专精特新企业数智化转型的意义

专精特新企业数智化转型的理论意义有以下两个方面。一是知识贡献。专精特新企业数智化转型的研究为学术界提供了对数字化转型在特定领域或行业中的应用和影响的深入理解。这种研究有助于丰富和拓展关于数字化转型的理论知识，揭示数字技术和数据驱动方法对企业竞争力和创新能力的作用。二是战略指导。专精特新企业数智化转型的理论研究为企业制定数字化转型的战略和决策提供指导。研究所得的模型和框架，可帮助企业了解数字技术的应用方式、转型过程中可能面临的挑战，以及成功实施数字化转型的关键要素。

专精特新企业数智化转型的实践意义在于以下方面。一是获取竞争优势。通过数字技术的应用，企业能够提高生产效率、降低成本，并提供较好的产品和服务。数字化转型还可以促进创新和快速响应市场变化，使企业在竞争激烈的市场中保持竞争优势。二是促进业务创新。数智化转型可以激发专精特新企业的业务创新能力，数字技术和数据驱动的方法为企业带来了商业模式、产品和服务创新的机会。通过数字化转型，企业能够更好地满足客户需求，开拓甚至创造全新的市场。三是效率和效益提升。数字化工具和自动化技术可以简化和加速企业的业务流程，减少人工错误和时间浪费。数据分析和预测模型可以帮助企业做出更准确的决策，降低风险和减少资源浪费，从而提高企业的效益。四是有助于专精特新企业实现可持续发展。数字化转型可以减少对资源的依赖，降低环境影响，提高资源利用效率。此外，数字化转型还可以帮助企业更好地满足社会和环境的可持续发展需求，例如，通过数据分析和优化供应链管理来降低碳排放，通过数字化的可再生能源管理来推动可再生能源的使用，等等。五是推动行业的升级和转型。当越来越多的企业采用数字化技术和数据驱动的方法时，整个产业的效率和创新能力将得到提升。这种产业层面的数智化转型有助于形成数字化生态系统，推动协同创新和资源共享，促进整个产业的可持续发展。六是对于经济增长和就业机会的推动具有积极影响。数智化转型可以带来新的商业机会和市场需求，促进企业的增长和扩大。同时，数字化转型也需要人才和技能的支持，因此其也为就业市场提供了新的机会。数字技术领域的专业人才和数字化转型的相关岗位需求也会增加，为就业提供新的发展空间。

综上，专精特新企业数智化转型的理论意义在于推动学术界对数字化转型的深入研究和理解，为企业的战略决策提供指导；而其实践意义则在于帮助企业获得竞争优势，推动业务创新，提高效率和效益，实现可持续发展，推动产业升级和转型，促进经济增长和就业机会的增加。这些意义对于专精特新企业和整个社会经济的发展都具有重要积极影响。

三、数智化转型对企业韧性的影响机制

数智化经营对企业韧性的影响机理主要通过三个层级来体现，分别是赋能层、进化层和韧性增加层。

赋能层指的是数智化经营能够为企业增加或者提升数字技术应用能力的集合，这些能力相对抽象且较难量化，但却是数智化经营提升制造业产

业韧性的基础。数智化经营为企业赋能具体包括以下方面。一是内外部数据连通能力。内部数据连通指的是打通企业内部各个业务单元、系统和数据库等，实现企业内部数智化平台整体连通和优化。外部数据连通包括客户和供应链企业等，例如，智能穿戴产品是物联网和云计算技术的应用结合产物之一，该类产品的出现使企业突破空间的限制去连接客户成为可能。具有类似功能的工具还有企业的手机应用、微信小程序、网店、官方公众号和微博等。二是数据获取能力。数据获取具有两方面的突破，分别是数据量和数据种类。随着移动互联和物联网等数智化终端设备的迅速普及，一个万物互联的社会正在形成；与此同时，整个社会产生的数据量也呈指数级增长的态势。根据《数据时代2025》报告中的预测，在2025年全球每天将会产生481EB[①]的数据。另外，企业获取数据的种类急剧增加，如客户网页停留时间、身体健康情况和兴趣爱好等。三是算法实现能力。数智化技术相关的软件使复杂统计模型有了运算的可能，同时也大幅提高了计算效率。四是云计算使用能力。云计算的出现使中小企业能够通过进行少量的投入而获得高质量的计算服务支持；对于大型科技公司而言，利用分布式服务器构建起来的云计算平台能够为其自身提供前所未有的算力。

　　进化层指的是数智化技术所赋予企业的能力推动生产经营各个环节优化升级的效果。一是战略规划。数智化经营将会调整企业战略规划的制定流程和方式，企业决策者主要通过获取和分析行业实时数据，将会得知行业技术发展趋势、消费者需求和市场供给动向等。二是客户需求预测。数智化经营将会增加客户需求预测所需的数据量和有效性等，由此提高需求预测的准确性和效率。三是产品和服务创造。随着时代物质财富的增加和文化活动的丰富，客户个性化的消费需求日益增长，市场长尾效应逐渐明显。而能够有效利用数智化技术的企业则会更好地满足客户个性化需求和应对市场长尾效应，使用数据进行产品和服务创新有望使企业开创新的蓝海。四是定价策略与库存管理。数智化技术除了增加了结构性数据的分析

---

① 　1EB（Exabyte，百亿亿字节）=1024PB，1PB（Petabyte，千万亿字节）=1024TB。

能力，也实现了非结构性数据的获取和利用，进而制定获得更高利润的价格需求函数。在大数据环境下使用机器学习法须同时考虑库存和客户需求情况，进而有效降低缺货和库存占用成本。五是供应链管理。企业使用大数据和人工智能技术将供应链的运行效率达到最大化，需要处理从原材料采购到最大限度地满足消费者需求的全流程。六是员工晋升与绩效管理。企业可使用数智化技术了解到员工价值创造的效果，能够分析效益创造总量等信息，同时结合薪酬激励机制，激发员工工作积极性和人才潜力。

韧性增加层指的是数智化技术最终传导到为制造业产业韧性的提升做出贡献的层面。制造业产业韧性的提升能够从八个方面来体现，分别对应制造业产业韧性量化用到的九个指标；这八个方面分别是成长能力、市场地位、偿债能力、运营能力、盈利能力、学习能力、创新能力和社会责任。数智化经营对制造业产业韧性的影响机理见图4-1。

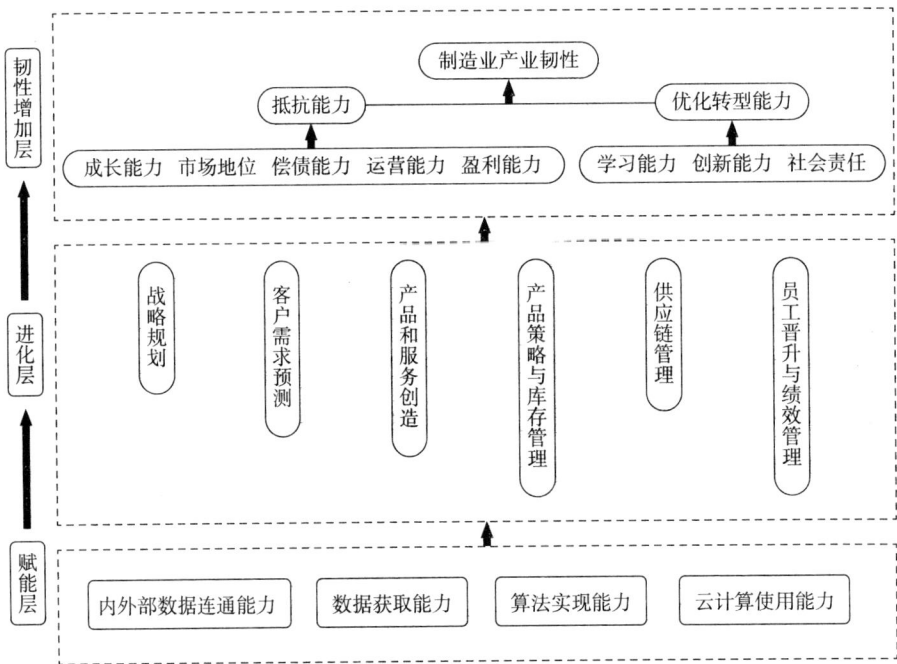

图 4-1　数智化经营对制造业产业韧性的影响机理

第二节　数智化转型提升专精特新制造企业韧性的路径分析

一、制造业数智化战略

1. 数字化战略的制定

传统的企业战略分析与制定主要以管理学家波特的研究方法为主，包括五力模型、企业价值链模型和钻石分析模型。但是数字技术的进步对产业发展的一个核心影响是使不同产业之间的边界变得模糊甚至消失，传统的战略制定方式已经无法适应数字化时代的需求。数字化战略的定位是产业在数字化转型中的战略选择，服务于企业整体战略和竞争策略，数字化战略的制定对制造业顺利实现数字化转型具有指导作用。

数字化战略的制定是一个复杂的过程，需要综合考虑组织的业务目标、数字化技术的趋势和组织的资源状况。数字化战略制定的关键要素包括以下内容。一是战略目标。制造业数字化战略的目标应该是实现数字化转型的各项目标，包括提高生产效率、降低成本、提升产品质量、增强客户满意度等。数字化战略的目标应该是具体、可衡量的，以便于评估数字化转型的成效。二是数字化技术选择。数字化转型需要应用各种数字化技术，如人工智能、物联网、云计算、大数据等。数字化战略的制定需要根据企业的需求和资源情况选择合适的数字化技术，并进行技术规划和投资。三是企业文化和人才培养。数字化转型需要企业文化和人才培养的支持。企业文化需要支持数字化转型的理念和价值观，为数字化转型奠定基础；同时，数字化转型需要具备相关的人才，这需要企业通过培训、招聘等方式来提高组织的数字化能力。四是数据管理和安全。数字化转型需要依靠数据的支持，因此数据管理和安全也是数字化战略制定的关键要素。数字化战略需要考虑数据管理和安全的方案，包括数据收集、存储、分析和共享等方面，同时需要制定安全措施，防止数据泄露和损失。五是合作伙伴选择和管理。数字化转型需要与各类合作伙伴合作，包括数字化技术提供商、数据分析公司、物流服务商等。数字化战略的制定需要考虑如何选择和管理合作伙伴，以实现数字化转型的效益最大化。

制造业数字化战略制定的具体流程如下。第一步，分析企业业务。数字化战略必须基于企业的业务目标，以确保数字化转型的成功。制造业企业首先应该对其整体业务流程进行分析，以确定哪些业务需要数字化支持，并确定数字化战略的优先级。第二步，评估数字化技术趋势。数字化技术在不断发展，组织需要了解当前数字化技术的趋势和最新进展，以便制定适合企业的数字化战略。企业还应该评估当前的数字化技术，如人工智能、云计算、大数据和物联网等技术，以及它们对企业的影响。第三步，识别数字化战略的关键要素。企业应该识别数字化战略的关键要素，如数字化技术的应用、企业文化和数字化转型的进度等。这些关键要素将指导数字化战略的制定和实施。第四步，制定数字化战略。在识别了企业的业务和数字化技术的发展趋势之后，企业应该开始制定数字化战略。数字化战略应该明确数字化技术的应用场景、数字化转型的进度和数字化转型的目标等方面的内容，同时需要全面考虑企业的资源状况和内部文化。第五步，实施数字化战略。数字化战略的实施需要企业的协调和执行力，企业应该制订科学合理的实施计划，确保数字化战略能够顺利实施。第六步，监测数字化战略。数字化战略实施后，企业应该不断监测数字化战略的执行效果，以及数字化转型的进展。数字化战略监测的目的是确保数字化战略的有效性和及时纠正不足之处。数字化战略监测的过程需要建立相应的指标体系，对数字化战略的执行效果进行评估和反馈。

2. 数字化战略的执行规划

制造业数字化战略的执行通常包括战略实施、战略评估和战略监测。

数字化战略的实施是数字化转型的关键步骤，数字化战略的实施需要充分考虑组织的协调和执行力，同时设计分配企业各种资源、实施数字化技术、改善流程和培养人才。数字化战略的实施主要包括以下步骤。一是数字化技术基础设施建设。制造业实施数字化战略的初期需要首先保证数字化技术的可用性和稳定性，具体使用到的数字技术包括物联网、大数据、人工智能、云计算等。数字化技术的实施需要根据数字化战略的目标和数字化技术规划进行。二是流程制定与优化。数字化转型需要优化现有的流程，以适应数字化技术的应用。流程优化需要针对每个流程进行分析和改进，以提高生产效率和质量。三是数字化实操人才培养。数字化转型需要具备相关的人才，因此需要通过培训、招聘等方式来提高组织的数字化能力。同时，数字化转型还需要与各个部门进行协调和合作，促进数字化文化和数字化思维的推广和普及。四是制造流程数据的管理和安全。数字化转型需要依靠数据的支持，因此数据管理和安全也是数字化战略实施的重要步骤。数字化转型需要制定相应的数据管理和安全方案，确保数据的完整性、可靠性和安全性。五是产业链上下游合作伙伴管理。数字化转型需要与各类合作伙伴合作，包括数字化技术提供商、数据分析公司、物流服务商等。数字化战略的实施需要对合作伙伴进行管理，确保各方的利益得到充分保障。

制造业数字化战略的评估有助于保障数字化转型的顺利进行，该环节评估的是数字化转型的成效和效益，以便不断改进数字化战略及其实施。数字化战略的评估需要考虑以下几个方面。一是数字化转型目标的实现程度。数字化战略的目标需要是具体、可衡量的，数字化战略的评估需要对数字化转型目标的实现程度进行评估，以确定数字化转型的成效和效益。二是数字化技术的应用情况。数字化转型需要应用各种数字化技术，数字化战略的评估需要对数字化技术的应用情况进行评估，以确定数字化技术的效益和改进方向。三是流程改进效果。数字化转型需要优化现有的流程，数字化战略的评估需要对流程改进效果进行评估，以确定流程改进的效果和改进方向。四是人才培养效果。数字化转型需要具备相关的人才，数字化战略的评估需要对人才培养效果进行评估，以确定人才培养的效果和改进方向。五是数据管理和安全效果。数字化转型需要依靠数据的支持，数字化战略的评估需要对数据管理和安全效果进行评估，以确定数据管理和安全措施的效果和改进方向。六是合作伙伴产业链效果。数字化转型需要与各类合作伙伴合作，数字化战略的评估需要对合作伙伴进行评估，以确定合作效果和改进方向。数字化战略评估需要持续进行，以确保数字化转型的不断改进和提高。

数字化战略监测需要建立相应的指标体系和监测机制。数字化战略监测的目的是评估数字化转型的进展和数字化战略的实施效果，为数字化转型提供反馈和改进的方向。数字化战略监测的关键步骤如下。第一步，制定监测指标体系。数字化战略监测需要建立相应的监测指标体系，评估数字化转型的进展和数字化战略的实施效果。监测指标应该包括数字化转型的关键指标、业务指标和员工参与指标等方面。第二步，收集数字化流程数据。数字化战略监测需要收集相应的数据支持，数据支持来自业务系统、数字化转型平台、员工反馈等方面。企业应该建立数据采集和分析体系，对数字化战略的执行效果进行评估和反馈。第三步，分析数据。数字化战略监测需要对收集的数据进行分析，评估数字化转型的进展和数字化战略的实施效果。数字化战略监测需要对数字化转型的关键指标、业务指标和员工参与指标等方面进行分析和评估，发现数字化转型的瓶颈和问题，提供相应的改进方案。第四步，持续改进。数字化转型是一个不断演进的过程，数字化战略监测需要持续改进。企业应该不断优化数字化战略监测的指标体系和监测机制，提高数字化战略监测的有效性和及时性。

综上，数字化战略的制定需要考虑数字化转型的目标、数字化技术的应用、流程改进、人才培养、数据管理和安全、合作伙伴管理等方面。数字化转型需要持续进行数字化战略评估，以确保数字化转型的不断改进和提高。数字化转型是一个漫长且持续的过程，在数字化转型的过程中，企业需要不断学习、改进和提升。数字化转型需要企业对未来趋势的敏锐洞察力、对数字化技术的深刻理解、对流程改进的专业知识、对人才培养的重视、对数据管理和安全的认真思考、对合作伙伴的有效管理，并需要企业具备强大的领导力、组织能力、执行力和变革能力。企业须深入贯彻数字化文化和数字化思维，以便于适应数字化时代的变革和挑战，实现数字化转型的成功。数字化转型是一个充满机遇和挑战的过程，数字化战略的制定需要企业充分认识数字化转型的意义和价值，制订相应的数字化战略和计划，以实现数字化转型的成功和持续发展。数字化战略实施的过程中同时也需要注意企业协调、管理数字化风险和持续优化改进。各部门之间的协调和配合方式也须升级，企业应该制定数字化转型的组织架构和流程，确保数字化转型能够有序进行。数字化转型会带来一定的风险，如数据安全风险、技术风险等，企业需要建立数字化风险管理体系，对数字化风险进行识别、评估和控制，减少数字化风险对组织的影响。数字化转型是一个不断演进的过程，数字化战略的实施需要持续改进，企业应该不断收集数字化战略实施的反馈和数据，对数字化战略进行持续优化和改进。

二、制造业数智化需求分析

随着数字化技术的不断发展和普及，数字化需求分析将变得越来越重要和必要。数字化需求分析是数字化转型的重要环节，可以帮助企业深入了解用户需求和市场趋势，从而确定数字化技术的应用方向和重点。数字化需求分析需要采用多种工具和技术，包括用户调研、市场分析、数据分析、用户体验设计、原型设计等。数字化需求分析面临着数据收集和处理的难度、用户需求的复杂性和多样性、市场环境的不确定性以及数字化技术的快速变化等挑战。为了应对这些挑战，企业可以采取多种解决方案，例如，采用多种数据源进行数据收集和处理、采用多种调研方法进行用户调研、建立敏捷的数字化需求分析机制以及建立数字化需求分析团队等。通过数字化需求分析，企业可以更好地把握市场和用户需求的变化，提高数字化转型的成功率和效率。企业需要根据自身的实际情况，制定符合自己需求的数字化需求分析策略，并不断优化和调整，以满足不断变化的市场和用户需求。数字化需求分析不仅可以帮助企业提高数字化转型的成功率和效率，还可以为用户提供更好的产品和服务，促进数字经济的发展和繁荣。因此，企业应该高度重视数字化需求分析，把它作为数字化转型的重要环节，从而实现数字化转型的成功和可持续发展。

数字化需求分析是指通过对用户需求的深入理解，分析和把握用户的数字化需求，以确定数字化技术的应用方向和重点，从而确保数字化转型成功。数字化需求分析对于制造业企业的意义在于以下方面。首先，有效提升用户需求的满意度。通过数字化需求分析，企业可以深入了解用户的需求，并根据用户需求开发相应的数字化技术，从而有效满足用户的需求。其次，提高数字化转型的成功率。通过数字化需求分析，企业可以确定数字化技术的应用方向和重点，从而提高数字化转型的成功率。最后，提高数字化技术的应用效果。通过数字化需求分析，企业可以深入了解用户的需求，以便开发出更加符合用户需求的数字化技术，从而提高数字化技术的应用效果。

数字化需求分析的基本步骤如下。第一步，了解用户需求。通过与用户的交流和沟通，以及调查和分析市场和行业的现状，深入了解用户的需求。第二步，确定数字化技术的应用方向和重点。根据用户需求以及市场和行业的现状，确定数字化技术的应用方向和重点。第三步，分析数字化技术的应用效果。通过分析来评估数字化技术的应用效果，并提出改进意见。第四步，确定数字化技术的开发方向和重点。根据对数字化技术的应用方向和重点，确定数字化技术的开发方向和重点。第五步，开发数字化技术。根据数字化技术的开发方向和重点，开发相应的数字化技术。

数字化需求分析的具体方法主要包括以下几种。一是用户调研。用户调研是深入了解用户需求的重要途径，可以通过面对面、电话、网络等方式进行调查和采访，了解用户的需求和反馈。二是市场分析。通过对市场和行业的现状进行分析，了解市场和行业的发展趋势和方向，从而确定数字化技术的应用方向和重点。三是数据分析。通过对历史数据和现有数据进行分析，了解用户的使用情况和需求变化，从而确定数字化技术的开发方向和重点。四是用户体验设计。用户体验设计是指根据用户需求和使用习惯，设计数字化技术的交互界面和操作流程，从而提高数字化技术的使用效果。五是原型设计。原型设计是指通过设计数字化技术的原型，让用户直观地感受到数字化技术的功能和效果，从而进一步了解用户的需求和反馈。

制造业产品数字化需求分析也面临着若干挑战。首先，数据收集和处理的难度。数据的质量和数量会直接影响数字化需求分析的准确度和有效性，但数据的收集和处理是一个复杂的过程，需要专业的技术和人员。其次，用户需求的复杂性和多样性。不同的用户有不同的需求和使用习惯，这对数字化需求分析提出了更高的要求，需要能够全面深入地了解用户的需求和反馈。再次，市场环境的不确定性。市场环境的变化会直接影响用户的需求和使用习惯，数字化需求分析需要能够及时响应市场环境的变化，调整数字化技术的应用方向和重点。最后，数字化技术的快速变化。随着数字化技术的不断发展和变化，数字化需求分析需要不断地更新和调整，以满足不断变化的市场和用户需求。

　　为了应对数字化需求分析面临的挑战，可以采取以下几个解决方案。第一，采用多种数据源进行数据收集和处理。通过整合调研、市场分析、用户数据等多个数据源，可以获得更全面、多角度的信息，从而提高数字化需求分析的准确度和有效性。这意味着企业需要积极收集和整合不同来源的数据，如市场报告、行业研究、用户反馈等，以形成一个全面的数据基础。第二，综合使用多种调研方法进行用户调研。企业可以利用面对面访谈、电话调查、在线调查等多种调研方法，与用户进行深入的交流和互动，这样可以更好地了解用户的需求、偏好、行为等方面的信息。通过不同的调研方法，可以获得不同层面和维度的数据，帮助企业全面理解用户的需求，并根据实际情况进行相应的调整和优化。第三，建立敏捷的数字化需求分析机制。市场和用户需求在不断变化，因此企业需要建立一套快速反映市场变化的机制。这包括及时调整数字化技术的应用方向和重点，以满足不断变化的市场和用户需求。企业可以通过定期的市场调研、用户反馈收集和分析，以及与业务部门的紧密合作，快速发现并响应新的需求和变化，确保数字化技术的发展与市场需求保持一致。第四，建立数字化需求分析团队。通过建立专业的数字化需求分析团队，可以将数据收集和处理、用户调研、市场分析等工作集中在一个团队中进行，这样可以提高团队的专业水平和协同效率，确保数字化需求分析工作的顺利进行。团队成员需要具备数据分析、市场研究、用户行为等相关专业背景，共同合作，深入分析和解读数据，从而为企业提供有针对性的建议和决策支持。

三、制造业数智化产品设计

1. 大规模个性化定制

　　大规模个性化定制是制造业数字化产品设计的一个重要趋势，它结合了个性化定制和大规模生产的优点，能够为消费者提供更加符合个性化需求的产品和服务。大规模个性化定制是将个性化定制与大规模生产相结合的一种商业模式。传统的生产方式主要是针对大众市场，采用大规模生产、标准化设计和质量控制等手段，以实现规模化生产、降低成本和提高效率。

而个性化定制则强调根据客户的个性化需求进行生产，使产品更加符合客户需求，但通常需要付出更高的成本和更多的时间。大规模个性化定制则是将这两种模式相结合，通过运用信息技术和制造技术，以更加灵活的方式满足个性化需求，同时也能够实现大规模生产的效率和成本优势。大规模个性化定制的实现离不开信息技术和制造技术的支持。信息技术主要包括数据分析、人工智能、云计算、物联网等技术，而制造技术则包括 3D 打印、数字化制造、柔性制造等技术。下面将分别介绍这些技术在大规模个性化定制中的应用。

大规模个性化定制需要基于大量的消费者数据进行产品设计和生产，因此数据分析和人工智能技术的应用显得尤为重要。通过对消费者的购买行为、浏览历史、社交媒体信息等数据进行分析，可以得到消费者的喜好、偏好、需求等信息，从而为产品设计和生产提供依据。人工智能技术可以通过机器学习、深度学习等算法，对数据进行模式识别和预测分析，从而更加精准地满足消费者需求。例如，亚马逊可以根据消费者的浏览历史和购买记录，向其推荐个性化的商品和服务；Netflix 则可以通过对消费者观影记录的分析，为其推荐电影和电视剧。

云计算和物联网技术的应用可以使大规模个性化定制更加高效和精准。云计算可以提供强大的计算和存储能力，使企业可以更加便捷地处理大量的消费者数据和实现大规模生产。物联网技术则可以实现对生产过程的实时监控和数据收集，从而更加精准地管理生产过程，保证产品质量。例如，耐克公司使用物联网技术实现对鞋子生产过程的实时监测和管理，在保证鞋子质量的同时又能够满足消费者的个性化需求。3D 打印和数字化制造技术可以实现对产品的快速生产和个性化定制。3D 打印技术可以根据消费者的个性化需求进行生产，同时也能够实现小批量生产和快速生产，大大提高生产效率。数字化制造技术则可以通过数字化模型的创建和模拟，为生产提供依据，同时也可以实现对生产过程的精准管理和优化。例如，耐克公司使用数字化制造技术，实现对鞋子的个性化生产和精准管理，从而满足消费者的个性化需求。

大规模个性化定制的商业模式主要包括两种：定制化大规模生产和大规模个性化生产。定制化大规模生产是指基于大规模生产的优势，通过消费者定制的方式实现个性化需求的满足，主要应用于服装、鞋类、家具等领域。大规模个性化生产则是指基于信息技术和制造技术的支持，实现对个性化需求的精准满足，主要应用于电子产品、汽车、航空等领域。两种商业模式各有优劣，企业需要根据自身情况和市场需求进行选择。

大规模个性化定制对企业和消费者都有深远的影响。对于企业来说，大规模个性化定制可以提高效率、集约生产和提升灵活性等，同时也能够更加精准地满足消费者需求，提高客户满意度。但是，也存在一些挑战，如生产成本高、生产周期长、技术门槛高等问题。对于消费者来说，大规模个性化定制可以满足个性化需求，提高消费者的满意度，但是也需要承担更高的价格和更长的等待时间。

2.制造业数字孪生

制造业数字孪生是一种基于数字化技术的新型生产方式，它是通过数字化技术将现实世界的生产线、生产流程和生产设备等元素建立起来的虚拟模型，实现了生产过程的数字化和可视化。数字孪生技术不仅可以提高制造业的生产效率和质量，同时也可以为企业提供更加精准的生产管理、预测和调整，从而实现生产流程的智能化和优化。因此，制造业数字孪生已成为当前数字化转型的热点领域之一，对于推动制造业智能化升级和提高经济效益具有重要的意义。数字孪生技术具有以下特点。一是可视化。数字孪生技术可以将物理实体以虚拟形式呈现在计算机中，实现真实物体的可视化，为生产过程中的问题分析和决策提供有力支持。二是模拟性。数字孪生技术可以对物理实体进行建模和仿真，模拟物理实体的运动状态、行为和性能等，帮助企业优化生产过程和产品设计，降低生产成本和提高产品质量。三是预测性。数字孪生技术可以根据物理实体的历史数据和实时数据，预测其未来运动状态和性能，为生产过程中的决策提供有力支持。

数字孪生利用数字化技术的模拟和仿真技术，通过将现实物体的三维形态、物理特性、运动状态等信息以数字化方式表达，再在计算机中进行建模、仿真和优化，从而实现对现实物体的可视化、模拟和预测。制造业数字孪生是一种将制造业生产线、生产设备、生产流程等现实世界中的元素建立起来的虚拟模型，以实现生产过程的数字化和可视化。通过数字孪生技术，制造业企业可以实时监测和控制生产过程，提高生产效率和质量，同时也可以为企业提供更加精准的生产管理和预测，从而实现生产流程的智能化和优化。数字孪生技术的发展已经引起了制造业的广泛关注和尝试应用。

目前，制造业数字孪生技术已经在全球范围内得到广泛应用，并取得了显著的成果。例如，航空发动机制造是一个复杂而关键的领域，数字孪生技术为其带来了革命性的变化，制造商可以通过建立数字孪生模型来模拟发动机的设计、制造和运行过程，这些模型可以结合实际发动机的传感器数据，进行实时监测和分析，从而提供更准确的预测性维护和故障诊断。又如，通用电气航空公司（GE Aviation）使用数字孪生技术来监测航空发动机的运行状态，提供实时性能数据和预测性维护建议，帮助航空公司降低故障风险和提高航班可靠性。制造业数字孪生技术的应用可以具体体现在以下几个方面。一是生产线数字化和可视化。数字孪生技术可以将生产线各个环节数字化和可视化，实现生产过程的透明化和精确化。这可以帮助企业实时监测和管理生产过程，提高生产效率和质量。二是设备智能化和优化。数字孪生技术可以对生产设备进行数字化建模和仿真，实现设备的智能化和优化。这可以帮助企业提高设备的利用率和维护效率，减少设备故障和损失。三是生产管理和预测。数字孪生技术可以通过大数据分析和模拟仿真技术，实现生产管理的智能化和精确化。这可以帮助企业进行生产计划、生产调度、库存管理等工作，并预测生产过程中的风险和问题。四是产品设计和优化。数字孪生技术可以将产品的设计过程数字化和可视化，实现产品的快速开发和优化。这可以帮助企业提高产品的质量和竞争力，降低产品开发成本和周期。

制造业数字孪生技术的实现需要借助多种数字技术，如 3D 建模、虚拟现实、云计算和大数据分析等，具体实现流程如下。①采集实际生产环境的数据，包括生产线、设备、物料等。这可以通过安装传感器、监控系统或其他数据采集设备来实现。数据的采集范围广泛，包括设备状态、温度、湿度、振动等多个方面。②将采集到的数据进行处理和转换，建立数字孪生模型。这涉及数据清洗、格式转换、数据整合等工作。③通过对数据的处理，可以得到准确、可用的数字孪生模型所需的数据集。通过虚拟现实技术将数字孪生模型呈现出来。虚拟现实技术可以将数字孪生模型以可视化的方式呈现，让用户能够在虚拟环境中观察和与模型进行交互，这样可以更好地理解和分析生产过程中的关键参数和变化。④采用云计算和大数据分析技术对数字孪生模型进行监测和控制，并通过实时反馈进行调整和优化。将数字孪生模型与云计算和大数据分析相结合，可以实现对生产过程的实时监测和分析。通过对模型进行实时反馈，可以及时发现问题并进行调整和优化，以提高生产效率和质量。

四、制造业数智化生产

1. 工业互联网

制造业是工业互联网技术应用较为广泛的领域之一，因为制造业涉及的设备和系统非常复杂，而工业互联网技术可以帮助企业将这些设备和系统连接起来，并实现数据的实时监测、分析和共享。通过工业互联网技术的应用，制造企业可以实现智能化生产、提高产品质量、降低成本、提高安全性等目标。

智能制造是指通过将生产设备和工厂内的各个系统进行连接，实现生产线的自动化、智能化和数字化管理。通过智能制造技术，制造企业可以实现以下几个方面的优化。一是自动化生产。通过将生产设备和机器进行连接，并进行自动化控制，可以实现生产线的自动化生产。通过自动化生产，可以大大减少需要人为干预的需求，减少人力资源的使用，提高生产效率和生产质量。二是资源利用率提高。通过机器联网技术，可以对能源和资源的使用进行监测和控制，从而实现资源的合理利用和节约，例如，对能源的消耗情况进行实时监测和管理，从而实现能源的节约和环保。三是智能化管理。通过将各个生产环节进行数字化管理，可以实现对生产过程的实时监测和分析。通过分析生产数据，可以找到生产线上的瓶颈和问题，并进行优化和调整；同时，还可以实现对生产进度和物料库存等方面的实时监控和管理，提高生产计划的精确性和可控性。通过将生产数据进行可视化呈现，可以让生产过程更加透明和可控。例如，可以通过数据可视化的方式，实时监控生产线上各个环节的运行情况和产量数据，从而实现对生产过程的全面掌控。四是生产质量优化。通过对生产数据的分析和挖掘，可以找到产品质量的瓶颈和问题，并进行优化和调整。例如，通过对生产过程中的各个环节进行数据分析，找到生产质量的问题点，并及时进行优化和调整，从而提高产品的质量和性能。五是制造成本优化，通过对生产数据进行分析和挖掘，可以找到生产成本的瓶颈和问题，并进行优化和调整。例如，通过对生产过程中能源和物料的消耗情况进行实时监测和管理，从而实现资源的节约和成本的降低。

机器联网将生产设备和机器连接到互联网上，实现对设备运行状态、生产效率等方面的实时监测和控制。通过机器联网技术，制造企业可以实现以下几个方面的提升。一是设备故障预测和维护。通过对设备运行状态进行实时监测，可以及时发现设备的故障和瓶颈，从而实现故障的预测和维护。例如，可以通过监测设备的温度、振动、压力等指标，来判断设备是否存在故障或异常；一旦发现故障或异常，可以及时通知维护人员进行维修，从而避免生产线停机或产生更大的损失。二是生产效率优化。通过实时监测设备运行状态和生产效率等指标，可以找到生产线上的瓶颈和问题，并进行优化和调整。例如，可以对生产线进行自动化控制和调节，实现设备之间的协同运作，从而提高生产效率和产量。三是资源利用率提高。通过机器联网技术，可以对能源和资源的使用进行监测和控制，从而实现资源的合理利用和节约。例如，可以对能源的消耗情况进行实时监测和管理，从而实现能源的节约和环保。

2. 工业机器人

工业机器人是一种计算机控制的机器人，用于执行各种制造任务，如装配、打磨和抛光、喷漆、焊接、包装等。它们通常使用各种传感器、执行器和工具来完成任务，可以在生产线上工作，并通过自动化和智能化提高生产效率和质量。工业机器人有很多种类，包括 SCARA 机器人、直线传送带机器人、平面机器人和关节式机器人等。通常使用编程语言来给它们指定任务，如 G 代码和 C 语言等，这些编程语言可以编写程序来控制机器人的运动、操作和传感器反馈等。

制造业工业机器人的应用环节有以下方面。第一，装配。在制造业中，机器人可以被用来完成多种装配任务，如汽车和电子产品的装配。工业机器人可以使用精确度高的机械臂来进行装配，这样可以减少人工干预，提高生产效率，并确保产品质量一致。例如，机器人可以使用激光和视觉传感器来精确地定位和安装零件。第二，打磨和抛光。在许多制造业领域，打磨和抛光是必要的工艺。手动打磨和抛光通常需要大量的时间和精力，并且成果可能会不一致。使用机器人可以提高效率和一致性，并且可以保证产品的质量。机器人可以使用不同的工具，如磨头、抛光头和毛刷等，根据要求进行打磨和抛光，可以通过视觉传感器和力传感器等技术来检测产品表面的不平整和缺陷。第三，喷漆。机器人可以被用于自动化喷漆工艺。传统的喷漆工艺需要大量的人工干预，而且容易产生漏洞和不一致的涂层。机器人可以使用高精度的涂漆喷枪来控制涂层的均匀性，并且可以根据需要更改喷漆的颜色和类型。另外，机器人通常使用激光传感器和相机等传感器来检测表面的不平整和缺陷，并相应地进行调整。第四，焊接。机器人可以被用于自动化焊接工艺。手动焊接通常需要训练有素的工人，并且可能需要大量的时间和精力。使用机器人可以提高生产效率和一致性，并且可以确保焊接质量。机器人通常使用高精度机械臂和激光传感器来控制焊接过程，并可以根据需要更改焊接的类型和位置。第五，包装。机器人可以被用于自动化包装工艺。手动包装通常需要大量的时间和精力，并且可能出现包装不一致或损坏等问题。使用机器人可以提高生产效率和一致性，并确保包装质量。机器人可以使用各种机械臂和工具来收集、组织和包装产品，可以根据需要更改包装材料和方式。机器人通常使用视觉传感器和力传感器等技术来检测产品的大小、形状和重量，并相应地进行调整。第六，物流和仓储。在制造业中，物流和仓储是不可或缺的环节。机器人可以被用于自动化物流和仓储过程，从而提高效率和减少人工干预。机器人可以使用各种传感器和执行器来搬运、存储和管理物品，并可以根据需要更改搬运的方式和路径。机器人通常使用激光传感器和相机等传感器来检测周围环境，并相应地进行调整。第七，质量管控。在制造业中，质量控制是至关重要的。机器人可以被用于自动化质量控制过程，从而提高效率和减少人工干预。机器人可以使用各种传感器和工具来检测产品的尺寸、形状、颜色和材料等方面，并可以根据需要进行相应的调整。

3. 智能调度

制造业智能调度是指通过计算机科学、人工智能和运筹学等技术手段，对生产过程中的各项任务进行自动调度和优化的过程。制造业智能调度可以大大提高生产效率和产品质量，降低生产成本和资源浪费，是制造业数字化转型的重要组成部分。制造业智能调度可以分为两个主要阶段：生产计划阶段和生产执行阶段。生产计划阶段主要是根据市场需求和生产资源情况，确定生产计划和生产计划排程；生产执行阶段主要是根据生产计划和设备状态，自动调度和优化生产过程中的各项任务。制造业智能调度可以使生产过程更加自动化和智能化，提高生产效率和产品质量。

制造业智能调度涉及多种技术手段，其中包括数据科学、人工智能、运筹学等领域的技术手段。①数据科学是制造业智能调度的重要技术基础，包括数据处理、算法设计、软件开发等方面。计算机科学可以通过自动化、智能化的方式对生产过程中的数据进行处理和分析，提供最优的生产调度方案。②人工智能算法技术是制造业智能调度的重要技术手段，包括机器学习、深度学习、自然语言处理等方面。人工智能可以通过学习和分析生产过程中的数据，提供最优的生产调度方案。③运筹学是制造业智能调度的重要基础技术，包括线性规划、整数规划、动态规划等方面。运筹学可以通过数学模型和算法设计，提供最优的生产调度方案。

制造业智能调度在实际应用时具体涉及的算法包括遗传算法、蚁群算法、神经网络算法、模拟退火算法、专家系统等。①遗传算法基于自然选择和遗传进化原理的算法，通过模拟自然进化过程，寻找最优的生产调度方案。遗传算法可以自适应地调整生产过程中的任务分配，从而最大限度地提高生产效率和产品质量。②蚁群算法是一种基于蚂蚁寻食行为的算法，通过模拟蚂蚁在寻找食物时的行为，寻找最优的生产调度方案。蚁群算法可以自适应地调整生产过程中的任务分配，从而最大限度地提高生产效率和产品质量。③神经网络算法是一种模拟生物神经网络的算法，通过模拟生物神经元之间的连接和信息传递，分析和预测生产过程中的数据，从而提供最优的生产调度方案。神经网络算法可以处理非线性问题和大量数据，提高生产调度的精度和效率。④模拟退火算法基于物理退火原理的随机优化，通过模拟物质在高温下的退火过程，寻找最优的生产调度方案。模拟退火算法可以处理大量数据和复杂约束条件，提高生产调度的精度和效率。⑤专家系统基于知识库和规则库的人工智能系统，通过模拟专家的知识和经验，提供最优的生产调度方案。专家系统可以处理复杂问题和多约束条件，提高生产调度的精度和效率。

制造业智能调度可以应用于多个专精特新行业和领域，其中包括汽车制造、航空制造、机器人制造、医疗器械制造、电子制造等。①汽车制造是一个大规模、复杂的生产过程，制造业智能调度可以自动调度和优化汽车制造过程中的各项任务。例如，在汽车制造过程中，制造业智能调度可以根据生产计划和设备状态自动调度生产线上的各项任务，以提高生产效率和产品质量。②航空制造是一个高度精密的行业，制造业智能调度可以自动调度和优化航空制造过程中的各项任务。例如，在航空制造过程中，制造业智能调度可以根据生产计划和设备状态自动调度生产线上的各项任务，以提高生产效率和产品质量。③机器人制造是一个新兴的行业，制造业智能调度可以自动调度和优化机器人制造过程中的各项任务。例如，在机器人制造过程中，制造业智能调度可以根据生产计划和设备状态自动调度生产线上的各项任务，以提高生产效率和产品质量。另外，制造业智能调度可以根据机器人的不同特性和工作负载，自动调整任务分配和生产计划，提高机器人制造的精度和效率。④医疗器械制造是一个严格要求质量和精度的行业，制造业智能调度可以自动调度和优化医疗器械制造过程中的各项任务。例如，在医疗器械制造过程中，制造业智能调度可以根据生产计划和设备状态自动调度生产线上的各项任务，以提高生产效率和产品质量。另外，制造业智能调度可以根据医疗器械的不同特性和要求，自动调整任务分配和生产计划，提高医疗器械制造的精度和效率。⑤电子制造是一个高度自动化的行业，制造业智能调度可以自动调度和优化电子制造过程中的各项任务。例如，在电子制造过程中，制造业智能调度可以根据生产计划和设备状态自动调度生产线上的各项任务，以提高生产效率和产品质量。另外，制造业智能调度可以根据电子产品的不同特性和工艺要求，自动调整任务分配和生产计划，提高电子制造的精度和效率。

第三节　专精特新企业数智化转型
困境分析与应对策略

一、困境分析

专精特新企业在进行数智化转型过程中可能会面临一些困境和挑战，以下是一些常见的困境情况。一是技术和数据的复杂性。数智化转型涉及多种技术和数据的应用，而这些技术和数据通常具有一定的复杂性。企业可能面临技术选择的困难，不知道应该选择哪些技术和工具来实现转型目标。此外，数据的质量、安全性和隐私问题也可能成为困扰企业的难题。二是组织文化和人才匹配不协调。数智化转型需要企业内部的组织文化和人才能够适应数字化的要求。然而，许多专精特新企业可能面临组织文化的保守和传统思维模式的困扰，导致员工对数字化转型持怀疑态度。同时，企业可能需要引入新的技能和知识，培养或招聘具备数智化转型所需能力的人才。三是投资和资源限制。数智化转型通常需要大量的投资和资源支持。专精特新企业可能面临资金和资源有限的困境，无法轻松进行大规模的数智化转型。此外，数智化转型的过程可能需要较长的时间，企业需要有足够的耐心和持久力来推动转型计划的实施。四是数据隐私和合规性问题。随着数智化转型的推进，企业需要处理大量的数据，并确保数据的隐私和合规性。这可能涉及遵守相关法规和标准，以及保护客户和用户的个人信息。企业需要制定健全的数据安全和隐私政策，并投入足够的资源来保护数据的安全。五是组织变革和管理。数智化转型不仅是技术和工具的应用，还涉及组织结构和流程的变革。这可能引发企业内部的不适应和抵触情绪，需要企业管理层积极推动组织变革，并与员工进行有效的沟通和培训，以确保转型过程的顺利进行。

二、应对措施

针对专精特新企业在数智化转型过程中的困境，企业可采取以下应对措施。一是企业可以进行技术评估和需求分析，以确定最适合业务需求的技术和工具。与技术供应商和专业顾问合作，获取专业的指导和支持。二是进行内部培训和教育，提高员工对数智化转型的认识和理解，强调数字化转型的重要性和价值。建立创新和学习的文化，鼓励员工积极参与数字化转型，提供培训和发展机会，以提高和丰富员工的数字化能力和知识。寻找适合数智化转型相关专业技能和知识的人才，可以通过招聘、合作伙伴关系或外部顾问等方式引入。设立跨部门的协作机制，促进组织内部的知识共享和协同工作，提高团队的协作能力。三是制订长期的数字化转型规划，将转型过程分阶段进行，以逐步推进转型，减少投资和资源的压力。优先考虑关键领域的投资，选择具有高影响力和回报率的项目，确保资源的有效配置。寻找战略合作伙伴，共享资源和技术，减轻成本压力，并加速数字化转型进程。寻求外部的融资渠道，如风险投资、创新基金或政府支持等，以获取额外的资金支持。四是建立数据管理和数据治理机制，包括数据清洗、数据分类、数据权限管理等，确保数据的质量和可控性。加强员工培训，促使其意识提升，以加强对数据隐私和合规性的重视，确保员工遵守相关规定。与数据隐私专家或律师合作，进行风险评估和合规审查，确保企业在数据处理和共享过程中符合法律规定和行业要求。定期进行数据隐私和安全的检查和审核，以确保制度的有效性和合规性。五是制订明确的变革计划和策略，包括阐明目标、制定路线图和时间表，确保转型过程有条不紊地进行。建立变革管理团队，负责规划、监控和评估转型进程，并解决变革过程中的问题和挑战。建立良好的沟通渠道，与员工进行沟通和参与，分享转型的目标、进展和成果，以获得员工的支持和合作。设立明确的指标和评估体系，定期跟踪和评估转型的效果和绩效，并根据评估结果进行调整和改进。

综上，对于专精特新企业在数智化转型中遇到的技术和数据的复杂性、组织文化与人才匹配、投资和资源限制、数据隐私和合规性问题、组织变革和管理的难题，可以通过综合的应对措施来解决，包括技术评估和需求分析、培训和教育、合作伙伴关系、法规遵从和数据安全措施、变革管理和评估等。这些措施有助于专精特新企业顺利进行数智化转型，并取得最终的成功。

第五章

创新生态系统与专精特新企业韧性

第一节　专精特新企业创新生态系统的理论内涵

一、专精特新企业创新生态系统时代特征分析

1.数智化

数智化是数字化和智能化的合称，目前随着信息技术和人工智能科技的发展，专精特新企业创新生态系统必须具备先进的数智化特征。专精特新企业创新生态系统的数字化特征体现在以下方面。一是数据驱动创新。专精特新企业通过数字化技术收集、存储和分析大量的数据，从而能够更好地理解市场需求、用户行为和技术趋势等信息，基于数据进行决策和创新。二是虚拟协同与合作。数字化特征使专精特新企业能够通过互联网和协同工具实现虚拟化的合作与协同，跨越地域和组织界限，会集全球各地的专业人才和资源，共同推动创新。三是个性化定制与交付。数字化技术为专精特新企业提供了实现个性化定制和交付的能力，根据客户需求快速设计、制造和交付定制化产品和服务，提升客户体验和满意度。四是数字营销和渠道创新。数字化特征使专精特新企业能够通过互联网和社交媒体等渠道进行精准的营销和推广，实现更有效的市场定位和品牌建设，拓展全球市场。

专精特新企业创新生态系统的智能化特征可以体现在以下方面。一是智能数据分析与决策支持。专精特新企业通过应用人工智能、机器学习和数据挖掘等技术，对海量数据进行智能分析和模式识别，为决策提供科学依据和预测能力。二是自动化生产与流程优化。智能化特征使专精特新企业能够应用自动化和机器人技术，实现生产过程的智能化和自动化，提高生产效率、质量和灵活性。三是智能物联网与传感器应用。专精特新企业通过智能物联网和传感器技术，实现设备和产品的互联互通，收集和共享实时数据，提升生产监控和产品质量管理的能力。四是智能客服与用户体验。智能化特征使专精特新企业能够通过人工智能和机器学习技术提供个

性化的用户体验，可根据用户的喜好和行为习惯进行推荐和定制化服务，提高用户的满意度和忠诚度。五是智能供应链和物流管理。专精特新企业通过应用物联网、大数据和人工智能等技术，实现供应链的智能化管理，实时跟踪和优化物流，提高供应链的可靠性和效率。六是智能安全与风险管理。智能化使专精特新企业能够通过应用智能安全系统和风险管理技术，识别和应对潜在的安全威胁和风险，保护企业的数据和资产安全。七是人机协作与智能决策。专精特新企业通过人机协作和智能决策支持系统，实现人员和机器之间的紧密协作，共同完成复杂任务和决策，提高工作效率和创新能力。八是智能化知识管理与学习。专精特新企业通过智能化的知识管理系统和学习平台，实现知识的共享和传承，促进企业内部的学习和创新能力得到提升。

综上，专精特新企业创新生态系统的数字化和智能化特征使其能够更好地应对市场变化和竞争挑战，提升创新效率和质量。通过数字化技术，企业能够实现数据驱动的创新、个性化定制和智能化的营销等优势；而智能化特征则提供了智能数据分析与决策支持、自动化生产与流程优化、智能供应链和物流管理等能力，进一步提升了企业的竞争力和创新能力。数字化和智能化共同构建了专精特新企业创新生态系统的新模式。

2.开放性

专精特新企业创新生态系统中展示出一系列开放性特征，这些特征促进了企业信息共享、合作和创新能力的提升。

专精特新企业创新生态系统倡导知识的共享和传播，鼓励企业间和企业与其他知识源（如研究机构、高校等）之间的合作与交流。通过开放的知识共享，企业可以获取来自不同领域的知识，促进创新能力的提升。通过学术界的科研成果转化和产业界的需求反馈，实现理论与实践的有机结合，推动创新的快速转化和商业化。创新生态系统鼓励企业间的合作与联盟，通过共同研发、资源共享和市场合作等方式，加强企业间的互补与协同，提升整体创新能力和市场竞争力。创新生态系统提供开放的创新平台，为不同企业提供合作和创新的机会。这些创新平台可以是科技园区、孵化器、加速器或创新实验室等，通过共享资源和设施，促进企业之间的合作与创新。创新生态系统倡导数据和技术的开放共享，通过共享数据集、开放的 API 接口和技术标准，企业可以更好地利用外部的数据和技术资源，加速创新过程，提高创新效率和质量。创新生态系统提供开放的市场准入机制，鼓励新兴企业和创新者的参与。通过降低市场准入门槛、简化审批程序和提供创新支持，促进更多的企业进入市场，推动竞争力和创新能力的提升。创新生态系统鼓励人才的流动和交流，通过开放的人才市场和人才培养机制，吸引和留住优秀的创新人才，促进技术创新知识和经验的交流，加强人才的跨界合作与创新能力的培养。创新生态系统通过开放的政策和支持措施，为企业提供良好的创新环境和发展条件。政府部门可以通过制定开放的创新政策、提供创新补贴和税收优惠等激励措施，支持企业的创新活动和生态系统的建设。

开放性使专精特新企业创新生态系统具有更高的灵活性、适应性和创新能力。通过开放合作、知识共享和资源整合，企业可以充分利用外部的智力和创新资源，加速产业技术创新和新产品市场应用的推进。

3. 复杂自适应性

专精特新企业创新生态系统作为一个典型的复杂系统，由多个组成部分相互作用而形成，具有自组织、自适应和动态演化的特性。

专精特新企业创新生态系统的复杂自适应性体现在以下方面。一是多元化和异质性。专精特新企业创新生态系统中的各个组成部分（企业、组织、人员等）具有多样的特征、能力和知识。这种多元化和异质性使创新系统生成更大的创新潜力和适应性，可以应对不同的挑战和变化。二是自组织和分布式决策。专精特新企业创新生态系统中的各个组成部分能够根据外部环境和用户需求的变化，自主地进行组织和协调。系统中的决策过程是分布式的，不是由中央控制机构指导，而是由各个组成部分基于局部信息进行决策和行动。三是信息共享和协同创新。专精特新企业创新生态系统通过信息共享和协同创新的方式实现知识的流动和创新能力的共同提升。系统中的各个组成部分通过共享信息、经验和资源，相互协作和学习，促进了创新活动的产生和演化。四是非线性和动态性。专精特新企业创新生态系统的演化过程是非线性的，即小的变化可能引起系统中的大幅度变化。创新系统的演化是动态的，其不断地适应外部环境的变化和进行内部结构调整。这种非线性和动态性使系统能够快速响应和适应变化，实现创新水平的持续提高。五是反馈和适应机制。专精特新企业创新生态系统中存在着多种反馈和适应机制，使系统能够从过去的经营和发展经验中学习，并调整自身的结构和行为。这些机制既可以是正反馈（促进创新的扩散和增长），也可以是负反馈（调节和稳定系统），以此实现系统的自适应性和稳定性。六是竞争与合作的动态平衡。专精特新企业创新生态系统中的企业之间既存在竞争关系又存在合作关系。这种竞争与合作的动态平衡是系统自适应性的重要体现：竞争促使企业需要不断提升创新能力和竞争力来获取市场份额；而合作则促进创新资源的共享和知识的交流，加速创新过程。七是持续学习和适应能力。专精特新企业创新生态系统的复杂自适应性要求系统中的组成部分具备持续学习和适应能力。企业需要不断地获取新的知识、技能和不断地积累经验，改进和调整自身的策略和行动，以适应快速变化的市场需求和竞争环境。持续学习和适应能力意味着企业必须积极主动地探索新的知识和技术，不断改进产品和服务，以满足客户不断变化的需求。企业需要建立一种学习型的文化，鼓励员工不断学习和创新，并提供培训和发展的机会，以提高员工的专业能力和素质。

复杂自适应性使专精特新企业创新生态系统能够在不断变化的环境中实现自我调整和优化，提高创新能力和竞争力。然而，系统的复杂性也带来了管理和协调方面的挑战，需要在多方合作和系统治理的基础上进行有效的组织和管理，以实现系统的稳定和持续创新。

4. 跨界合作

专精特新企业创新生态系统的跨界合作，是指不同领域、不同行业、不同专业的企业和组织之间进行的合作与协同创新。创新生态系统的跨界合作突破了传统的行业边界和学科领域的限制，不同领域和行业的企业和组织之间协同合作与创新，如技术企业与制造业企业、科研机构与企业之间的合作等。创新生态系统的跨界合作依赖于不同专业知识和技术的科学融合，不同专业背景的人员和组织之间的合作，可以促进创新思维的碰撞和创造性解决问题的能力。创新生态系统的跨界合作着重于底层技术创新和价值创造，通过不同领域和行业的企业和组织之间的合作，能够将不同的创新资源和能力整合起来，实现更高水平的价值创造。创新生态系统的跨界合作促进了技术转移和知识共享，以及不同企业和组织之间的合作，提升了行业技术和创新知识的流动效率，加速了技术创新的传播和商业化。创新生态系统的跨界合作建立在平等和互惠的基础上，旨在实现共同的创新目标和价值创造。创新生态系统的跨界合作会产生协同效应，通过创新系统内部不同企业和组织之间的合作，综合发挥各自的功能优势和技术专长，实现创新资源的共享和优化配置，从而创造更大的协同效应。

专精特新企业创新生态系统的跨界合作是推动创新和发展的重要因素。通过跨越领域和行业的合作，融合不同的专业知识和技术，促进技术转移和知识共享，强调以平等和互惠关系来创造协同效应；面向全球市场推动创新生态系统的演进，创造新的价值链和商业模式，综合提升创新能力和竞争力。跨界合作有助于激发创新活力，促进企业可持续竞争力的提升。

二、适用理论基础

根据专精特新企业创新生态系统时代特征可知，需要基于恰当的理论作为研究基础，而复杂自适应系统理论（CAS）的研究范式能够契合专精特新企业创新生态系统的特点和内容。复杂自适应系统理论是一个跨学科的理论框架，旨在研究和理解由大量相互作用的组件组成的复杂系统。该理论的研究和应用涉及许多领域，如物理学、生物学、社会科学和计算机科学，用于研究和描述各种系统，包括自然系统、社会系统和技术系统等。复杂自适应系统理论的核心思想是系统内部的组成部分相互作用导致系统整体的行为和性质，并且这种行为和性质不仅取决于组件的特性，还取决于组件之间的相互作用。该理论关注系统的非线性、非确定性和自适应性质，以及系统的演化升级和适应能力。在复杂自适应系统理论中，系统被看作一个自组织的网络，其中组件之间通过具有特定规则的相互作用和信息传递进行连接。这些组件可以是物理实体（如分子或细胞），也可以是抽象的实体（如个体、组织或计算机程序）。这些组成部分能够根据系统内部和外部的信号进行调整和适应，以使整个系统在不断变化的环境中维持稳定性和适应性。复杂自适应系统理论还涉及一些关键概念和原则，如自组织性、韧性、适应性和多样性。自组织性指的是系统内部组件之间的相互作用和协调，导致系统产生自组织的结构和行为；韧性指的是系统对内部和外部的扰动和变化具有稳定和恢复的能力；适应性指的是系统可以通过调整内部结构和行为来适应环境的变化；多样性则指的是系统内部的组件和行为的多样性，使系统更加灵活和创新。

复杂自适应系统理论中的自组织和分布式决策概念与专精特新企业创新生态系统的组织和决策模式相契合：创新生态系统中的企业和组织能够根据环境的变化和需求的变化，自主地进行组织和协调，实现系统的自适应和创新。复杂自适应系统理论中的信息共享和协同创新概念与专精特新企业创新生态系统中的合作和创新过程相联系：在创新生态系统中，企业和组织通过共享信息、经验和资源，相互协作和学习，促进了创新的发生和演化。复杂自适应系统理论中的非线性和动态性概念与专精特新企业创新生态系统的变化和适应性特征相符合：创新生态系统是一个动态变化的系统，不断适应外部环境的变化和内部的调整，这种非线性和动态性使系统能够快速响应和适应变化，实现创新的持续发展。复杂自适应系统理论对系统的治理和管理提供了一些思考和指导：在企业创新生态系统中，系统的治理和管理需要考虑系统中各个组成部分的相互作用、协调和合作，这就需要建立适当的机制和平台，促进信息流动、知识共享和资源整合，以实现系统的自适应和协同创新。

复杂自适应系统理论与专精特新企业创新生态系统结合紧密，相互进行理论与实践研究的强化和丰富。复杂自适应系统理论提供了理论框架和概念基础，有助于理解专精特新企业创新生态系统的特征和行为，同时也为创新生态系统的构建和管理提供了一些思考和指导。专精特新企业创新生态系统的实践和经验反过来也可以为复杂自适应系统理论的发展提供新的案例和观察点。两者的结合促进了创新生态系统的持续创新和进化，为企业和组织在不断变化的市场中保持竞争优势和可持续发展提供了新的途径和策略。

第二节　专精特新企业创新生态系统主要组成部分

一、自适应企业

自适应企业是专精特新企业创新生态系统的基础组成部分，是指能够灵活适应环境变化和市场需求的企业，并具备快速学习、调整和创新的能力。这种自适应性是专精特新企业在创新生态系统中起到重要作用的关键特征，自适应企业的特征可以从以下几个方面进行描述。第一，自适应企业具备敏锐的感知能力，能够及时捕捉到外部环境的变化和市场需求的变化。通过积极收集和分析市场信息、竞争情报以及顾客反馈，自适应企业能够保持对外部市场环境的敏感性，并准确把握机会和挑战。第二，自适应企业具备快速学习和适应能力。在面对变化的环境和市场需求时，自适应企业能够快速调整自身的战略、产品和服务，以适应新的情况。这种快速学习和适应能力源于企业内部结构的灵活性和创新能力，使企业能够灵活地调整资源配置、组织结构和流程，以适应外部变化的需求。第三，自适应企业具备开放性和合作性。自适应企业能意识到自身的局限性，愿意与外部的企业、组织和个人进行合作和协同创新。通过与不同背景和领域的合作伙伴进行知识共享、资源整合和创新合作，自适应企业能够获得新的思路、技术和资源，提高创新的效率和质量。第四，自适应企业具备灵活的组织结构和管理机制。传统的刚性组织结构和层级管理往往难以适应快速变化的环境和市场需求。自适应企业采用灵活的组织结构和管理机制，鼓励员工创新和参与，激发组织内部的创新潜力。这种灵活性和参与性的管理模式有助于加强企业内部的学习和适应能力，使企业能够更好地应对外部变化和负面挑战。

在创新活动中，自适应企业发挥着重要的作用。首先，自适应企业能够通过不断地学习和调整，发现和把握新的机遇。创新生态系统中的专精特新企业通过持续的创新活动，不断推出新产品、新服务和新商业模式，满足市场不断变化的需求。其自适应性使它们能够灵活应对市场的竞争和变化，保持竞争优势。其次，自适应企业在创新生态系统中促进合作和协同创新。它们倡导开放和合作的文化，愿意与其他企业、组织和个人进行跨界合作。通过与合作伙伴共享资源、知识和经验，自适应企业能够汇集更多的创新能力和资源，实现创新的协同效应。这种合作与协同创新有助于提高创新的速度和质量，推动整个创新生态系统的发展。再次，自适应企业在创新生态系统中扮演着学习和适应的角色。它们通过与市场和用户的互动，不断学习和获取反馈信息，从而改进和优化产品和服务。自适应企业注重用户需求的变化和反馈，积极调整产品和服务的设计和功能，以提供更好的用户体验。通过不断地学习和适应，自适应企业能够不断改进和创新，提升自身在创新生态系统中的竞争力。最后，自适应企业在创新生态系统中推动创新的整体协同发展。它们通过开展持续的创新活动和自适应能力，激发和带动其他企业和组织的创新活动。自适应企业通过创造新的商业模式、技术和市场机会，引领行业的变革和创新。它们的成功案例和经验可以为其他企业提供借鉴和学习的机会，推动整个创新生态系统的发展和成熟。

综上所述，专精特新企业作为自适应性企业在创新生态系统中具有重要作用。它们通过自身的自适应能力，在快速变化的环境中灵活调整和创新，持续推动创新活动的发展。同时，它们通过合作和协同创新，加强创新生态系统内部的合作和互动，推动整个生态系统的发展。自适应企业在创新活动中发挥着积极的作用，促进市场的竞争和创新，推动经济的增长和社会的进步。因此，在创新生态系统的建设和发展中，应重视培育和支持自适应性企业的成长，并通过政策和资源的引导，激励和促进企业的自适应能力的提升。

二、政府与监管部门

政府与监管部门在专精特新企业创新生态系统中扮演着重要的角色。政府部门拥有权力和责任来制定行业政策和法规，提供支持和引导，以促进专精特新企业的创新活动和生态系统的健康发展。政府与监管部门在专精特新企业创新生态系统中的作用可以从以下几个方面进行分析。首先，政府与监管部门在专精特新企业创新生态系统中起到了政策制定和规范引导的作用。他们制定相关政策和法规，为专精特新企业提供创新环境和市场准入的规范。政府的政策支持包括减税、补贴、创新基金和研发资助等，以鼓励企业增加创新投入和研发活动。监管部门则负责监督和管理创新活动，确保企业的创新行为符合法规和规范，维护市场的公平竞争和消费者权益。其次，政府与监管部门在专精特新企业创新生态系统中扮演着资源提供者和组织者的角色。政府可以通过创新政策和计划，为专精特新企业提供资源支持和创新基础设施建设，包括科研机构、技术转移中心、创业孵化器和创新园区等，为企业提供技术支持、人才培养和市场对接等服务。政府还可以组织创新竞赛、展览和论坛等活动，促进企业间的交流和合作，激发创新活力。再次，政府与监管部门在专精特新企业创新生态系统中起到了监督和评估的作用。他们通过监测和评估企业的创新活动和成果，了解创新生态系统的发展状况，并及时采取措施进行调整和优化。监管部门可以通过知识产权保护、市场准入和反垄断等手段，维护市场秩序，促进公平竞争，防止不正当竞争行为的发生。最后，政府与监管部门还在创新生态系统中起到了政策协调和协作的作用。它们与其他政府部门、行业协会、学术机构和企业界进行合作与协调，共同推动专精特新企业创新生态系统的发展。政府与监管部门可以与学术机构合作开展科研项目和技术转移，促进科技成果的转化和应用。

政府与监管部门在专精特新企业创新生态系统中通过政策制定、资源提供、组织协调和监督评估等手段，促进创新活动的开展，维护创新生态系统的健康发展。然而，政府与监管部门在履行职责时也面临着一定的挑战，需要不断加强专业行政能力和自我监督水平，与其他相关方共同努力，推动专精特新企业创新生态系统的繁荣和进步。

三、研发机构

在专精特新企业创新生态系统中，研发机构通过开展科学研究和技术开发，为企业创新提供支持和推动力。研发机构可以分为以下几种类型：

学术研究机构、技术转移机构和企业内部研发部门。

学术研究机构是专精特新企业创新生态系统中不可或缺的一部分，包括大学、研究院所和科学实验室等，致力于基础研究和前沿科学探索。学术研究机构通过开展研究项目和科学合作，推动学术界的知识创新和技术突破。他们在专业领域内拥有丰富的专业知识和研究经验，为企业创新提供技术支持和创新思路。学术研究机构还可以培养理论与实践相结合的创新人才，为专精特新企业输送高素质的研发人员。技术转移机构在专精特新企业创新生态系统中发挥着重要的桥梁作用，技术转移机构包括技术转移中心、孵化器和科技园区等，致力于将学术研究成果和技术知识转化为实际应用。这些机构提供技术转移、知识产权管理、市场对接和创业支持等服务，帮助专精特新企业将科技创新转化为商业价值。技术转移机构通过构建企业与学术界、产业界的合作网络，促进知识流动和技术转移，加速创新的商业化进程。此外，专精特新企业内部的研发部门也是创新生态系统中重要的组成部分。这些部门负责企业的内部研发活动，通过研究和开发新产品、新技术和新服务，不断提升企业的创新能力和竞争优势。企业内部研发部门通过与外部研发机构和合作伙伴的合作，共享知识和资源，实现技术的跨界融合和创新的协同效应。他们还通过市场反馈和用户需求的调研，不断改进和优化产品和服务，满足市场的需求。

综上，研发机构通过科学研究和技术开发，为专精特新企业提供前沿的科技支持和创新思路。学术研究机构在基础研究领域具有深厚的专业知识和研究能力，可以开展前沿科学研究，探索新的理论和技术。他们通过科研项目的承担和科学合作的开展，为专精特新企业提供技术指导和解决方案。技术转移机构则通过技术转移和知识产权管理，将学术界的研究成果转化为实际应用，帮助企业实现技术创新和市场化。

四、金融机构

在专精特新企业创新生态系统中，金融机构通过提供融资、风险管理和投资等服务，为企业的创新活动提供资金支持和风险保障。创新生态系统中金融机构包括商业银行、风险投资机构、创业孵化器和众筹平台等。

商业银行通过向专精特新企业提供贷款、信用担保和融资咨询等服务，为企业的创新活动提供资金支持。商业银行根据企业的信用状况和创新项目的风险程度，制定相应的融资方案，并根据企业的发展情况提供灵活的融资方式。商业银行还可以通过金融创新和金融科技的手段，为专精特新企业提供更加便捷和定制化的金融服务。

风险投资机构通过对具有高成长潜力的专精特新企业进行投资，帮助企业筹集资金，并提供战略和管理方面的支持。风险投资机构不仅为企业提供资金，还通过行业经验和专业知识，提供创业指导和战略规划，帮助企业实现商业模式的优化和创新产品的开发。此外，风险投资机构还通过对企业的投资组合和退出机制进行管理，帮助企业实现投资回报和风险分散。

同时，创业孵化器为初创企业提供场所、设施和服务，帮助企业搭建创新生态系统及其加速发展。创业孵化器通过提供办公场地、技术支持、导师指导和创业培训等，帮助专精特新企业降低创业成本、提高创业成功率。创业孵化器还可以提供创业投资和商业联系等机会，为企业引入外部资源和市场机会，促进企业的创新和成长。

众筹平台通过互联网技术将创业者和投资者进行连接，专精特新企业可以在众筹平台上发布项目，吸引广大投资者。众筹平台提供了一个开放的平台，让创业者能够直接与潜在投资者互动，并展示自己的创新项目和商业价值。投资者可以通过众筹平台了解企业的创新理念和商业计划，并决定是否进行投资。众筹平台为创业者提供了一种非传统的融资渠道，在一定程度上降低了融资的门槛，同时也提供了市场验证的机会，帮助创业者验证产品是否满足市场需求和商业模式的可行性。

总体来说，在专精特新企业创新生态系统中，金融机构的支持机制主要体现在资金支持、风险管理和创业生态构建方面。首先，金融机构通过提供资金支持，帮助专精特新企业解决融资难题，促进企业的创新活动和技术研发。其次，金融机构在风险管理方面发挥重要作用，通过风险评估和风险投资的方式，帮助企业降低创业风险并提供相应的保障措施。最后，金融机构还通过创业培训、导师指导和资源对接等方式，构建创业生态系统，提供全方位的支持，帮助专精特新企业实现创新和成长。

第三节 专精特新企业创新生态系统的治理模式

专精特新企业创新生态系统的治理模式是一种组织和管理该生态系统的方式，通过制定规则、建立机制和协调各参与方的行为，以促进创新资源的共享、协同创新和可持续发展。这种治理模式旨在促进企业间的合作与竞争，激发创新动力，提供创新环境和支持，引导资源配置，推动专精特新企业的创新活动和生态系统的发展。治理模式具体包括治理导向、治理机制、治理主体与载体等，本节依次进行分析。

一、治理导向

治理导向是治理目标的体现，引导整体模式的构建流程。专精特新创新生态系统治理模式的导向是提升专精特新企业的可持续竞争力，这是我国企业创新管理的最终目的，也是形成"双循环"新发展格局的核心要求。

专精特新企业创新生态系统治理模式的导向是提升专精特新企业的可持续竞争力。可持续竞争力是企业在长期发展过程中保持竞争优势的能力，包括技术创新能力、市场开拓能力、资源整合能力等。因此，创新生态系统的治理模式旨在通过协调各参与方的行为，优化资源配置，激发创新活力，以提升专精特新企业的可持续竞争力。在全球经济竞争日益激烈的背景下，专精特新企业作为创新和高新技术领域的重要力量，对提升我国企业创新能力、推动经济转型升级具有重要作用。创新生态系统治理模式的导向是通过优化创新生态系统的运行机制和参与主体的协同作用，推动专精特新企业在创新生态系统中发挥核心竞争力，实现长期竞争优势和可持续发展。

创新生态系统治理模式的导向与我国构建"双循环"新发展格局的核心要求相契合。在新发展格局下，我国将内部市场作为主要增长动力，提升国内需求的同时加强创新驱动，从而实现经济发展的良性循环。专精特新企业的创新和发展对于构建"双循环"新发展格局具有重要意义，创新生态系统治理模式的导向应当符合"双循环"新发展的核心要求，即通过优化创新生态系统的运行机制和资源配置，推动专精特新企业在内部市场中的创新发展，促进经济高质量发展和转型升级。专精特新企业注重高质量发展，这意味着它们致力于提供高附加值和高品质的产品和服务，而不仅仅是量的增长。在"双循环"新发展格局中，中国经济正从传统的低成本制造和出口导向转变为注重质量和创新的发展模式。专精特新企业通过不断提高产品和服务的质量，满足消费者对高品质和个性化的需求，推动经济实现高质量发展。在"双循环"新发展格局中，中国经济的主要引擎是国内市场。专精特新企业能够抓住国内市场需求的机会，为消费者提供符合他们需求的产品和服务。中国消费者的需求正在从基本的物质需求转向更加注重品质、个性化和定制化的需求。专精特新企业能够灵活调整定位和创新策略，满足国内市场对高品质、个性化和定制化产品的需求。"双循环"新发展格局强调产业链的协同发展，即不同企业在产业链中的协同合作和相互依赖。专精特新企业在产业链中扮演重要角色，能够与其他企业形成协同效应。它们通过与上下游企业的合作，整合资源和优化供应链，实现成本的控制和效率的提高。这种协同合作可以促进各环节的优化和提升，形成良性循环，推动整个产业链的发展。

专精特新企业可持续竞争力的形成对于中国构建"双循环"新发展格局至关重要。它们注重高质量发展，通过提供高附加值和高品质的产品和服务推动经济的转型和升级。此外，专精特新企业能够抓住国内市场需求的机会，满足消费者对高品质、个性化和定制化产品的需求。同时，它们在产业链中的协同合作，能够实现资源整合和供应链的优化，促进整体产业链的升级和创新。

二、治理机制

专精特新企业创新生态系统的治理机制包括契约治理、信用治理、试探性治理、激励机制和数字安全治理等。

契约治理是通过合同或协议等形式明确各参与方之间的权利、义务和责任，以实现创新生态系统中各方的有效协调与合作。在专精特新企业创新生态系统中，契约治理通过明确各方的合作条件、利益分配、知识产权保护等方面的约定，促进参与方之间合作，确保创新资源的有效配置和创新成果的共享。

信用治理是指建立和维护参与方之间的信任关系，通过信息透明、声誉管理和信用评价等机制来激励各方遵守承诺、保持诚信。在专精特新企业创新生态系统中，信用治理可以通过建立信用评价体系、分享信息和经验、提供可靠的质量保证等方式，促进各方之间的信任和合作。

试探性治理是在不确定性环境中采取试错和学习的方式来应对问题和挑战。专精特新企业创新生态系统的发展过程中会面临市场需求变化、技术风险、资源不足等不确定性因素，试探性治理能够通过快速实验、灵活调整和持续学习的方式，逐步优化创新生态系统的运行效果。

激励机制通过设计合理的激励手段，鼓励专精特新企业创新生态系统中的各方积极参与和贡献。激励机制包括经济激励（如奖励、股权激励）、非经济激励（如声誉认可、知识分享）等，以激发参与方的创新动力和活力，促进创新生态系统的良性发展。

数字安全治理是在专精特新企业创新生态系统中，采取措施保护数据、信息和网络安全的治理机制。数字安全治理涉及信息保护、网络防护、数据隐私等方面，通过建立安全技术和管理措施，确保创新生态系统中的数据和信息不被非法获取、篡改或滥用，维护创新生态系统的信息安全。

三、治理主体与载体

我国专精特新企业的特点除了有专业化、精细化、特色化、新颖化以外，还有经营规模较小和风险承受能力差等劣势，需要自由活跃和安全平等的创新环境。所以要求治理主体不能是政府或某一企业"独裁"主导，多元治理是指治理主体多元化，涵盖了数智创新生态系统的主要参与者，包括专精特新企业、研究机构、政府、投资机构、创业者等。

专精特新企业创新生态系统采用多主体治理模式具有以下优点。一是促进资源优化配置。多主体治理模式能够汇集各参与主体的资源和优势，促进资源的优化配置。不同主体具有不同的专业知识、技术能力和资源储备，通过多主体的协同合作，可以最大限度地利用各方的优势，提升整个创新生态系统的创新能力和效率。二是强化合作与协同。多主体治理模式强调各参与主体之间的合作与协同。通过建立合作机制和协同平台，可以促进各方之间的交流和合作，形成良好的合作关系和共同利益。这种合作与协同的模式可以提高创新效率，缩短创新周期，推动创新生态系统的健康发展。三是适应性和灵活性。多主体治理模式具有适应性和灵活性，能够更好地适应不同创新环境和风险变化。创新生态系统中的各参与主体在面对变化和不确定性时，可以通过灵活的合作关系和协作机制进行调整和应对。这种适应性和灵活性能够有效地应对市场需求的变化和技术进步的挑战。

治理载体使创新生态系统的构建、运行和治理得以高效实现，这里的治理载体是指数字化创新平台。数字化创新平台利用数字技术的力量，突破了专精特新企业创新管理中的时空壁垒，为企业提供了全方位的创新活动支持和服务。数字化创新平台提供了包括创意发现、研究开发、样本试产、金融投资、成果商业化和用户反馈等在内的全流程服务。①数字化创新平台通过提供创意发现的功能，帮助企业从多个渠道获取创新灵感和想法。这可以促进创新的多样性和创新资源的充分利用。②数字化创新平台支持研究开发阶段，提供丰富的工具和资源，协助企业进行技术研究和产品开发。这包括提供研发工具、数据分析平台、虚拟实验环境等，以加快和提高创新的速度和质量。在样本试产阶段，数字化创新平台可以提供虚拟样品设计、快速原型制作和模拟测试等功能，帮助企业验证和改进产品和服务。③数字化创新平台还提供金融投资数据的支持，通过数字化的金融工具和服务，帮助企业获取资金支持和融资渠道。这有助于解决专精特新企业面临的融资难题，推动创新项目的快速落地和发展。④数字化创新平台还关注成果商业化和用户反馈。它提供市场分析和商业化策略支持，帮助企业将创新成果转化为商业价值；同时，通过用户反馈和数据分析，数字化创新平台可以帮助企业了解用户需求和市场反馈，从而优化产品和服务。

第四节　治理模式的功能优势发挥分析

一、持续性创新涌现

专精特新企业创新生态系统中，创新活动参与者们吸收、转移和消耗资源进行创新发明的过程可被视为类似于自然界生态系统中的"新陈代谢"现象，这种比喻能够揭示创新生态系统中资源流动和创新循环的动态特征。在创新生态系统中，高价值创意和资源的不断更新和流动推动了企业的持续性创新正向循环。专精特新企业创新生态系统通过吸收外部资源和知识，以及内部资源的转移和消耗，实现了创新的持续性和可持续发展。在这一过程中，创新生态系统中的各参与主体相互作用，资源和知识在不同主体之间流动，从而促进了创新活动的发展。

首先，创新生态系统吸收外部资源和知识，包括来自供应链、合作伙伴、研发机构等的关键资源和技术，这些外部资源通过与专精特新企业的合作和交流，进入创新生态系统，为创新提供了新的动力和基础。其次，创新生态系统内部的资源转移和消耗也是推动创新发明的关键环节。不同企业或组织内部的资源可以通过共享、协同和协作进行转移，形成更高效的资源配置和利用。同时，资源的消耗是创新过程中不可或缺的一部分，它促使企业在资源有限的情况下，不断寻求创新的路径和机会。这种"新陈代谢"的过程推动了创新生态系统中的持续性创新循环。高价值的创意和资源不断涌现和流动，为企业提供了新的创新机会和潜力，进而推动了创新的正向循环。值得注意的是，创新生态系统中的资源流动和创新循环并非一成不变的，它们受到多种因素的影响，包括市场需求、技术变革、政策环境等。因此，创新生态系统的治理和管理需要建立有效的机制和策略，以促进资源的流动和创新的发展。

二、创新资源高效分配

企业创新资源是指一系列支持创新活动的要素，包括人才、资金、技术和设备等多个方面。在这些资源中，人才被认为是创新系统中最为核心和关键的资源。人才的聚集和流动对于特定领域的创新系统来说具有重要意义，因为它为相关领域的人才提供了丰富的就业机会和流动的空间。当一个创新系统在特定的专业领域中逐渐形成一定的规模和集聚效应时，它能够吸引并聚集高素质的人才。这种集聚效应不仅仅是因为人才能够在这个系统中获得更多的机会，还因为他们能够与其他优秀的人才进行交流和合作，从而共同推动创新资源的高效利用。这种集聚效应也进一步增加了系统内部资源共享的机会，促进了创新系统内部各个主体之间的互动与合作。创新生态系统中自适应主体之间进行动态相互学习和知识共享是至关重要的环节。不同主体之间的互动与合作，以及他们共同面对的挑战和问题，都促使他们进行经验和知识的交流和共享。这种动态的相互学习与知识共享有助于创新系统中的创意不断更新，加快知识的传播和迭代，从而提升整体创新效率。通过不断地相互学习和知识共享，创新系统内的各个主体能够汲取彼此的经验和见解，拓宽创新的思路和方向。这种交流和合作不仅有助于解决个体创新过程中的瓶颈和困难，还能够在更广泛的范围内推动创新的跨界融合和创新链条的形成。同时，这种跨界的交流也有助于促进不同领域的知识迁移和交叉创新，进一步提升整个创新生态系统的竞争力和创新能力。提供更多的机遇和支持，激发创新潜能并加速创新成果的产出。

在健康的创新生态系统中，企业能够充分利用人才、资金、技术和设备等多种资源，通过与其他企业和机构的合作与互动，实现资源的互补和优势互补。企业可以通过吸纳和培养高素质的人才，构建具有创新能力和创新文化的团队，从而增强其创新竞争力。同时，创新生态系统中的资金支持和技术共享，也为企业提供了更多的创新动力和资源支持，促使其在市场竞争中保持领先地位。在创新生态系统中，企业之间的合作与互动不仅仅是为了解决具体的问题和挑战，更重要的是通过知识共享和经验交流，共同推动技术的进步和创新的实现。企业可以通过与其他企业进行合作研发、共享研究设施和共同开展创新项目，共同攻克技术难题，推动行业的技术进步和创新突破。这种合作与互动不仅促进了企业之间创新能力的提升，还有助于构建开放的创新生态系统，为更多的企业和创新者提供创新资源和发展机会。

因此，创新生态系统中的人才集聚、资源共享以及动态相互学习和知识共享都是推动创新效率和创新成果提升的关键要素。通过不断扩大创新资源的规模和优化创新环境，创新生态系统能够为企业在创新系统中，人才的培养和发展至关重要。创新系统应该致力于提供优质的教育和培训机会，培养具备创新能力和专业知识的人才，包括高等教育机构和研究机构的积极参与，提供前沿的学术研究和专业培训，以满足创新系统对高素质人才的需求。此外，资金、技术和设备等资源的支持也是创新系统中不可或缺的要素。创新系统应该积极引导和支持创新投资，提供资金支持和风险投资机制，促进科技成果的转化和商业化。同时，创新系统还应鼓励技术创新和研发，提供先进的研发设备和技术平台，为创新活动提供必要的技术支持和基础设施。

三、系统韧性增强

高创新风险可能对单个企业开展具有突破性科研创新工作的动力产生打击，这是因为突破性科研创新往往伴随着不确定性和风险，可能需要大量的资源和长期的投入。对单个企业而言，承担如此高的创新风险可能会产生心理压力和经济负担，从而减弱其开展创新工作的积极性和动力。然而，创新生态系统的出现为解决这一问题提供了可能性。创新生态系统能够将具有共同创新使命的主体进行聚集，形成整体的创新生态系统韧性。这种聚集可以是企业、研究机构、高校等不同类型的主体共同参与创新活动，共享资源和知识。通过创新生态系统的协同作用，各参与主体能够分享风险、共同承担风险，以及通过风险转移等方式降低单个主体的创新风险。

在创新生态系统中，风险共担是一种重要的机制。各参与主体可以通过合作、联盟或共同投资等方式共享创新风险。这种共担风险的方式能够减轻单个主体的经济负担和风险承受压力，增强其从事高风险创新工作的能力和意愿。此外，创新生态系统还可以通过风险转移的方式降低创新风险。例如，通过建立专门的风险投资机构或基金，吸引投资者为创新项目提供资金支持，并将风险分散到多个投资项目中。这种风险转移机制有助于减少单个企业承担的风险压力，提供更多的创新资金来源，促进创新活动的开展。参与主体之间可以共享资源、技术和知识，通过合作和协同创新来应对挑战和风险。这种资源的弹性配置使系统能够快速适应环境变化，并在面临挑战时做出调整和应对措施，从而增强系统的韧性。专精特新企业创新生态系统中培育了创新文化和共享精神，参与主体之间通过合作、知识共享和共同学习，形成了开放、包容和合作的创新氛围。这种创新文化和共享精神有助于促进创新思维和创新合作，提升系统的创新能力和应对能力。专精特新企业创新生态系统采用灵活的治理机制，允许参与主体之间进行协商、合作和共同决策。这种灵活的治理机制有助于解决冲突、协调利益，并及时作出应对措施，增强了创新系统的适应性和韧性。

四、绿色创新导向

在专精特新企业创新生态系统中，主体们之间逐渐形成了一种创新命运共同体的关系。这种共同体的形成源于创新系统内部主体之间的紧密联系和相互依赖，以及对系统整体创新支持环境的共同关注和维护。由于创新活动的复杂性和不确定性，自适应企业之间存在显著的正外部性效应。一家企业的创新成功会对其他企业产生积极的影响，进而激发其他企业的创新动力。在这样的背景下，创新系统内部的企业相较于外部企业具有更强的绿色创新动机。绿色创新是指以环境保护和可持续发展为导向的创新活动。专精特新企业创新生态系统的内部企业意识到环境资源的有限性以及可持续发展的重要性，因此在创新过程中更加注重环境友好型技术和产品的研发。

创新生态系统，内部企业之间形成的绿色创新导向是基于共同的利益和目标，通过共享知识和经验，相互借鉴和学习，推动创新系统整体朝着绿色创新方向发展。内部企业通过开展环境保护和资源节约的创新实践，积极探索和应用绿色技术和创新模式，以减少对环境的负面影响并提高资源利用效率。绿色创新导向的形成受到创新生态系统内部治理机制和政策支持的影响。创新生态系统通过建立有效的合作机制和共享平台，促进企业之间的交流与协作，提供技术支持和资源整合的机会，从而加强了绿色创新的推动力。此外，政策支持在鼓励和引导企业进行绿色创新方面起到了重要的作用，如提供财务激励、减免税收、设立绿色创新基金等。

专精特新企业创新生态系统内部企业具有更强绿色创新动机的优势包括以下方面。一是环境友好。绿色创新导向使企业更加关注环境保护和资源可持续利用，从而减少对环境的负面影响，推动可持续发展。二是品牌价值提升。通过绿色创新，企业可以提供符合环境友好理念的产品和服务，提高品牌形象和市场竞争力，获得消费者的认可和支持。三是资源使用效率提高。绿色创新导向促使企业注重资源的有效利用和节约，提高生产效率和资源利用效率，降低成本。四是增加市场机遇。绿色创新在当今社会得到广泛关注，符合可持续发展的需求和市场趋势，为企业带来更多的市场机遇和商机。五是增强长期竞争优势。通过绿色创新导向，企业可以建立与环境友好相关的核心竞争能力，为企业长期发展提供稳定的竞争优势。

综上，专精特新企业创新生态系统内部企业形成了创新命运共同体，并具有更强的绿色创新动机。这种绿色创新导向的形成是基于内部企业对环境保护和可持续发展的共同认识和关注，同时也受到创新生态系统内部治理机制和政策支持的影响。内部企业之间的紧密合作与知识共享促进了绿色创新的传播和应用，形成了良性的创新循环。此外，政策支持可通过提供激励和奖励机制，引导企业朝着绿色创新的方向发展，进一步促进了绿色创新导向的形成。

第六章

企业管理模式变革与专精特新企业韧性

第一节 企业整体管理控制模型

一、企业管理模式的多维功能

在现今竞争激烈的商业环境中，专精特新企业面临着巨大的挑战，需要在买方市场中建立自身的竞争优势。为了保持企业的韧性和可持续发展，专精特新企业需要采取一种综合性的管理模式，需要同时具备创新推进、效率提升和风险规避"三维功能"。这些功能的整合将为企业带来重要的竞争优势，使其能够在市场中占据一席之地。

创新推进是专精特新企业通过引入新的理念、技术、产品或商业模式等创新要素，推动企业发展和成长。这种创新推进能够帮助企业在竞争激烈的市场中获得竞争优势，并保持持续创新能力。专精特新企业管理模式注重创新推进的合理性在于，创新是企业成功的关键要素之一。通过不断创新，企业能够满足不断变化的市场需求，提供独特的价值和竞争优势。科学合理的创新推进策略可以帮助企业不断适应市场环境的变化，追求长期发展。

效率提升是指，专精特新企业通过优化内部管理流程、提高生产效率和资源利用效率，以提高企业整体运营效能和竞争力。在资源有限和竞争激烈的环境中，提高效率是企业生存和发展的关键。通过科学合理的效率提升措施，企业能够更好地利用有限的资源，提高生产能力和质量，降低生产和经营管理成本，增强市场竞争力。

风险规避是专精特新企业在经营过程中识别、评估和降低风险的能力，包括对市场风险、竞争风险、技术风险、法律风险等方面进行有效的管理和规避。合理的风险规避措施可以帮助企业降低经营风险，保护企业利益和长期可持续发展。在不确定和变化的商业环境中，科学合理的风险规避策略可以提高企业的稳定性和抗风险能力。

专精特新企业为了建立具备"三维功能"的管理模式，可从以下方面进行。①在管理模式具备创新推进功能方面，专精特新企业应该加大对技术创新和研发的投入，积极寻找新的技术和创新领域，以推动企业的创新推进。建立跨学科的创新团队，吸引具有创造力和创新思维的人才。培养创新文化，鼓励员工提出新的想法和解决方案。与高校、研究机构以及其他企业建立合作关系，共同进行研究和开发创新项目。关注市场趋势和用户需求，将顾客参与和反馈纳入创新过程。②在管理模式具备效率提升功能方面，通过对内部流程的评估和优化，消除浪费和瓶颈，提高生产效率。引入精益生产方法和工具，如供应链管理和物流优化等，以提升整体效能。采用先进的技术和工具，如自动化设备、人工智能和大数据分析，以实现生产过程的自动化和数字化转型，提高生产效率和质量。通过培训和发展计划，提高员工技能和专业素质，使其能够更高效地完成工作任务。建立激励机制，激发员工的积极性和创造力。③在管理模式具备风险规避功能方面，建立风险评估机制，全面识别和评估企业面临的各种潜在风险，包括市场风险、技术风险、法律风险等。制定相应的应对策略和措施，减轻风险的影响。通过围绕核心优势的多元化经营，降低对特定市场、产品或客户的依赖，分散风险。进行市场分析和预测，及时调整企业战略，以应对市场变化和风险。建立合规管理体系，确保企业在法律、法规和行业标准方面的合规性。培养风险意识和"风险文化"，让员工在日常工作中能够识别和应对风险。

二、创新力与控制力融合发展

创新力和控制力是专精特新企业发展中两个关键的因素，二者的融合发展关键在于平衡和整合两者的要素，以实现企业的持续创新和有效控制。创新力使企业能够不断推出新产品、新技术和新服务，满足市场需求并保持竞争优势；控制力则是确保企业有效管理和运营的能力，以降低风险、保持质量和提高效率。将创新力与控制力融合发展，可以使企业在创新的同时保持可控性，实现可持续发展。创新力与控制力融合发展的科学含义在于将创新和控制视为相辅相成、相互促进的要素，通过协调二者之间的关系来实现企业的整体发展。融合发展意味着创新力和控制力之间的相互作用和平衡，使创新不会导致无序和混乱，而控制不会抑制创新的动力。

专精特新企业实现创新力与控制力融合发展需要采取以下措施。一是创新文化与管理。建立鼓励创新的企业文化，培养员工的创新意识和创新能力。同时，确立创新管理机制，将创新过程纳入企业的管理体系中，包括创新项目评估、资源分配和风险控制等。二是弹性组织结构。构建灵活、适应变化的组织结构，以促进创新的快速实施和响应。引入横向协作和跨部门合作的机制，打破部门壁垒，促进创新资源的共享和流动。三是风险管理与控制。在创新过程中，建立有效的风险管理体系，包括风险识别、评估、控制和监测等。通过科学的风险管理，确保创新活动在可控范围内进行，减少可能的负面影响。四是创新与控制的协同管理。建立创新与控制的协同管理机制，确保创新活动与企业整体战略相一致。将创新目标纳入绩效评估体系中，同时设立创新项目的监控和评估机制，以确保创新活动的有效控制和管理。五是开放创新与合作。专精特新企业可以与外部合作伙伴、供应商、客户以及高校、研究机构等进行合作，共同开展创新项目。通过开放创新的方式，引入外部资源和创新思维，提升创新力和控制力的综合效应。六是组织学习与知识管理。建立知识共享和学习机制，鼓励员工在创新过程中的知识交流和学习。通过知识管理系统，收集、整理和传递创新知识，以提高企业的创新能力和控制水平。七是制度建设与规范化管理。建立适应创新与控制需求的制度和规范，包括创新决策程序、创新项目管理制度、风险管理制度等。通过规范化管理，确保创新和控制的有序进行，并落实到组织的各个层面和部门。

综上所述，专精特新企业建立创新推进、效率提升和风险规避功能的企业管理模式需要平衡创新力与控制力，实现二者的融合发展。通过建立创新文化、灵活的组织结构、科学的风险管理和数据驱动的决策等措施，可以有效实现创新力与控制力的融合，促进企业的持续创新和稳健发展。然而，不同专精特新企业面临的情况不同，因此在实践中需要根据企业的具体情况进行定制化的管理模式建设，并持续学习和改进，以适应不断变化的市场环境和竞争态势。

第二节　所有权安排制度优化

一、所有权安排制度优化导向

增强专精特新企业韧性的直接效果是提升面对内外部风险的抵抗能力和受冲击后的恢复能力，从而达到保持企业持续性竞争力的最终目的。所以，专精特新企业所有权安排制度优化的最终导向可以说是形成持续性竞争力，这也和本书关于创新生态系统治理目标导向相契合。

财务管理目标的传统观点是股东财富最大化，会考虑各种财务活动和决策对股东权益的影响。企业需要追求盈利能力，即实现可持续的利润增加。通过增加销售额、降低成本、提高运营效率等措施，企业可以提高盈利能力，从而增加股东回报。企业需要考虑资本结构，即通过债务和股本的组合来融资。优化资本结构可以降低融资成本，提高股东回报率。企业需要进行有效的资本预算决策，以确保投资项目的回报率符合股东的期望。这包括评估项目的风险和收益，并选择具有最佳回报潜力的项目。企业应该考虑如何分配利润给股东，以实现股东财富最大化，包括派发股息、回购股票或进行其他形式的股东回报。股东财富最大化并不意味着公司可以忽视其他利益相关者，如员工、供应商、客户、社会和环境等的利益。在实践中，公司需要平衡不同利益相关者的需求，并综合考虑各种因素来做出财务决策。

股东财富最大化的财务管理目标需要基于一些假设前提，其中之一是资本稀缺性的假设。这一假设认为资本是有限的资源，因此公司应该努力使投资回报最大化，以充分利用有限的资本。然而，对于具有显著竞争力、优秀创业团队和关键核心技术的项目来说，市场上会出现一种现象，即"投资供给大于项目需求"。这意味着有更多的投资者愿意投资，而优质项目的数量相对较少，优质项目成为稀缺品，投资者争相竞购这些项目的股权。面对这种情况，投资者需要采取一些策略来应对稀缺性。一是提高投资竞争力。投资者需要展现自身的竞争力，通过提供更好的投资条件、资金支持或附加价值等来吸引项目方选择它们作为投资伙伴。二是寻找差异化机会。投资者可以通过寻找与众不同的项目或特定领域的机会来减少与其他投资者的直接竞争，这涉及专业领域的特长或特殊资源的拥有。三是建立合作伙伴关系。投资者可以与其他投资者建立合作伙伴关系，共同投资项目。这样可以分摊风险、提高项目的融资能力，并增强竞争力。四是寻求增值机会。投资者可以通过在项目中提供战略指导、业务发展支持或市场渠道拓展等增值服务，使自己在竞争中脱颖而出，获得更多优质项目的机会。

二、所有权安排制度优化措施

专精特新企业所有权安排制度优化措施首先要以可持续竞争力的形成为导向。专精特新企业可以吸引战略投资者，通过引入能够带来先进技术和资源的资金支持企业的科技创新和发展。战略投资者可以提供专业知识、行业关系和市场洞察力，从而增强和促进企业的竞争力和可持续发展。通过与其他企业建立股权联盟或战略合作伙伴关系，企业可以共享资源、技术和市场渠道，实现优势互补，提高竞争力。这种联盟可以通过合资企业、股权交换或战略投资等方式实现，为企业创造更多的增长机会和市场份额。在股权结构中引入多元化的股东可以分散风险，并为企业提供更广泛的资源和支持。通过与不同背景、专业知识和行业经验的股东合作，企业可以获得更多的商业机会、市场渠道和合作伙伴，提高竞争力和创新能力。专精特新企业可以通过优化所有权结构来提高决策效率和创新能力，可采取一种灵活的股权结构，使创始人和核心团队能够保持较高的控制权和分红权，以便更好地实施战略决策。为了激励核心团队的长期投入和创新，专精特新企业可以设计并实施有效的长期激励机制，例如，股权期权计划和绩效奖励制度可以帮助吸引和留住高素质的人才，激发其创造力和创新能力。优化企业的所有权安排还需要加强企业治理机制，确保决策的透明性、公正性和合规性。建立有效的董事会和监管机构，制定明确的权责分工和决策程序，可以有效提升企业的运营效率和内部控制水平。专精特新企业可以与其他企业建立战略合作伙伴关系，共享资源、技术和市场渠道。这种合作可以帮助企业实现规模经济、降低风险，并加速创新和产品开发过程，从而提高企业的可持续竞争力。

专精特新企业需要注重动态平衡优质劳动力要素和资金资本。企业优质劳动力要素是指具备高素质、高技能和高效率的员工，他们在企业中扮演着至关重要的角色。优质劳动力具备深厚的专业知识和技能，能够胜任复杂的工作任务，并且具有良好的学习能力和适应能力。此外，他们还表现出高度的职业道德和职业素养，能够与团队成员和其他利益相关者建立良好的合作关系。优质劳动力要素包括但不限于以下几个方面：教育背景与学历、专业技能与经验、创新能力与问题解决能力、沟通与合作能力以及职业道德与职业素养。企业需要持续吸引和培养优质劳动力，以保持竞争力并实现可持续发展。

为了实现专精特新企业优质劳动力要素和资金资本措施之间的动态平衡，需要从以下几个方面考虑。一是人力资源管理制度优化。企业需要制定重视优质劳动力的人力资源管理策略，以吸引、培养和留住优质劳动力、包括招聘具有潜力和专业技能的人才、提供持续的培训和发展机会、激励员工的工作动力和创造力。同时，企业应建立健全的绩效评估和奖励机制，以确保优质劳动力得到充分的认可和回报。二是资金规划和管理制度优化。企业需要进行有效的资金规划和管理，以确保资金的有效利用和配置，包括准确评估项目的资金需求，优化资金结构、平衡内部融资和外部融资的比例、降低融资成本。同时，企业应建立风险管理机制，以应对潜在的资金风险和不确定性。三是综合决策分析与平衡。在决策过程中，企业应综合考虑优质劳动力要素和资金资本措施的影响，包括对项目的财务评估和风险评估、确定项目的潜在回报和风险水平。同时，企业还应考虑资金成本的影响，包括融资成本和项目的财务可行性。四是持续动态优化和调整。企业需要进行持续的优化和调整，以适应市场和经济环境的变化，包括根据市场需求和竞争压力来调整人力资源策略和资金规划、灵活应对变化和挑战。同时，企业还应建立监测和评估机制，及时识别和纠正潜在的不平衡现象。

第三节　业务组合优化

一、简单经营专业化和简单经营多元化的弊端

简单经营专业化是指企业在经营过程中专注于特定领域或特定产品，将有限的资源和能力集中在某一个专业领域的经营策略。企业将主要精力和资源集中在特定领域或特定产品上，致力于深入了解和精通该领域的知识、技术和市场需求，经营流程相对简单。简单经营专业化的弊端在于以下方面。一是依赖性风险。专业化经营使企业过于依赖某个特定产品、市场或技术，一旦该领域出现问题或衰退，企业将面临较大的风险。缺乏多样化的经营范围可能导致企业在不同市场或行业中的竞争能力不足。二是依赖于外部环境的稳定性。专业化企业对外部环境变化的感知较为敏感，市场需求的变化、竞争格局的变动等都可能对企业产生重大影响。若企业没有及时调整和适应，可能面临业绩严重下滑甚至倒闭的风险。三是产品生命周期限制。专业化经营通常只关注某个产品或领域的特定生命周期，一旦产品进入衰退期，企业可能面临缺乏创新和新产品开发的问题，这将导致企业的竞争力和市场地位逐渐下降。

简单经营多元化是指企业在经营过程中涉足多个不同领域或经营多种不同类型的产品或服务。这种经营策略旨在通过扩大业务范围和多元化的产品组合来降低风险、提高企业的稳定性和增长潜力。以下是简单经营多元化的一些常见弊端。一是管理复杂性提高。简单经营多元化需要企业管理多个不同的业务板块，涉及不同的产品、市场、供应链和客户群体等。这提高了企业的管理复杂性，要求企业具备更高水平的组织协调和资源配置能力，同时可能导致决策效率低下和信息传递障碍。二是资源分散。简单经营多元化需要企业分配资源到不同的业务板块，包括资金、人力资源、技术等。如果资源分配不当，可能导致某些业务板块的资源短缺，影响其竞争力和发展潜力。此外，资源分散也可能导致企业无法在某个领域或业务板块中形成足够的竞争优势。三是风险扩散。简单经营多元化使企业涉

足多个不同的市场和行业，面临更多的市场竞争和行业风险。如果企业在某个领域或业务板块遇到困难，可能会对整个企业的经营状况产生负面影响。此外，企业在不熟悉的领域或行业中经营也可能面临更高的经营风险。四是协同效应难以实现。简单经营多元化要求不同业务板块之间实现协同效应和资源共享，然而不同业务板块之间的协同和合作可能面临许多挑战，如文化差异、业务冲突和信息流通障碍等。这可能导致协同效应无法得到充分发挥，从而降低了整体经营的效益。五是缺乏核心专业化优势。简单经营多元化可能导致企业在各个业务板块中无法获得足够的核心优势，相较于专注于某个领域或产品的企业，简单经营多元化的企业可能在某些领域或业务中面临专业化竞争对手的压力，难以取得竞争优势。

二、围绕核心业务的经营多元化组合

围绕核心业务的经营多元化组合是指，企业在围绕其核心业务的基础上，通过开展相关但不同的业务或产品，实现多元化经营的策略。这种多元化组合的业务或产品与企业的核心业务具有一定的相关性和互补性，旨在拓展市场、增加收入来源，并实现风险分散和协同效应。围绕核心业务的经营多元化组合的特点包括以下方面。一是相关性和互补性。多元化组合的业务或产品与企业的核心业务存在一定的相关性和互补性，这意味着新开展的业务或产品能够与核心业务相互支持和促进，通过共享资源、技术、渠道等实现协同效应。二是市场拓展和多样化。围绕核心业务的多元化组合可以帮助企业进入新的市场领域，拓展客户群体和扩大市场份额。企业通过提供不同但相关的产品或服务，能够满足不同客户的需求，实现多样化的市场覆盖。三是经营风险分散。多元化组合使企业能够分散经营风险，即使在某个业务或产品面临挑战或不利因素时，其他相关的业务或产品仍然可以支撑整体业绩，从而降低了企业所面临的风险。四是资源共享和协同效应。围绕核心业务的多元化组合使企业能够实现资源共享和协同效应，不同业务板块之间可以共享关键资源，如供应链、技术、品牌、客户关系等，从而提高资源利用效率和降低成本。五是品牌价值和声誉的矩阵提升。通过围绕核心业务的多元化组合，企业可以在不同领域建立起品牌价值和声誉。这有助于提升企业的竞争力和品牌影响力，进一步扩大市场份额和提升客户忠诚度。

专精特新企业实现核心业务的经营多元化需要具备敏锐的市场洞察力、战略规划能力和组织协调能力。同时，不宜盲目追求多元化而忽视其本身的专业化。确保企业在自身的核心业务领域具备专业优势，通过深入研究和积累经验，不断提升产品或服务的质量、技术和创新能力，以在市场中建立竞争优势。识别与核心业务相关但有潜力的领域或产业，这些领域应与企业的核心业务具有一定的相关性和互补性，使企业能够充分利用已有的专业知识、资源和市场渠道。对目标领域进行充分的市场研究和分析，了解市场需求、竞争态势和发展趋势，将帮助企业确定新业务或产品的定位、目标客户群体和市场机会。根据市场需求和竞争环境，进行必要的投资研发和创新，以开发出具有差异化和竞争优势的新产品或服务，包括技术创新、产品设计、市场营销等。确保企业能够整合现有的资源和能力来支持新业务的开展，涉及人力资源、资金、供应链、生产能力等方面的调配和配置，以确保新业务能够顺利运作并实现预期目标。通过逐步扩大业务范围，探索新市场和客户群体，实现多元化经营，可通过市场试点、渠道拓展、合作伙伴关系等方式来实现。与行业内的合作伙伴建立战略合作关系，共同开展多元化业务。合作伙伴可以补充专业知识、资源和市场渠道，加速业务多元化的实施并降低风险。调整和优化组织架构，建立适应新业务的团队和人才体系。确保拥有具备相关专业知识和技能的人才，并激励团队合作，鼓励团队保持创新精神。在推进业务多元化时，要综合考虑风险和回报：对新业务的潜在风险进行评估，并制定相应的风险管理策略；同时，要对不同业务板块的贡献和回报进行对比分析，确保整体业务多元化的可持续发展。

第四节　企业家特征与企业韧性

一、企业家能力

企业家能力与企业韧性之间存在着互相促进的关系。企业家能力提供了构建企业韧性所需的关键能力和特质，而企业韧性则是企业家能力在实践中的体现。企业家能力的提升可以增强企业的韧性，而韧性强的企业也能够更好地发挥和提升企业家能力，从而在竞争激烈和不确定的商业环境中获得成功。

创新能力对于企业韧性至关重要，企业家的创新能力使他们能够持续地识别和抓住机会，提供新的产品、服务或经营模式，从而提高企业的竞争力和适应性。创新能力使企业能够不断改进和适应变化，以更好地应对市场的挑战。当面临外部冲击或行业变革时，企业家能够利用创新能力来寻找新的增长领域和商机，从而保持企业的韧性。企业家在面对不确定性和压力时，需要迅速而明智地做出决策。有效的决策能力使企业能够应对挑战和变化，并及时采取必要的行动。在变化不断的商业环境中，企业家能够通过合理评估风险和机会，做出有利于企业韧性的战略决策。企业家作为领导者，应激励员工，培养员工的创新精神和适应性。他们能够塑造积极向上的工作氛围，鼓励员工参与创新和变革，并带领团队共同应对挑战。强大的领导能力能够增强企业的凝聚力和适应性，使整个组织更具有韧性。组织能力是企业韧性的重要支撑，企业家的组织能力包括资源配置、协调和管理等方面。他们能够有效地调整和重新配置资源，以适应外部环境的变化。良好的组织能力使企业能够灵活地应对市场需求的变化，并迅速调整业务策略和运营模式。在面对不确定性和挑战时，企业家能够合理分配资源，优化运作效率，从而增强企业的韧性。适应能力是企业韧性的重要组成部分，企业家需要不断调整和改进经营策略、产品或服务，以适应市场需求和变化。他们能够不断观察和了解市场趋势，及时做出调整和变革。适应能力使企业能够在变化的环境中保持灵活性和敏捷性，迅速适应和抓住新的挑战和机遇。企业家通过持续的学习和创新，不断改进产品、服务和业务模式，使企业保持竞争优势和韧性。

成功的企业家具备辨识和评估风险的能力，并能采取适当的措施进行风险管理。他们具备良好的判断力和决策能力，能够在面临风险和回报之间做出明智的选择。这种能力使企业能够预测潜在的风险并采取相应的防范措施，从而降低经营风险，增强企业的韧性。人脉和关系建设也是企业韧性的重要因素，成功的企业家懂得建立和发展人脉关系，并善于利用这些关系来获取支持和资源。他们能够与各种利益相关者建立良好的合作关系，包括员工、合作伙伴、投资者和客户等。这种人脉和关系网络为企业提供了更多的机会和资源，使企业能够更好地应对挑战和变化，增强其韧性。成功的企业家具备敏锐的市场洞察力，能够准确洞察市场需求和趋势。他们了解客户的需求和行为，并能够将这些洞察转化为商机，为市场提供有价值的解决方案。通过对市场的深入理解，企业家能够及时调整和优化产品、服务和营销策略，提高企业的竞争力和适应性，增强企业的韧性。企业家应具备出色的沟通和影响力，能够与不同的利益相关者进行有效的沟通和合作。他们能够清晰地表达自己的想法和愿景，并能够激励和影响他人支持和共同努力实现目标。通过良好的沟通和影响力，企业家能够建立更紧密的合作关系，获得更多的支持和资源，以应对挑战并实现企业的长期发展。自我反思和学习能力对于企业韧性同样至关重要。成功的企业家具备自我反思和学习的能力，能够从自身经验中不断总结和吸取教训。他们愿意接受反馈和挑战，并在不断学习和反思中提升自己的能力和素质。通过不断的自我反思和学习，企业家能够更好地应对变化和挑战，不断优化自身的经营策略和决策过程，以适应复杂变化的外部市场环境。

二、企业家精神

企业家精神和企业韧性之间存在密切的关系。企业家精神是成功的企业家所具备的一系列心理特质和行为习惯，而企业韧性是企业在面对变化、挑战和不确定性时的抵抗能力和弹性。

企业家精神赋予企业家探索、创新和冒险的能力，使他们敢于追求新的商机，并愿意承担风险。这种精神驱使企业家不断寻求改进和创新，以适应不断变化的市场环境。企业家精神推动企业家持续寻找新的商机和业务模式，提供创新的产品、服务或经营模式，从而提高竞争力和适应性。企业韧性使企业能够适应变化，保持稳定并寻求新的发展机会。它涉及企业的灵活性、适应性和抗压能力，以及应对风险和不确定性的能力。企业韧性使企业能够快速调整战略和业务模式，以应对市场的变化和不确定性。企业家精神为企业韧性提供了强大的驱动力和支持，具备企业家精神的管理者会更加敏锐地识别机会和挑战，能够迅速做出决策和行动，以适应环境变化并克服困难。他们的创新能力、决策能力和领导能力使他们能够带领团队应对变化和挑战，构建有韧性的组织文化和团队。同时，企业家精神还赋予企业家自我反思和学习的能力，使他们能够从经验中吸取教训，不断提升自己和企业的能力。因此，企业家精神与企业韧性相互促进、相互支持。企业家精神为企业提供了创新、决策、领导和学习的动力，而企业韧性则是这些动力在面对变化和挑战时的体现。成功的企业家通过发挥自己的企业家精神，提高企业的韧性，使企业能够适应变化、抓住机遇，并在竞争激烈的市场环境中持续发展。企业家精神激发了管理层的决心、激情和创业精神，使他们能够坚持不懈地追求目标、克服困难和挑战。这种坚韧的精神为企业提供了持久的动力，使其能够在竞争中脱颖而出。

同时，企业韧性也促进了企业家精神的深化。面对市场的不确定性和风险，企业家需要保持冷静、灵活和适应性，不断调整策略和行动。企业韧性的要求是企业家不断挑战自己、发掘潜力、超越自我。在克服困难、迎接挑战和响应变化的过程中，企业家得到了锻炼和提升，其更具洞察力、决策能力和影响力。因此，企业家精神和企业韧性相互依存、相辅相成。企业家精神为企业韧性提供了方向，推动企业应对变化和挑战；而企业韧性为企业家精神提供了实践和成长的"平台"，使其能够不断深化。二者相互作用，使企业能够持续创新、适应变化，并在竞争中保持领先地位。在当今日益复杂和变化不定的商业环境中，企业家精神和企业韧性的结合成为企业成功的关键要素。它们共同塑造了企业的文化、价值观和行为方式，推动企业不断发展、成长和创新。具备这种精神和韧性的企业家能够在竞争激烈的市场中取得成功，为企业带来长期的可持续发展。

坚韧和适应性是企业韧性的核心精神。成功的企业家能够保持坚韧不拔的态度，面对激烈竞争和不确定的商业环境。他们能够迅速调整战略和业务模式，适应市场的变化，并从失败和挫折中吸取教训，不断学习和成长。这种坚韧和适应性的精神使企业家能够在变化多端的环境中保持灵活性和竞争力，增强企业的韧性。激情和决心也是成功的企业家所具备的重要精神，他们对自己的事业充满激情，并凭借坚定的决心和毅力去追求目标。即使面对困难和挑战，他们仍然保持积极的心态，愿意付出额外的努力和时间。这种激情和决心使企业家能够克服困难，坚持不懈地追求目标，并激励团队成员一起努力，进而增强企业的韧性。

创业精神和冒险精神是企业韧性的重要组成部分。成功的企业家具备创业精神和冒险精神，敢于冒险和尝试新的事物。他们能够超越传统的思维模式，敢于承担风险，并追求高回报的机会。这种创业精神和冒险精神使企业家能够不断创新和突破，寻找新的商机，为企业带来竞争优势和韧性。社会责任感是成功的企业家所具备的另一个关键精神。他们认识到企业的社会责任，并积极履行，关注社会和环境问题，致力于社会发展和可持续性，并将社会责任融入企业的经营战略中。通过履行社会责任，企业家能够建立良好的企业形象和声誉，加深与利益相关者的合作关系，增强企业的韧性。忍耐和耐心是成功的企业家不可或缺的品质，他们明白企业的发展是一个长期的过程，即使在面对困难和挫折时，他们能够保持耐心，并持继续努力和坚持追求目标。他们明白，企业的成功需要时间和努力的积累，不会因一时的困难而放弃。忍耐和耐心使企业家能够保持稳定的经营策略和长远的眼光，逐步实现企业的目标和愿景。这种忍耐和耐心也使企业家能够经受得住市场波动和竞争压力，为企业的韧性提供坚实的基础。

将这些精神与企业韧性相结合，成功的企业家以坚韧和适应性应对变化，以激情和决心克服困难，以创业精神和冒险精神开创新机会，以社会责任感建立可持续发展，以忍耐和耐心保持稳定的经营策略。这些精神的共同作用使企业家能够更好地应对挑战、适应变化、克服困难，并推动企业持续向前发展。同时，这些精神也会影响和激励企业的员工，共同努力实现企业的目标，从而增强了企业的韧性，提高了竞争力。

第七章

金融服务与专精特新企业韧性

第一节　专精特新企业融资困境分析

专精特新企业在创业初期就表现出高速增长的态势，这些企业通常具有创新的产品或服务，具备丰富的专业知识和较高的技术能力，并有潜力在短时间内迅速扩张市场份额。然而，尽管专精特新企业在市场上具有巨大的发展潜力，但它们常常面临融资困境。

一、融资市场方面

融资市场对于专精特新企业有一定的歧视现象，如拒绝给专精特新企业融资、利息率较高、增加额外附加条款等，从融资市场角度来说有以下原因：

一是风险投资偏好差异。融资市场更倾向于向已经有成熟产品或服务的企业提供资金，因为这些企业的风险较低、回报较高，而专精特新企业往往处于研发、试验或初创阶段，风险较高，这就使投资者对其持观望态度或更加谨慎。二是知识资本与资金需求不匹配。专精特新企业往往依赖高度专业化的知识和技术，这种知识资本是其核心竞争力。然而，传统融资渠道往往更加注重企业的实物资产和财务指标。这导致专精特新企业在寻求融资时面临困境，它们无法充分利用自身的知识资本来获得足够的资金支持。三是业务所在市场不完善。专精特新企业所处的市场通常相对较小，竞争激烈。在这样的市场环境中，投资者可能对专精特新企业的市场机会和前景持怀疑态度。此外，市场中的风险投资机构和天使投资者数量有限，与传统企业相比，专精特新企业面临更少的融资来源。专精特新企业通常面对的是来自成熟企业和其他创新企业的激烈竞争，这些竞争对手可能具有更强大的品牌影响力、资源和市场份额，这给专精特新企业带来了挑战。在融资市场中，投资者更倾向于支持已经建立起竞争优势的企业，而对专精特新企业持保留态度。四是退出机制不完善。对于投资者来说，专精特新企业的融资困境还与退出机制的不完善有关。退出机制是指投资者在一定期限内将其投资转化为现金的方式，如企业上市或被收购。对于投资者而言，退出机制是评估投资回报的重要因素之一。专精特新企业可能面临较少的被收购机会，又由于专精特新企业具有高增长潜力，其估值可能较高，这使潜在收购方面临较大的负担。此外，专精特新企业的核心竞争力通常依赖于其创始人和核心团队，这使潜在收购方对企业文化和人才的适应顾虑重重。专精特新企业往往需要长期的资金支持来挖掘其潜力，然而传统投资者如风险投资机构和私募股权投资者在投资决策中通常注重短期回报，不愿意承担长期的投资风险。

二、专精特新企业内部方面

专精特新企业内部也有一些因素会影响其金融服务的支持力度。首先，专精特新企业的信息不对称程度相对更高。企业在融资过程中常常面临信息不对称的问题，由于它们通常处于经营初期阶段，缺乏长期可靠的财务和业绩数据，投资者往往难以准确评估企业的潜力和价值。这导致投资者对专精特新企业的风险感知增加，从而降低了专精特新企业获取融资的机会。专精特新企业的高增长潜力常常伴随着高风险，由于缺乏稳定的现金流和盈利，专精特新企业对投资者来说具有较高的不确定性。为了获得资金支持，专精特新企业可能需要提供更高的回报承诺，但这也提高了投资者的风险。其次，专精特新企业缺乏可抵押资产。专精特新企业通常缺乏可用于抵押的实物资产，如土地、建筑物等。在传统融资中，这些资产可以用作担保，以降低借款风险。但对于专精特新企业来说，他们的主要资产可能是知识产权、技术专利等无形资产，难以作为抵押物。专精特新企业的市场规模相对较小，这使投资者对企业的潜在回报感到担忧，因为市场规模的限制可能会限制企业的发展和盈利。再次，高技术含量的业务具有更高估值难度。专精特新企业通常涉及高技术领域，这要求投资者具备相应的专业知识和技术背景，能够准确评估企业的技术水平和市场前景。然而，大部分投资者可能不具备这些专业知识，这导致他们在做出投资决策时更加谨慎。最后，新产品的市场接受度具有不确定性。专精特新企业的产品或服务可能是市场上的创新，对于市场接受度存在较高的不确定性，这使投资者对企业的前景和潜力有所顾虑，可能不愿意为其提供资金支持。专精特新企业往往还没有建立起稳定的盈利模式，他们可能还在寻找最佳的商业模式，或者正处于市场试验阶段，这也使得投资者难以准确评估企业的盈利能力，进而影响他们对融资的兴趣和投资决策。

第二节　债务融资服务

一、债务融资影响专精特新企业韧性的机制分析

债务融资对于专精特新企业的韧性提升具有重要意义，它能够提升资本实力和灵活性、实现资金来源多元化、降低融资成本，并通过债务杠杆实现投资和增长。

债务融资可以为企业提供额外的资金储备，提高和增加企业的流动性和现金储备，使企业能够更好地应对市场波动、应对突发事件和经营挑战。当企业面临资金紧张的情况时，有足够的债务资金可以用于支付供应商、员工薪酬、运营成本等，避免资金链断裂，维持业务的连续性。因此，债务融资可以为专精特新企业提供额外的资本实力，帮助它们扩大规模、加快发展速度和投入更多资源。通过债务融资，企业可以获得更多的资金，用于研发创新产品、拓展市场份额、加强营销推广等方面。这种增强的资本实力可以提高企业在市场中的竞争力，提高其应对市场波动和挑战的能力。此外，债务融资也可以使企业有更大的灵活性。相比于股权融资，债务融资不会稀释现有股东的权益，企业可以保持对自身的控制权。债务融资还可以根据企业的具体需求和发展计划进行定制，包括融资金额、利率、还款期限等方面的灵活安排，以适应企业的经营状况和市场环境变化。债务融资可以帮助专精特新企业实现资金来源的多元化。通过与银行、金融机构或其他债权人建立合作关系，企业可以获取不同来源的借款资金。这种多元化的资金来源可以减轻企业对单一投资者或股东的依赖，降低融资

风险。专精特新企业通常面临高风险和不确定性，因此可能面临更高的融资成本。然而，通过适当管理和利用债务融资，企业可以降低融资成本。例如，通过与债权人建立良好的信任关系、提供担保物或提供更详细的财务信息，企业可以提升其在债权人眼中的信誉，从而获得更有利的融资条件。债务融资还可以帮助企业实现资本结构的优化，相对于股权融资，债务融资的成本通常较低。通过适度地运用债务融资，企业可以降低资本成本，减少股权稀释，提高股东的权益回报率。政府也会为特定行业或领域的债务融资提供税收优惠政策，如利息支出的税前扣除、债务利息的免税或减免等。这些税收优惠措施可以降低企业的融资成本，并提供更多的资金用于业务发展和应对风险。

二、债务融资服务提升专精特新企业韧性的措施

优化债务融资可以提升专精特新企业的韧性，使其能够更好地应对市场挑战和风险。以下是一些可以帮助企业优化债务融资、提高其企业韧性的措施。

从专精特新企业内部措施来说，专精特新应该根据自身的财务状况和发展需求，合理规划债务结构。债务结构包括借款类型、利率、期限等方面。企业能够通过分散债务来源、选择适当的借款类型和期限，降低债务风险。此外，企业可根据不同债务的特点和偿债能力，制订合理的还款计划和偿债策略。专精特新企业应提高财务透明度，向债权人提供准确、及时和可靠的财务信息。债权人更愿意与那些具有较高财务透明度的企业合作，因为他们能够更好地评估企业的偿债能力和风险状况。透明和定期更新的财务报告可以增强债权人对企业的信任，提高债务融资的成功率。企业应定期评估债务风险，并及时采取应对措施，包括监测债务偿付能力、评估债务成本和偿债能力的匹配度等。企业可以建立健全的财务管理体系，定期进行债务风险和应对措施评估，确保债务融资对企业韧性的提升起到积极的作用。企业需要采取风险管理和保险措施，以降低债务融资带来的风险。例如，购买适当的商业保险、信用保险或债务违约保险，以保护企业在遇到重大损失或债务违约时的利益。这样可以提高债权人的信心，降

低企业的风险成本。专精特新企业应建立良好的信用记录，提高企业的信用度和声誉。及时偿还债务、遵守合同条款、保持良好的财务状况，都有助于企业在借款时获得更有利的条件和更高的借款额度，良好的信用记录也有助于企业在未来获取更多的融资机会。

从专精特新企业外部措施来说，企业在选择债权人时应谨慎评估其信誉度和合作经验，与可靠的金融机构或投资者建立合作关系，可以获得更有利的借款条件和专业的支持。同时，企业也应该关注债权人的风险偏好和要求，确保与其利益相一致。企业应尽可能多地拓展其资金来源，避免对单一债权人过度依赖。通过与多家金融机构建立合作关系，开拓不同的融资渠道，可以降低企业的融资风险。此外，企业还可以考虑其他融资方式，如股权融资、众筹等，以减轻债务压力和分散风险。企业可以与债权人商讨灵活的还款计划，以适应不同阶段的资金需求和经营状况。例如，可以协商分期付款、季度付款或灵活的利息支付方式。这样的灵活性有助于企业更好地管理现金流，减轻还款压力，并在经营困难时有更多的缓冲空间。企业可以充分利用政府提供的支持措施，以优化债务融资并提升韧性。政府可能提供低息贷款、贷款担保、税收减免等政策，鼓励专精特新企业的发展。企业可以积极申请这些支持，减少融资成本，增加资金来源。与债权人和金融机构建立紧密的合作关系，可以增强企业的借款能力和信誉度。企业应与债权人保持定期沟通，及时报告经营状况和财务信息，以建立互信和合作基础，这可以使企业在面临困难时能够更好地获得债务支持和协商解决方案。

第三节　股权融资服务

一、股权融资影响专精特新企业韧性的机制分析

股权融资对专精特新企业的韧性具有重要影响，通过提供资金支持、战略资源、声誉提升、管理经验和长期资本支持，股权融资可以提高企业

的创新能力、市场竞争力和管理水平，使企业能够更好地应对外部环境的变化和挑战，增强企业韧性。

首先，股权融资提供了资金支持，这是专精特新企业在面临市场波动和竞争压力时必不可少的。专精特新企业通常在创新和技术应用方面进行大量的投入，这些活动需要大量的资金支持。通过发行股票或出售股权，企业可以吸引外部投资者，从而获得更多的资金用于研发、市场推广、人才引进等方面。这种资金支持可以提高企业的创新能力和市场竞争力，使企业能够更好地应对外部环境的变化，增强韧性。其次，股权融资还可以为专精特新企业带来战略资源和合作关系。通过吸引股权投资者，企业可以获得丰富的经验、专业知识和行业联系，这些都是企业发展所需的重要资源。股权投资者通常拥有丰富的行业经验和资源，他们可以为企业提供战略指导、市场渠道、供应链资源等。此外，股权投资者还可以成为企业的合作伙伴，与企业共同开展业务合作，共同推动企业的发展。这种合作关系可以增强企业的韧性，提供更多的机会和资源。再次，股权融资还可以提升企业的声誉和信誉度。对于专精特新企业来说，其在市场上的知名度和声誉度通常相对较低。然而，一旦企业成功进行股权融资，吸引了知名投资者的参与，企业的声誉和信誉度将得到提升。这对企业来说是非常有益的，因为它可以增强企业的吸引力，吸引更多的投资、合作和业务机会。此外，与知名投资者合作还可以为企业带来更多的关注和曝光度，从而提高企业在市场中的竞争地位，增强韧性。复次，股权融资可以提供更多的管理经验和专业知识。专精特新企业在发展过程中面临许多管理和运营方面的挑战，如组织架构搭建、人才招聘、市场拓展等。通过股权融资企业可以吸引到拥有丰富管理经验和专业知识的投资者或合作伙伴。这些投资者或合作伙伴通常拥有成功管理企业的经验，能够提供战略指导、业务运营等方面的支持。他们可以帮助企业建立健全组织结构、完善管理流程、提供有效的市场营销策略和销售渠道，从而提升企业的运营效率和竞争力。这种管理经验和专业知识的注入，使企业能够更好地应对市场变化和挑战，增强韧性。最后，股权融资可以带来长期发展的资本支持。专精特新企业往往需要长期的资本支持来实现其创新和发展目标，而股权融资提供了一种可持续的资本来源，与短期的借款或贷款相比更为稳定和可靠。

通过股权融资，企业可以吸引到长期投资者，他们对企业的发展具有长远眼光并愿意为之持续投资。这种长期资本的支持可以为企业提供更稳定的经营环境，降低财务风险，提供更多的机会和时间来实现其发展战略，增强韧性。

专精特新企业股权融资也存在一些挑战和风险。第一，股权融资可能导致股东权益稀释。当企业进行股权融资时，会引入新的股东，这意味着原有股东的股份会相应减少。如果新股东对企业的管理和决策产生重大影响，可能导致企业治理不稳定，甚至引发利益冲突。第二，股权融资可能带来财务负担。股权融资通常需要支付一定的费用，如投行费用、律师费用等，这对企业来说是一笔不小的财务负担。第三，如果企业的业绩不达预期，股东可能对投资回报感到失望，从而导致市场对企业的负面评价，进一步影响企业的融资能力和发展前景。第四，股权融资还存在信息不对称的问题。投资者在进行股权投资时，往往面临着信息不对称的情况，难以准确评估企业的价值和潜在风险，这可能导致投资者对企业的估值存在较大的误差，进而影响融资的成本和条件。第五，股权融资还可能带来对企业经营的限制。股权投资者通常会对企业的经营进行一定程度的监督和干预，以保护自身权益，这可能对企业的经营决策和自主权产生一定的限制，影响企业的灵活性和创新能力。

股权融资对于专精特新企业的韧性提升具有积极作用，合理运用股权融资企业能够更好地应对市场的挑战和变化。然而，企业在进行股权融资时需要注意平衡利益，防范风险，并确保与投资者之间建立良好的合作关系，以实现长期可持续的发展。

二、股权融资服务提升专精特新企业韧性的措施

专精特新企业可以采取以下科学利用股权融资的方法来提升自身企业韧性。一是制定清晰的发展战略。在进行股权融资之前，企业应制定清晰的发展战略，明确企业的定位、目标和发展路径。这有助于吸引潜在投资者，并确保资金的有效利用。企业在选择股权投资者时，应充分考虑投资者的专业背景、经验和资源，并与企业的发展战略相契合。选择合适的投

资者可以提供战略指导和资源支持，促进企业的快速发展。专精特新企业可以选择引入具有行业经验和资源的战略投资者，战略投资者通常能够为企业提供市场渠道、技术和品牌影响力等方面的支持，有助于提升企业的市场竞争力和韧性。二是优化股权结构。在进行股权融资时，企业应该优化股权结构，合理分配股权份额，避免过分稀释创始团队的股权，同时吸引新股东的参与。合理的股权结构能够平衡各方利益，确保企业的治理稳定发展。三是健全治理机制。企业应建立健全的公司治理结构，包括董事会、监事会和高级管理团队等，确保有效的决策和监督机制。良好的治理机制有助于提高企业的透明度、决策效率和风险管理能力，增强企业的韧性。四是加强信息披露和沟通。企业在进行股权融资后，应加强与投资者的沟通和信息披露，及时向投资者提供企业的经营状况、财务情况和重要决策信息。透明的信息披露有助于增强投资者的信心，维护良好的投资合作关系，提升企业的声誉和韧性。五是提升股权资金的使用效率。企业应科学合理地利用融资所得资金，将资金投入关键领域，如技术研发、市场拓展、人才培养等。通过增加培训和发展机会，吸引和留住高素质的人才。同时，建立合理的激励机制，激发员工的积极性和创造力，构建稳定且高效的团队，为企业的发展提供有力的支持。通过不断创新和改进产品、服务、业务模式，企业能够更好地适应市场变化和竞争压力，提升企业的韧性和持续发展能力。合理利用资金可以提升企业的核心竞争力和创新能力，增强企业的韧性和市场竞争力。

2023 年，我国迈出了实施全面股票发行注册制度的重要一步。这一举措的落地，为企业的上市融资提供了更为畅通的途径，从而推动了各行业优秀企业的迅速发展，并且有效地促进了资本市场更好地支持实体经济。股票发行全面注册制的实施标志着我国资本市场发生了革命性的改变。过去，企业想要在股票市场上融资，必须经历烦琐的审核程序，并且只有符合一定盈利条件的企业才有机会上市。然而，全面注册制的推行改变了这种局面，为更多的企业创造了上市的机会。全面注册制的优势在于降低了企业融资的门槛，使中小微企业也能够通过上市来获取资金支持。此前，中小微企业往往面临着融资难的问题，由此限制了它们的发展潜力；而现在，注册制的实施使这些企业能够更加便捷地发行股票，进而实现融资，推动了中小微企业的健康发展。同时，全面注册制的落地也提升了资本市场的活力和竞争力。由于审核流程的简化，更多的企业能够进入市场，提升了市场的多样性和活跃度。这对于投资者来说是一个利好消息，他们有更多的选择机会，能够参与到更具潜力的企业中去，从而获取更高的投资回报。最重要的是，全面注册制的实施对于实体经济的发展具有积极的推动作用。资本市场是实体经济的重要组成部分，通过为企业提供融资渠道，资本市场可以促进实体经济的创新和发展。全面注册制的推行，加强了资本市场对于实体经济的支持，为企业的技术创新、产业升级提供了更为广阔的平台。

我国资本市场改革主要服务于专精特新企业韧性的提升。首先，着眼于精简优化发行上市条件。证监会坚持将信息披露作为核心，将原有核准制下的发行条件尽可能转化为信息披露要求，以提高市场的透明度和规范性；同时，为各市场板块设置了多元包容的上市条件，以满足不同类型企业的需求，实现市场的多样化和包容性。其次，建立长期投资者关系。注册制的优势在于让企业能够在发行过程中选择符合其战略目标和长期发展需求的投资者，从而建立稳定、长期的投资合作关系。企业可以与这些长期投资者建立合作伙伴关系，分享企业的成长和价值创造，共同实现长期利益最大化。再次，拓宽融资渠道。注册制的实施为企业提供了更广泛的融资渠道。除了传统的 IPO 融资，企业还可以选择发行可转债、发行私募债等多种方式来获取资金。这样的多元化融资方式不仅降低了企业的融资成本，还有助于企业更好地满足不同阶段的融资需求，增加了企业的筹资灵活性。复次，提升公司治理水平。注册制要求企业加强内部管理和公司治理，建立完善的风险防范和管理体系。企业需要规范信息披露，加强内部控制和风险管理，提高透明度和责任意识，以提升公司治理水平。这有助于企业增强内部控制、规避风险，提高企业的韧性和抗风险能力。注册制为企业带来更多的资本和机会，为企业创新提供了良好的环境和支持。企业可以通过融资获得更多的研发投入，加强技术创新和产品研发，提高市场竞争力。此外，注册制还鼓励企业与投资者、行业合作伙伴等进行深度合作，促进资源整合和创新成果转化，推动企业持续创新和发展。最后，拓展国际合作与交流。注册制的实施使我国资本市场与国际接轨，为专精特新企业提供了更广阔的国际合作和交流平台。企业可以吸引国际投资者的关注，吸纳跨国资本的参与，从而进一步提升企业的国际竞争力。同时，通过与国际先进企业和科研机构的合作，企业可以获得更多的技术、市场和管理经验，推动企业的创新发展。

在利用股票发行注册制提升企业韧性的过程中，专精特新企业还应密切关注市场变化和政策调整，灵活调整战略和运营模式，以保持竞争优势。同时，建议企业与专业的金融顾问、法律顾问等合作，确保在注册制的实施过程中遵守相关法律法规，保障企业的合规运营。在注册制的框架下，通过信息披露和交流，向投资者充分展示企业在技术、创新、市场前景等方面的优势，这有助于吸引更多的投资者关注和认可，提升企业的市场地位和竞争力。

第四节　其他金融支持

一、知识产权证券化

1. 专精特新企业知识产权证券化的含义

专精特新企业的知识产权证券化是指，将专精特新企业所拥有的知识产权资产转化为证券化产品，通过发行证券向投资者募集资金，并将投资者对知识产权所产生的未来收益进行交易和流通的过程。知识产权证券化旨在通过将知识产权资产进行资本化，实现知识产权价值的最大化和流动性的提高。知识产权证券化为专精特新企业提供了一种新的融资渠道和资本运作方式。通过证券化，企业可以将知识产权转化为证券化产品，吸引投资者进行投资，从而获得所需的资金支持。投资者购买这些证券化产品后，可以分享企业知识产权所带来的未来收益，包括专利权、商标权、版权等知识产权的使用权和收益。知识产权证券化的优势在于，它可以提高专精特新企业的融资能力和灵活性，使其能够更快地获得资金支持，加快技术创新和产品开发的进程。同时，证券化还可以提高企业的知名度和声誉，提高企业的市场价值和竞争力。此外，知识产权证券化还可以为投资者提供多样化的投资选择，并使其能够参与到专精特新企业的成长和发展中。

需要指出的是，知识产权证券化过程中也存在一定的风险和挑战。专精特新企业需要准确评估知识产权的价值和潜在收益，选择适合的证券化结构和市场，同时也要严格遵守相关的法律法规和监管要求。同时，投资者在购买知识产权证券化产品时需要进行充分的尽职调查，评估投资风险和收益预期。

2. 专精特新企业知识产权证券化的步骤

专精特新企业进行知识产权证券化的步骤如下。第一步，资产评估。专精特新企业首先需要对拥有的知识产权进行全面评估，确定其价值和潜在收益。这个评估过程包括对知识产权的市场竞争力、技术创新性、商业前景等因素进行综合考量。评估可以借助专业机构或顾问进行，以确保评估结果的客观性和准确性。第二步，资产打包。根据评估的结果，企业将确定的知识产权资产进行打包和组合，形成证券化产品的基础资产组合。这个过程可以根据知识产权的类型、行业关联性、市场需求等因素进行合理的组合。资产打包的目的是提高证券化产品的多样性和吸引力，以满足不同投资者的需求。第三步，设计证券化结构。企业需要确定证券化产品的结构和形式，以便进行发行和交易。在这一步中，企业需要确定证券化产品的类型，如债券、股票或衍生证券等；此外，还需确定收益分配方式、投资期限、利率或股息等相关细节。设计证券化结构时，企业应该考虑投资者的风险偏好、市场接受程度和市场流动性等因素。第四步，发行和交易。企业可以选择公开发行或私募发行的方式将知识产权证券化产品推向市场。公开发行指的是通过证券交易所等公开市场发行，以吸引广大投资者参与；私募发行则是通过私下协商与特定投资者发行，一般面向机构投资者或专业投资者。在发行过程中，企业需要制订详细的发行计划、募集资金的用途和发行定价等，并遵守相关的法律和监管规定。投资者可以购买这些知识产权证券化产品，以获得知识产权资产所带来的未来收益。证券化产品的交易可以在资本市场进行，投资者可以在市场上买卖这些证券，实现资产配置和交易流动性。

二、财务咨询

金融机构的咨询服务可以根据专精特新企业的具体需求和发展阶段进行定制，帮助企业制定合理的财务规划、战略规划、市场分析和投资评估等，以支持企业的发展和增强竞争力。这些咨询服务能够为企业提供专业的知识和经验，帮助企业做出明智的决策，并实现企业韧性的提升和可持续竞争力的形成。

1. 战略规划与财务规划

通过有效的战略规划，专精特新企业能够增强自身的韧性、适应性和竞争力，更好地应对市场的变化和挑战，实现可持续的发展。①专精特新企业战略规划应明确企业的目标定位和差异化竞争策略。通过明确定位企业在市场中的独特价值，企业可建立自身的核心竞争优势，并有效抵御市场竞争的冲击。专精特新企业应考虑多元化产品和市场战略，以降低对单一产品或市场的依赖性。通过开发多样化的产品线和拓展不同的市场领域，企业可以在不同市场环境下分散风险，并适应变化的需求和趋势。②战略规划应注重持续创新和技术引领，专精特新企业应积极关注行业发展趋势和技术变革，并将创新作为核心驱动力。通过持续技术和工艺创新，企业能够不断提升产品和服务的竞争力，满足市场需求，并在不断变化的商业环境中保持竞争优势。③战略规划应考虑建立强大的合作伙伴关系。专精特新企业可以与其他企业、研究机构、投资者等建立紧密的合作伙伴关系，共同分享资源、技术和市场渠道。强化合作伙伴关系可以提供更多的支持和机会，从而降低企业面临的风险，并加强企业在市场中的影响力。④战略规划应包括有效的风险管理策略和灵活的运营机制。专精特新企业应识别和评估各类风险，制定相应的解决措施，并建立灵活的组织结构和决策机制，以适应快速变化的市场环境，及时做出调整和决策。企业需要建立快速决策的机制和灵活的组织结构，以便在市场变化迅速、竞争加剧的情况下能够及时做出反应。这包括减少层级、提高信息流动、迅速调整业务模式等，以确保企业能够灵活适应外部环境的变化。⑤战略规划应重视品牌建设和声誉管理。专精特新企业需要通过积极的品牌营销和声誉管理活动，树立良好的企业形象和声誉。这有助于提高企业的市场地位和竞争力，建立与客户、投资者和合作伙伴的信任关系，从而提升企业的韧性和稳定性。⑥战略规划应注重持续创造价值和满足客户需求。专精特新企业需要不断关注客户的需求和反馈，不断创新和改进产品或服务，提供有竞争力的解决方案。通过持续创造价值和提供优质的客户体验，企业可以提高客户忠诚度，抵御市场竞争的压力。

2.税务管理与纳税筹划

通过有效的税务管理与纳税筹划，专精特新企业能够降低税务风险，减轻税负，优化资金利用，提升盈利能力，保护企业的财务稳定性，增强企业的韧性和适应能力，为可持续发展奠定良好的基础。

专精特新企业需要遵守税法和税务规定，建立健全的税务管理体系，确保纳税合规。遵守税收法规能够减少企业面临的法律风险，维护企业的声誉和可持续发展。通过合理的纳税筹划，专精特新企业可以最大限度地利用税收优惠政策来减轻税负，优化企业的资金流动和现金流。这有助于提高企业的盈利能力，增强企业韧性，为企业的创新和发展提供更多的资金支持。专精特新企业应积极识别、评估和管理税务风险。通过建立有效的风险管理机制，及时发现并应对可能存在的税务风险，可以减少潜在的法律纠纷和罚款，保护企业的财务稳定性和声誉。对于涉足国际市场的专精特新企业，国际税务筹划尤为重要。通过合理规划企业的国际税务结构，合法合规地利用国际税收政策，减少跨国经营所面临的税务风险，提升和增强企业在国际市场的竞争力和韧性。

专精特新企业通过税务管理和税务筹划来提升企业韧性可采取以下措施。首先，合理选择企业的税务制度。根据企业的规模、性质和业务特点，选择适合的税务制度，如一般纳税人制度、小规模纳税人制度、高新技术企业优惠政策等。通过合理选择税务制度，可以减轻企业的税负，提升资金的利用效率。其次，税收合理运用优惠政策。积极了解和应用相关税收优惠政策，如研发费用加计扣除、技术转让收入税收优惠等。通过合理规划和管理企业的研发和技术转让活动，最大限度地享受税收优惠政策，减轻税负，增强企业的创新动力和竞争优势。再次，跨地区税务规划。对于在多地区经营的专精特新企业，可以进行跨地区税务规划。合理安排业务结构和资金流动，通过利用不同地区的税收政策差异，减轻整体的税负，提高企业的资金回报率。复次，智能化税务管理系统。引入智能化税务管理系统，利用先进的技术手段进行税务管理和纳税申报。通过自动化处理和准确的数据分析，提高税务管理的效率和准确性，降低和减少税务风险和误差。最后，进行预防性税务筹划。专精特新企业应具备预防性的税务筹划意识，及时了解税务政策的变化，评估税务风险，并根据企业的实际情况进行相应的调整和优化。通过及时地预防性税务筹划，可以减少可能出现的税务风险和不利影响，增强和提升企业的韧性和应变能力。

第八章

专精特新企业韧性与企业长青

第一节　长青企业

一、长青企业的概念与特征

长青企业是指能够在市场竞争中持续保持竞争力并实现长期稳定增长的企业，它们必然具有强大的企业韧性。传统企业理论研究的产出模型通常将企业的产出与各种要素（如劳动力、资本、技术等）的投入进行关联。这种模型假设企业的创新是基于已有的要素和知识，并通过有效的配置和组合来实现产出增长。然而，这种观点忽略了系统创新涌现的重要性。系统创新是通过重新组合和整合现有要素和知识，以产生新的商业模式、价值链配置和组织形式等。它突破了传统企业理论中只将创新视为对要素投入的改进的限制，将创新视为一种整体性的、系统性的变革。传统企业理论更关注于企业内部的资源配置，而忽视了企业与其他相关方之间的互动和合作。系统创新通常需要企业与供应商、合作伙伴、顾客等各方进行协同创新和合作，共同探索新的商业模式和价值创造方式。此外，传统企业理论在一定程度上存在路径依赖的假设，即企业的发展受限于其过去的决策和资源配置。这种假设限制了对系统创新的关注，因为系统创新往往需要企业超越现有的路径，探索新的机会和可能性。随着经济环境的变化和科技进步的推动，系统创新在现代商业中变得越来越重要。企业需要在不断变化的市场中保持竞争力和增长，这就要求它们能够重新组合和整合各种要素和知识，创造出新的商业模式和价值链配置。系统创新使企业能够超越传统的要素配置，开辟新的增长路径。对于长青企业的研究，传统企业理论的产出模型需要加入系统创新的概念，才能更加全面和准确地理解长青企业的竞争优势。长青企业通常具有以下特征，这些特征使它们能够在不断变化的市场环境中脱颖而出，并在业界享有盛誉。

长青企业具备灵活的战略、经营策略和公司架构。它们能够根据经济环境、市场变化和技术进步等因素，及时调整和变革自身的战略方向和运营策略。这种灵活性使长青企业能够适应不断变化的市场环境，抓住机遇，规避风险，保持竞争力和增长。

长青企业能够建立和保持与竞争对手的差异化，使其在市场中具有持久的竞争优势。这一竞争优势源于多个方面，包括创新产品或服务、卓越的品质、高效的运营、较高的品牌认知度等。长青企业通过持续投资于研发和创新，不断推出具有差异化的产品或服务，从而使自己在市场中脱颖而出。

长青企业在经营过程中充分利用和平衡组织、科技、知识、市场资本等要素。它们不仅注重组织机构的优化和灵活性，还注重科技创新、知识管理和市场资本的运用。长青企业将这些要素综合运用，以提高生产效率、创新能力和市场竞争力，实现持续的增长和发展。

长青企业注重持续创新，创新是长青企业的重要驱动力之一。它们不断投资于研发，并与时俱进地应用新的技术、流程和方法。长青企业鼓励员工提出创新想法，建立了一套有效的创新机制，以保持其在市场中的领先地位。

长青企业注重市场反馈和顾客需求，以创新的产品或服务满足客户的期望，并在竞争激烈的市场中占据有利地位。

长青企业在边界管理上较为灵活。虽然传统企业通常有明确的边界，但长青企业倾向于形成虚拟边界。它们通过与外部合作伙伴建立紧密的合作关系，在市场营销、产品研发和人力资源管理等方面获得来自外部的促进因素。这种虚拟边界的建立使长青企业能够快速响应市场需求、创新产品和服务，并吸纳外部的专业知识和资源。

长青企业具备高度的适应能力。市场环境和顾客需求的变化是不可避免的，长青企业能够灵活地适应这些变化，它们不断监测市场动态，了解消费者的需求变化，并快速调整战略、产品和服务，以满足市场的需求。长青企业善于抓住市场机会，及时做出反应，从而保持竞争优势。

长青企业的公司治理结构具有动态性、异质性和柔性。它们采取灵活的公司治理机制，允许不同的利益相关方参与决策和管理。

长青企业注重权力下放和信息共享，鼓励创新和多样性。这种动态、异质和柔性的治理结构使长青企业能够适应变化、吸引优秀的人才，并更好地满足市场需求。

长青企业拥有优秀的领导和管理团队。成功的长青企业需要有一支优秀的管理团队，他们具备良好的战略眼光和卓越的执行能力。这些领导者能够制定明确的战略目标，并与员工分享愿景和目标，激励员工创新和努力工作。长青企业注重员工培训和发展，鼓励员工的个人成长，并为他们提供良好的工作环境和发展机会。

二、长青企业对我国经济社会发展的意义

长青企业对国家经济社会发展具有重要的意义，其影响体现在多个方面。

首先，促进经济增长和增加就业机会。长青企业作为具有持续竞争力和增长能力的企业，能够为国家创造更多的就业机会和推动经济增长。长青企业在不断创新和发展的过程中需要不断拓展业务范围、提升产能，因而需要吸纳更多的员工，为社会创造就业机会。长青企业的成功往往伴随着产业链的发展，推动相关产业的繁荣，进一步带动经济的良性循环和可持续发展。例如，苹果公司推出了跨时代的苹果手机，成功推动了整个供应链中的各个环节的发展，包括芯片制造商、零部件供应商、物流公司等，为国家创造了大量的就业机会。

其次，促进技术创新和竞争力提升。长青企业注重科技创新和知识管理，通过引入新技术、研发新产品和提升生产效率，推动国家的技术进步和产业升级。长青企业在研发和创新方面投入大量资源，持续不断地推动技术的进步。这不仅提高了企业自身的竞争力，还对整个国家的技术水平和国际竞争力产生了积极影响。长青企业的创新活动促进了技术的传播和转化，推动了相关行业和国家经济的创新能力和竞争力的提升。例如，比亚迪具有长青企业的潜在资质，在中国电动汽车领域的技术创新和市场推动中，引领了整个汽车行业的转型，促进了清洁能源的发展，提升了国家在新能源汽车领域的竞争力。

再次，保障社会稳定和福利提升。长青企业在经营过程中注重员工福利和社会责任，为员工提供良好的工作环境、培训发展机会和合理的薪酬待遇。长青企业重视员工的职业发展和个人成长，通过培训和激励机制，

激发员工的创造力和积极性。长青企业还积极参与社会公益事业，关注环境保护和社会责任。它们通过采取可持续发展的经营模式和环保措施，减少对环境的影响，并推动绿色产业的发展。长青企业在社会责任方面的表现，不仅提升了企业的社会形象和声誉，也对社会稳定和福利提升产生了积极影响。例如，谷歌公司积极参与可再生能源项目，努力减少碳排放，为保护环境和应对气候变化做出了重要贡献。

复次，促进企业和国家形象提升。长青企业通常具有较高的品牌知名度和良好的企业形象，代表了国家经济的实力和创新能力。这些企业在国内外市场上的成功，能够提升国家的品牌形象和竞争力，为国家带来更多的商机和合作伙伴。长青企业的成功案例和品牌影响力，吸引了国内外投资和合作机会，推动了国家与其他国家的交流和合作。这对于国家的经济发展和国际地位的提升具有重要意义。例如，中国的互联网巨头阿里巴巴和字节跳动，凭借其强大的品牌影响力和创新能力，为中国在全球科技领域树立了良好的形象，推动了国家在全球数字经济中的地位提升。

最后，提升创业创新氛围和人才吸引力。长青企业的成功案例和创业创新精神，能够激发社会创业创新的热情，形成良好的创业创新氛围。长青企业为国家培养和留住人才，推动人力资源的优化配置和人才流动。它们提供了良好的创业平台和机会，吸引了大量的优秀人才。这不仅有助于培养创新人才和技术专业人才，而且推动了人才的流动和知识的传递。长青企业的存在和成功案例，激励着更多的人投身于创业创新的道路，为国家的创新能力和经济发展注入新的活力。

综上所述，长青企业不仅为经济增长、就业机会、技术创新和竞争力提升做出了贡献，还关注员工福利、社会责任和环境保护，推动社会稳定和福利提升。因此，应科学引导优秀的专精特新企业向长青企业发展。

第二节 企业韧性对企业长青影响机制分析

高韧性企业在面对外部冲击、变化和不确定性时，能够快速适应、调整和恢复，并保持持续发展的能力，企业韧性对于促进企业成为长青企业具有重要的作用。企业韧性是一个综合性的因素，由多个细分因素构成，它是企业成为长青企业的必要条件之一。本节从企业韧性的来源因素分析其对企业长青的影响机制。

一是战略敏捷性。高韧性企业具备快速识别市场变化和趋势的能力，能够及时获取和分析外部信息，并将其转化为战略的决策依据。通过密切关注市场和行业的动态，高韧性企业能够捕捉到变化的信号，预见可能出现的风险和机遇。一旦识别到市场变化，高韧性企业能够迅速调整战略方向，以适应新的市场需求和竞争环境。它们善于灵活应对市场的变化和不确定性，通过调整产品组合、目标市场或业务模式等，保持竞争力，并抓住新机遇。

二是创新能力。创新是长青企业的关键特征，而高韧性企业具备强大的创新能力，能够不断推出新产品、新服务和新商业模式，从而实现持续的竞争优势和适应市场需求的能力。韧性企业注重技术创新，积极引入和应用新的技术和工具，以改善产品和服务的质量、效率和功能。它们投入资源和精力进行研发和创新，不断寻求新的解决方案和技术突破。通过技术创新，高韧性企业能够满足不断变化的市场需求，并保持竞争优势。除了技术创新，高韧性企业还注重组织和管理创新。它们致力于建立灵活的组织结构和流程，以促进跨部门合作和知识共享。高韧性企业鼓励员工提出创新想法，激发创造力，并建立适应变化的文化氛围。通过组织创新，企业能够更好地应对市场的变化和挑战。高韧性企业注重与顾客的紧密互动，以深入了解他们的需求和期望。它们通过市场调研、顾客反馈和洞察力等手段，洞察市场的变化和趋势。基于这些洞察，高韧性企业能够创造出更具竞争力的产品和服务，以满足顾客的需求，并快速响应市场的变化。高韧性企业意识到创新不仅来自内部，还来自外部的合作伙伴、创业公司和研究机构。它们积极建立创新生态系统，与不同领域的合作伙伴合作，共同开展研发、创新和市场推广。通过与外部合作伙伴的协同创新，高韧性企业能够更快地引入新的技术和思维，加快和拓展创新的速度和广度。高韧性企业鼓励员工进行持续学习和个人发展，以应对快速变化的市场环境。它们注重培养员工的创新思维和能力，提供必要的培训和资源支持，激发员工的创新潜能。高韧性企业通过培养创新文化和创新意识，使每个员工都成为创新的推动者和实践者。它们鼓励员工积极参与创新活动，提供创新奖励和认可机制，激励员工提出新的想法和解决方案。

三是资源多样性。高韧性企业拥有多样化的资源，包括人力资源、财务资源、技术资源和合作伙伴关系等。这种资源多样化使企业能够在面对挑战和不确定性时，利用不同的资源来应对和适应。多样化的资源分散了风险，提高了企业的生存能力。不同背景、技能和经验的员工能够提供不同的观点和解决问题的能力，增强企业在面对挑战时的灵活性和适应性。多样化的人力资源使企业能够更好地适应市场的变化、应对挑战，并制定创新的解决方案。高韧性企业具备多样化的财务资源，包括现金流、融资渠道和投资组合等。多样化的财务资源使企业能够在经济不景气或市场波动时分散风险，并保持业务的连续性。例如，企业可能拥有稳定的现金流和储备资金，以应对突发事件或经济衰退的冲击。此外，多元化的投资组合可以降低企业对特定市场或行业的依赖，提供更好的抗风险能力。高韧性企业关注拥有多样化的技术资源和创新能力，包括研发实力、技术专利、数据分析能力等。多样化的技术资源使企业能够灵活应对市场和行业的变化，推出具有竞争力的产品和服务。企业可以利用不同的技术资源来应对技术的快速变革，探索新的商机，并适应客户需求的变化。高韧性企业重视建立多样化的合作伙伴关系。与不同行业、领域的合作伙伴合作可以带来更广泛的资源和知识共享。多样化的合作伙伴关系使企业能够从外部获取新的想法、技术和市场洞察，加快和拓展创新的速度和广度。此外，合作伙伴关系也可以提供更广泛的市场渠道和客户基础，降低企业的市场依赖性。

四是供应链弹性。高韧性企业建立多元化的供应商网络，与多个供应商建立长期合作关系。这种多元化的供应商关系可以减轻企业对单一供应商的依赖，降低因供应链中的任何一环受到影响而导致生产中断或延迟的风险。当某个供应商面临问题时，高韧性企业可以迅速寻找替代供应商，确保供应链的连续性。高韧性企业在供应链中建立备货和备用生产能力。通过合理的库存管理和预留生产线，企业可以在突发情况下快速响应，并满足市场需求。备货和备用生产能力可以降低供应链中的风险，并确保产品及时交付。高韧性企业注重提高供应链的透明度，它们利用信息技术和数字化工具来跟踪和监控供应链中的各个环节。通过实时数据和信息共享，企业可以更准确地了解供应链的状况，及时发现潜在的风险和问题，并采取相应的措施进行调整和应对。高韧性企业具备灵活性和弹性，能够快速调整供应链的布局和流程。当市场需求、供应条件或竞争环境发生变化时，企业可以迅速做出反应，重新评估供应链的组织结构，调整供应商关系、物流渠道和生产流程等。这种灵活性使企业能够更好地应对不确定性和风险，保持供应链的稳定性和高效性。高韧性企业制订全面的风险管理和应急计划，针对供应链中的各种风险制定相应的措施和预案。它们识别和评估供应链中的潜在风险，包括自然灾害、政治不稳定、原材料价格波动等，并采取相应的措施来降低和应对这些风险。高韧性企业注重持续的供应链优化和改进，它们不断评估供应链的性能，并寻求优化和改进的机会。通过供应链数据的分析和反馈，企业能够发现供应链中的瓶颈和问题，并采取相应的措施来提高供应链的效率、降低成本和增强灵活性。

五是品牌声誉和客户关系。高韧性企业注重建立良好的品牌声誉，它们通过提供高品质的产品和优质的服务，以及积极履行社会责任，赢得客户的认可和信任。品牌声誉是企业在市场中的形象和信誉，它代表着企业的价值观、质量标准和商业道德。拥有良好的品牌声誉使企业在市场竞争中更具吸引力，能够吸引更多的客户和合作伙伴。高韧性企业注重建立紧密的客户关系。它们关注客户的需求和反馈，并积极与客户进行沟通和互动。通过建立持久的客户关系，企业能够了解客户的喜好和需求变化，及时调整产品和服务，保持与客户的紧密联系。客户关系的建立不仅能够增加客户的忠诚度，还能够获得口碑传播和重复购买，为企业带来稳定的收入和较高的市场份额。高韧性企业通过提供高品质的产品和优质的服务，赢得客户的忠诚度。客户忠诚度是客户对企业的信任和依赖程度，他们愿意持续购买企业的产品和服务，并愿意推荐给他人。高品质的产品和优质的服务能够满足客户的期望，并超越竞争对手。通过提升客户的品牌忠诚度，企业能够保持所占据的市场份额，减少客户流失，并获得更多的口碑和推荐。高韧性企业在面对品牌危机时，能够有效地管理和应对。品牌危机可能是产品质量问题、负面媒体报道或社交媒体风波等。高韧性企业凭借其建立的良好品牌声誉和紧密的客户关系，能够更快地恢复声誉、处理危机，并与受影响的客户进行积极沟通和解决问题。这种危机管理的能力有助于减轻品牌形象受损的影响，保护企业的声誉和市场地位。

六是领导层能力和组织文化。高韧性企业的领导层具备卓越的领导能力，他们能够理解和把握企业的愿景和战略目标，并将其传达给企业的各个层面。他们具有坚定的决心和韧性，能够在不确定和动荡的环境中保持冷静和稳定。他们能够为企业设定清晰的目标，并制订相应的行动计划来实现这些目标。卓越的领导能力使企业能够有效地应对变化和挑战，保持战略的连贯性和执行力。高韧性企业的领导层鼓励员工发挥创造力和创新精神，他们理解创新对企业长期成功的重要性。他们提供支持和资源，建立积极的创新文化，鼓励员工提出新的想法和解决方案。他们促进团队合作和知识共享，打破部门之间的壁垒，促进跨功能和跨团队的合作。这种创造力和创新精神的鼓励使企业能够不断推出新产品、新服务和新商业模式，保持竞争优势和市场领先地位。高韧性企业的领导层建立了积极的组织文化，这种组织文化支持和激励员工在变化和不确定性的环境中展现韧性。在这样的组织文化中，员工被鼓励承担责任、勇于面对挑战并追求卓越。领导层通过示范和激励激发员工的潜力，建立了一种积极、开放和富有创造力的工作环境。在高韧性企业中，组织文化强调团队合作、知识共享和学习文化。领导层鼓励员工之间相互合作和协作，打破部门之间的壁垒，以实现企业的整体目标。他们创建学习型组织，鼓励员工不断学习、成长和适应新的挑战。这种积极的组织文化为员工提供了良好的工作氛围，激发了员工的创造力和积极性，使他们更有能力应对变化和挑战。另外，高韧性企业的领导层注重建立强大的沟通和信息共享机制。他们与员工保持密切的沟通联系，及时传达重要信息、企业的战略和目标，以及变化的情况。这种开放和透明的沟通有助于建立信任关系，增强员工对企业的归属感和责任感。同时，领导层还鼓励员工之间信息共享，让知识和经验得以广泛传播，促进企业内部的学习和创新。

综上所述，高韧性企业的发展和企业长青之间存在密切的关联。通过综合运用多种因素和策略，高韧性企业能够提高自身的适应能力、创新能力和竞争力等，从而实现持续的发展和长青。

第三节　推动专精特新企业成为长青企业的对策建议

一、翻越周期

企业翻越周期指的是企业尽可能地不受经济周期、产业周期和产品周期的影响，这也是长青企业的一个典型特征。尽管完全摆脱这些周期的影响几乎是不可能的，但企业可以采取一些策略和措施来减轻其负面影响，保持相对稳定和可持续的发展。

专精特新企业应该深入了解目标客户的需求、偏好和购买行为。通过市场调研、消费者访谈、数据分析等方法，了解消费者的需求演变和新兴趋势，包括对消费者的购买决策过程、渠道选择、产品特性偏好等方面的研究。通过深入了解消费者，企业能够更准确地把握市场机会和风口。技术创新是驱动市场变革和新兴产业的重要力量。企业应该密切关注技术领域的发展，了解新技术的应用和影响。这可以通过与科研机构、技术供应商、行业专家等合作，参与行业会议和展览，以及阅读相关研究报告和期刊来实现。通过跟踪技术创新，企业可以及时发现新兴市场和趋势，并在风口出现时做好准备。政策变化往往对市场产生重大影响，尤其是在涉及新兴产业和创新领域的情况下。企业应该关注政府的政策导向、法规变化和财政支持等方面。这可以通过与政府部门、行业协会等建立合作关系，参与政策制定和倡导过程，以及关注相关新闻和政策文件来实现。了解政策变化可以帮助企业把握业绩突破的机会，并制订相应的战略和计划。企业可以利用大数据分析和预测模型来评估市场趋势和未来发展趋势。通过收集和分析大量的市场数据、消费者行为数据、竞争数据等，企业可以发现潜在的机会和趋势。数据分析可以帮助企业识别市场的增长点、关键驱动因素和变化趋势，从而为企业把握风口提供重要参考。企业应该进行产业洞察和前瞻性研究，深入了解所在行业的竞争格局、关键趋势和未来发展方向。这可以通过行业报告、行业研究机构的分析、专家观点和行业会议等方式来实现。通过对产业的深入了解，企业可以把握行业的脉搏，发现新兴的市场机会。建立广泛的创业网络和合作伙伴关系，是增强把握风口能力的重要方面。与其他创业者、行业专家和投资者建立联系，参与创业社区和行业组织的活动，企业可以获得更多的信息和洞察力。此外，积极寻求合作伙伴关系，与具有相关资源和专业知识的合作伙伴合作，可以增强企业的能力和资源，共同抓住风口。企业需要建立快速决策和灵活组织的能力，以便在风口出现时能够迅速行动，包括减少决策层级、提高信息流通效率、灵活调整组织结构和流程等。敏捷的决策和灵活的组织结构可以使企业更加敏锐地捕捉市场机会，快速调整战略和行动计划。

为了增强专精特新企业翻越周期的能力，企业应该保持对市场动态的敏感度，通过市场研究、创新、合作伙伴关系等手段，及时获取并应对市场变化，抓住机遇，实现可持续发展。同时，企业应该培养创新意识和决策能力，建立强大的品牌声誉和客户关系，以及加强对产业和政策的洞察力，以确保企业不仅能够适应变化，还能主动制造和引领市场热点。

二、持续性学习

专精特新企业的持续性学习是指不断更新和提升知识、技能和能力，以适应不断变化的市场和业务环境。持续性学习产生的两个主要效果是企业的持续性创新和可持续竞争力，这也是实现企业长青的两个核心要素。

1. 持续性创新

专精特新企业的持续性创新是指在特定领域或行业中，通过持续地进行技术创新、业务模式创新和市场创新，保持持续的竞争优势和创新领先地位。这种创新不是一次性的，而是通过不断地努力和投入，持续地推出新的产品、服务和解决方案，以满足市场需求和客户期望。

专精特新企业在特定领域具备深厚的技术专长和知识积累，通过持续地进行研发和技术创新，推出具有竞争优势的新产品和技术解决方案，包括不断改进现有技术、探索新的技术领域和应用，以保持技术的领先地位。专精特新企业通过不断调整和优化自身的业务模式，寻找新的商机和创新路径，如开发新的销售渠道、建立合作伙伴关系、创新营销策略等。通过创新业务模式，企业可以实现效率提升、降低成本、拓展市场份额和增加利润。专精特新企业应密切关注市场变化和客户需求，不断研究和分析市场趋势，并快速响应和调整自身的产品和服务，如推出新的产品线、定制化解决方案、针对特定市场细分的定位等。通过市场创新，企业可以满足客户的个性化需求，并在市场竞争中保持竞争优势。专精特新企业应注重建设创新型组织，鼓励员工提出新的想法和创新，并为其提供支持和资源如建立创新团队、设立创新奖励机制、培养创新文化等。通过组织创新，企业可以激发员工的创造力和创新潜力，推动持续的创新和进步。建立鼓励创新的企业文化和价值观是实现持续性创新的基础，包括培养员工的创新意识和创造力，鼓励他们提出新想法、尝试新方法，并为创新付诸行动提供支持和奖励。企业应该鼓励员工持续学习和个人发展，营造终身学习的文化氛围。这可以通过提供培训和学习机会、设立内部知识共享平台、鼓励员工参与外部学习活动等方式来实现。通过建立终身学习的文化，企业可以激发员工的学习热情和创新能力，促进组织的成长和发展。

专精特新企业的持续性创新需要企业具备长期的战略规划、持续的研发投入和灵活的市场反应能力。它们不断追求技术领先、持续推动满足市场需求和客户导向的创新，通过与客户的紧密合作和客户的反馈，不断改进和优化产品和服务，以满足不断变化的市场需求。

2.可持续竞争力

专精特新企业的可持续竞争力是指，企业在特定领域内建立和保持持久的竞争优势，并能够长期稳定地在市场上占据领先地位。这种竞争力不是仅依赖于单一的技术、产品或服务，而是通过多个要素的有机结合形成，以满足市场需求、超越竞争对手，并实现持续的业绩增长。

专精特新企业形成可持续竞争力的关键在于以下几个方面。一是专业化和差异化。专精特新企业应该通过专业化的产品或服务提供与众不同的价值。它们在特定领域内拥有深厚的专业知识和经验，并通过不断的研发和创新，提供独特的解决方案。这种差异化的竞争策略可以使企业在市场上脱颖而出，建立起独特的品牌形象和竞争优势。二是持续的技术创新。专精特新企业必须持续进行技术创新，不断提升产品或服务的质量和性能，并满足市场的不断变化和升级需求。通过持续的研发投入和创新实践，企业可以保持技术上的领先地位，提供更具竞争力的产品或服务，增加市场份额和提高客户忠诚度。三是客户导向和市场敏捷性。专精特新企业应该深入了解客户需求，不断改进产品或服务以满足客户的期望。它们通过与客户的密切合作和客户的反馈，快速响应市场变化，调整产品或服务的定位和特点。市场敏捷性使企业能够及时把握市场机会，快速适应竞争压力，并提供有竞争力的解决方案。四是知识管理和学习能力。专精特新企业应该重视知识管理和学习能力的培养。它们鼓励员工持续学习和专业发展，建立知识分享和沟通机制，促进团队协作和知识创新。通过不断学习和积累知识，企业可以迅速适应变化的环境，保持技术在市场中的领先地位。五是供应链管理和合作伙伴关系。专精特新企业应该重视供应链管理和建立良好的合作伙伴关系。它们与供应商等合作伙伴之间建立紧密的合作关系，共同推动创新和持续改进。企业可以通过优化供应链流程，提高物流效率和产品质量，从而降低成本、提高交付能力，并保持持续的竞争优势。六是组织文化和人才管理。专精特新企业应注重建立积极的组织文化和有效的人才管理。它们鼓励员工创新和创造，并提供良好的工作环境和发展机会。通过建立高效的团队合作和知识共享机制，企业能够充分激发员工的潜力，提高学习型组织的创新能力和竞争力。七是品牌声誉和客户关系。专精特新企业注重建立良好的品牌声誉和客户关系。它们通过提供高品质的产品和优质的服务，赢得客户的信任和忠诚度。同时，积极维护良好的品牌形象和客户关系可以帮助企业巩固市场份额，提高市场忠诚度，并形成可持续的竞争优势。

专精特新企业形成可持续竞争力的关键在于整合和平衡多个市场要素，以不断提升企业的核心能力和竞争优势。通过在持续创新、客户导向、市场敏捷性、知识管理、合作伙伴关系、组织文化和品牌声誉等方面的努力，企业可以在竞争激烈的市场中实现持久的成功和发展。同时，企业需要保持战略的长远视野，不断适应变化的市场环境，及时调整战略和业务模式，以确保可持续竞争力的发展。

三、环境、社会和公司治理（ESG）框架

ESG 代表着一种融合多利益相关方诉求的可持续发展理念，目的在于推动企业提升社会责任和实现可持续发展。ESG 是环境（Environmental）、社会（Social）和公司治理（Governance）的缩写。它是一种评估企业综合表现的框架，用于衡量企业在环境、社会和治理方面的表现和影响。环境因素涉及企业对自然资源的利用、环境保护、碳排放和气候变化等方面的表现。评估企业的环境绩效的指标包括能源效率、废物管理、污染控制、对可再生能源的使用和环境可持续性的考虑等。社会因素关注企业与其员工、供应商、客户、社区以及其他利益相关方之间的关系。它包括员工权益与福利、劳动关系、人权、多样性和包容性、消费者权益、社区关系以及产品和服务的社会影响等。公司治理是指企业的管理结构、决策过程和内部控制体系。评估公司治理方面的表现包括董事会的独立性、透明度和问责制度、内部控制、财务报告的准确性、股东权益保护等。

ESG 的概念最早源于社会责任投资，正式提出可以追溯到 2004 年联合国发布的"Who Cares Wins"报告。该报告提出了以下建议：在适当的情况下，要求分析师更好地将环境、社会和公司治理（ESG）因素纳入其研究中，并以创造性和思考性的方式进一步发展成必要的投资知识、模型和工具。随后，于 2006 年成立联合国负责任投资原则组织（UN PRI），鼓励将环境、社会和公司治理等因素纳入投资决策，以建立既具有经济效益又可持续发展的金融体系。在全球应对气候变化、保护生物多样性等重大议题的推动下，ESG 理念得到了快速传播和推广实践。ESG 生态体系主要由 ESG 信息披露、ESG 评级、ESG 投资等构成。目前，欧盟国家、美国、新加坡、中国香港等国家和地区已经制定出 ESG 信息披露制度与规范等，其中包括 ESG 强制披露政策和半强制披露政策。总的来说，在"百家争鸣"的背景下，全球需要建立一个统一的、综合的信息披露框架，这也成为全球 ESG 信息披露重要的发展方向。然而在中国，ESG 发展相对较晚，过去 20 年主要以社会责任为主导；随着"双碳"目标的提出，ESG 理念迅速传播，中国正逐步从"社会责任时代"迈入"ESG 时代"

专精特新企业增强企业韧性和实现企业长青的关键是将 ESG 原则融入

企业的战略和运营中，以实现可持续的发展。首先，企业可以关注环境方面的因素。通过采用环保技术和可持续的资源利用方式，企业可以降低环境方面的风险，提高资源效率，并减少对生态系统的负面影响。这不仅有助于减少环境污染，还能提高企业形象，获得消费者和投资者的认可。其次，企业可以关注社会方面的因素，包括关注员工福利、人权、劳工权益、社区参与等。通过建立公平正义的工作行为、提供培训和发展机会、支持社区发展等举措，企业可以吸引和留住优秀人才，建立良好的企业文化，增强与利益相关者的合作关系。最后，企业还应关注公司治理方面的因素。企业应建立透明、负责任的治理机制，确保企业决策的合理性和可持续性，如建立有效的监督机制、制定行业和道德规范、保护投资者权益等。良好的公司治理有助于增强企业的信任度，吸引更多的投资和合作伙伴。通过将 ESG 原则融入企业的战略规划、业务决策和日常运营中，专精特新企业可以提高韧性，减少风险，并实现企业长青。此外，企业还可以通过定期进行 ESG 评估和报告，向利益相关者展示其 ESG 绩效，增强透明度和信任度。专精特新企业应积极参与 ESG 投资和相关倡议，与 ESG 投资者和社会责任机构合作，共同推动可持续发展的实现。这不仅可以获得额外的资金支持，还能获得专业的 ESG 指导和最佳实践，从而不断提升企业的韧性和竞争力。

总之，专精特新企业可以通过利用 ESG 框架来提升韧性和实现企业长青，从而在面对不断变化的商业环境中保持竞争优势，并为可持续发展做出积极贡献。

第九章

专精特新企业韧性提升案例研究

第一节 恩捷股份

一、专精特新属性分析

云南恩捷新材料股份有限公司（以下简称恩捷股份）是一家起初专注于包装印刷业务的公司。1996 年，董事长李晓明回国创办了云南红塔塑胶有限公司，专注于经营 BOPP 烟膜业务；10 年后，李晓明家族收购了玉溪创新工贸，并于 2012 年完成股权改革后将公司更名为云南创新新材料股份有限公司。2016 年 9 月，公司在深交所上市，股票名称为"创新股份"，主要从事传统的包装业务，包括 BOPP 膜、无菌包装、特种纸、烟标等领域。企业的转折点发生在 2018 年，公司收购了上海恩捷公司 90.08% 的股权（上海恩捷也是由李晓明家族创立的），并更名为"恩捷股份"，正式进军锂电池隔膜市场。同年 11 月，又收购了江西通瑞公司，进一步扩大了湿法隔膜业务。2019 年 5 月，公司从外部第三方购买了深圳清松公司 100% 的股权。2020 年 3 月，完成了对苏州捷力公司 100% 股权的收购，拓展了 3C 领域湿法隔膜业务。同年 12 月，完成了对纽米科技公司 76.36% 股权的收购，进一步拓展了 3C 和两轮电动车湿法隔膜市场。2020 年 11 月 13 日，恩捷股份被授予国家级专精特新"小巨人"称号，成为第二批获得此称号的公司之一。

恩捷股份的股权相对集中，由李晓明家族实际控制。具体而言，截至 2023 年 3 月 31 日，李晓明家族的持股情况如下：李晓明本人持有 14.14% 的股份，玉溪合益投资（完全由李晓明家族控股）持有 13.39% 的股份，Sherry Lee 持有 7.99% 的股份，李晓华持有 7.50% 的股份。此外，李晓明家族成员通过公司股东合益投资、合力投资以及上海恒邹间接持有公司 15.49% 的股份。恩捷股份的隔膜业务由子公司上海恩捷主导，其下属子公司包括珠海恩捷、苏州捷力、无锡恩捷、江西通瑞，均为上海恩捷的全资控股子公司。BOPP 薄膜的生产主要由云南红塔塑胶有限公司承担，而纸张板块的生产主要由云南德新纸业负责。

在 2022 年，恩捷股份发布了一项股权激励计划，旨在将公司发展与核心管理人员、技术专家以及业务骨干绑定。根据该计划，激励对象有望获得总计不超过 317.0874 万份的股票权益，占公司股本总额的 0.36%。其中，股票期权为 158.5437 万份，行权价格为每份 265.36 元；限制性股票为 158.5437 万股，授予价格为每股 64.48 元。股票期权的行权条件基于 2021 年营业收入作为基数，要求 2022 年、2023 年和 2024 年的营业收入分别不低于基数的 150%、180% 和 210%。关于成本摊销方面，公司于 2022 年 5 月 9 日授予了限制性股票。预计 2022 年至 2025 年限制性股票的成本摊销约为 8344 万元、8040 万元、3142 万元和 743 万元，总计约 2.03 亿元。预计 2022 年至 2025 年股票期权的成本摊销约为 2466 万元、1884 万元、930 万元和 130 万元，总计约 5410 万元。

根据恩捷股份的发展历程和主营业务的特征，对其专精特新属性进行以下分析。首先，恩捷股份在锂电池隔膜市场的专业优势体现在其持续的研发和创新能力上。公司致力于锂电池隔膜技术的研究和开发，并不断推出具有高性能和高安全性的隔膜产品。通过引进先进的生产设备和工艺技术，恩捷股份能够实现高效、稳定的生产，提供满足市场需求的产品。同时，公司还与科研院所和行业协会等合作，共同推动锂电池隔膜技术的进步和创新。其次，恩捷股份在包装印刷领域的专精特新属性体现在其对高品质包装解决方案的专注和追求上。公司通过引进先进的印刷设备和工艺流程，以及严格的质量管理体系，能够提供卓越的包装印刷服务。恩捷股份注重与客户的合作与沟通，根据客户的需求和市场趋势，提供个性化和创新性的包装设计和印刷解决方案，帮助客户提升产品形象和市场竞争力。最后，恩捷股份在湿法隔膜业务和 3C 领域的专精特新特点还体现在其对市场需求的准确把握和快速响应能力上。公司通过市场调研和客户需求分析，及时了解行业动态和趋势，灵活调整产品结构和供应链，以满足客户的需求。恩捷股份在湿法隔膜和 3C 产品领域的专业能力和市场竞争力得到了广泛认可，公司产品在市场上具有一定的知名度和美誉度。恩捷股份获得国家级专精特新"小巨人"称号进一步证明了公司在特定领域的卓越能力和创新实力。这一荣誉的获得是对公司持续创新和技术突破的肯定，也为恩捷股份在行业内树立了良好的声誉；这一称号的获得将进一步促使公司在技术研发、市场拓展和品牌建设等方面持续努力并取得更大成就。

总体而言，恩捷股份在湿法隔膜业务和3C领域展现出了"专精特新"的特点。公司通过收购和整合相关企业，拥有了专业的技术、丰富的经验和广泛的市场渠道。这使恩捷股份能够满足客户的需求，推动技术创新，并在特定领域中取得竞争优势。同时，公司获得的国家级专精特新"小巨人"称号也进一步证明了其在相关领域中的卓越能力和成就。

二、"强链补链"定位分析

中国新能源汽车电池产业链体系庞杂，涵盖多个设计和生产环节，包括原材料采购、电池生产、组装与整合、市场营销和回收再利用等，其中核心环节是电池原材料的生产。新能源汽车电池正极材料主要包括锂铁磷酸锂、钴酸锂和镍酸锂等，负极材料主要包括石墨和硅基负极材料等，其他主要电池原材料还包括电解液、隔膜和电池包壳等。

电池正极材料将主要影响电池的能量密度、循环寿命和安全性能等特征。目前常用的正极材料包括锂铁磷酸锂、钴酸锂、镍酸锂等。在我国，正极材料的生产通常需要经过矿石开采、精矿提取、化学反应和制粉等工艺环节，由此产生的相关产业链包括锂矿开采、金属提取、正极材料制造和供应等。电池负极材料的功能主要是电量存储和释放电荷，常见的新能源汽车电池负极材料有天然或人造石墨和硅基负极材料等。负极材料的产业链包括天然石墨或石墨矿的开采、石墨精炼和加工、人造石墨的制备以及硅基负极材料的研发和生产等。电解液是电池中的导电介质，它使正负极之间的离子得以传输，这也是实现电池充电和放电过程的关键环节，电解液常见的组成材料是溶剂、盐类和添加剂等。在我国电解液的生产环节包括溶剂和盐类的制备、配方设计和混合等，由此产生相应的产业链是溶剂和盐类原材料的生产和供应等。隔膜的作用是将电池的正极和负极相隔离开，由此防止电池短路和内部离子的交流，常见的隔膜材料包括聚丙烯薄膜（PP）、聚乙烯薄膜（PE）等，在我国电池隔膜的产业链包括材料的制备、薄膜的加工和成型等工艺环节。电池包壳是将电池单体组装在一起并提供保护的外壳结构，通常由金属或塑料材料制成。电池包壳的产业链包括材料的生产、壳体成型和加工等环节，相关产业链还涉及金属或塑料原材料的供应和加工。

在这些环节中，我国拥有较为丰富的矿产资源、材料制备技术和生产能力；同时，我国还加大了对新能源汽车电池产业的支持和政策引导，促进了相关产业链的发展和完善。这些努力为我国新能源汽车电池产业提供了坚实的基础，推动了新能源汽车的迅速发展和普及。但是，我国的新能源电池隔膜技术在发展中存在一些局限性，包括以下几个方面。一是高精尖隔膜技术水平相对滞后。尽管中国在新能源电池隔膜领域取得了一定的发展，但与国际领先水平相比仍存在差距。一些关键技术，如高温稳定性、耐化学腐蚀性、电导率和离子传输等方面，仍需要进一步提升。这限制了中国新能源电池隔膜的性能和可靠性。二是缺乏核心材料自主研发能力。中国在新能源电池隔膜领域依赖进口核心材料，如高性能聚合物和复合材料。缺乏自主研发和生产核心材料的能力可能导致技术壁垒和供应链风险，限制了中国新能源电池隔膜产业的可持续发展。三是生产规模和质量控制的约束。随着全国乃至全球新能源汽车市场的快速增长，对电池隔膜的需求量也在迅速增加。然而，大规模生产对产品质量的管控提出了更高的要求。保持一致的产品质量和性能稳定性是一项技术挑战，需要加强生产工艺和质量管理体系。四是竞争激烈的市场环境。随着全球各个国家和地区对新能源汽车市场的重视提升，电池隔膜领域的竞争也变得日益激烈。中国面临来自国际知名企业的竞争，这些企业拥有先进的技术和可观的市场份额。在这样的竞争环境下，中国新能源电池隔膜技术需要更加注重创新和提升关键核心技术。

恩捷股份在我国新能源电池产业链方面可以起到以下"强链补链"的作用。一是垂直整合和补充环节。恩捷股份积极进行垂直整合，通过收购或合作方式拓展产业链的各个环节。例如，公司通过收购上海恩捷等企业，进军锂电池隔膜市场，从而补充了电池隔膜这一重要环节。此外，公司还积极拓展其他关键环节，如正极材料、负极材料等，以实现产业链的完整覆盖。二是技术创新和自主研发。恩捷股份注重技术创新和自主研发，不断提升自身的技术实力和创新能力。通过持续投入研发资源，公司能够开发出更高性能、更具竞争力的新能源电池材料和技术，从而增强产业链的竞争力和附加值。三是强化合作伙伴关系和供应链管理。恩捷股份与合作伙伴建立了紧密的合作关系，包括与供应商、客户以及其他行业参与者的合作。通过优化供应链管理，公司能够确保原材料供应的稳定性和质量，提高生产效率，降低成本，并确保产品质量和交付的可靠性。四是打造国际化布局。恩捷股份积极拓展国际市场，打造国际化的产业布局。通过在国际市场设立分支机构、建立合资企业或收购海外企业，公司获得了更多的市场机会和资源；同时，加强与国际知名企业的合作，提升在全球新能源电池产业链中的地位和竞争力。

三、企业韧性提升策略

首先，隔膜性能要求高，恩捷股份打破技术壁垒，提升技术。隔膜组件在锂电池中具有较高的技术壁垒，隔膜的性能对电池的界面结构、内阻、容量、循环和安全性能够起到直接影响作用。隔膜的性能指标涵盖了理化特性、力学性能和热性能等方面，其高技术门槛要求能够最大限度地兼顾电池的能量密度和安全性。隔膜行业具有较高的集中度，尤其在湿法隔膜领域已经形成了"一超多强"的竞争格局。对于那些掌握锂离子电池隔膜核心技术、具备自主研发能力的领先厂商来说，他们的竞争优势将得到凸显，市场份额也将继续扩大，从而提高细分行业的集中度。根据市场调研数据统计，恩捷股份在 2021 年国内湿法隔膜市场占有 50.3% 的份额，位居领先位置。另外，中材科技和星源材质等公司也在市场中占据一定份额，但其市场份额均低于 14%。这些数据显示了恩捷股份在湿法隔膜领域具备一定的强势地位。该公司通过不断的技术创新和自主研发，成功地掌握了核心技术，使其产品在市场上获得了广泛的认可和应用。同时，恩捷股份还通过与合作伙伴的紧密合作以及优秀的供应链管理，进一步巩固了其在产业链中的竞争优势。随着中国新能源电池市场的快速发展和政府对清洁能源的大力支持，预计恩捷股份在中国新能源电池产业链中的地位和市场份额还将继续提高和扩大。

其次，由于隔膜生产设备的定制化属性很强，恩捷股份具备较高的生产设备设计和改造能力。隔膜厂商一般需要自行设计图纸并确定运行参数，然后发给上游设备商进行设备定制。当生产设备到货时，隔膜生产商会对其进行进一步的改良，并配备其他辅助设备，从而组装成一套完整的生产线。通过持续的调试，隔膜生产商争取使生产线达到最佳状态。对于缺乏自主核心技术工艺的锂离子电池隔膜厂商来说，他们很容易陷入生产设备与工艺不匹配的困境，无法满足高品质隔膜的高精度标准。这会导致交货周期和产品品质难以保证，也对新进入者构成了较高的配套装置设备设计壁垒。同时，生产设备的交付情况对隔膜产品产量的提升周期起到显著的影响作用，供给的稀缺性限制了产能的扩张速度。隔膜生产设备的制造难度较高，再加上海外公司的运输时间长，从下订单到生产设备交付一般需要超过一年的时间。设备进厂后，还需要大约半年进行安装调试，并且后面还有质量认证的流程环节。因此，隔膜的扩产周期通常超过两年。另外，隔膜生产线的扩张速度在很大程度上取决于生产设备的产量情况。目前全球隔膜生产设备的产能有限，甚至有意地去控制产量增加的速度。头部隔膜厂商加紧锁定设备产能，以确保他们能够及时满足市场需求。隔膜生产的设备和工艺的配套关系对于隔膜厂商来说具有重要意义。拥有自主核心技术工艺的厂商能够更好地掌控生产设备的设计和生产线的调试，从而保证隔膜的高品质和交货周期的可靠性。

再次，恩捷股份掌握的湿法隔膜工艺难度大，具有较深的工艺"护城河"作用。隔膜的良品率一般由两个方面构成，分别是收率和 A 品率。在进行隔膜的分切过程中会产生一些边角料，而剩余的完整部分与分切之前的母卷比值被称为收率；任何一道分切或涂覆的环节都可能会产生 A 品和B 品，其中 B 品的质量相对较低，通常会被低价出售或当作废料处理。提高良品率可以减少原材料的损耗，从而降低单位产品的成本，这也是制造业企业进行降本增效的必要途径。然而，良品率的提升在短时间内难以实现，需要较长时间的技术积累和生产工艺的持续改进。恩捷股份在多年的生产实践中不断完善生产技术水平、分切工艺以及提升设备的精度和控制系统。这使恩捷股份的整体良品率不断改善，2015—2019 年，恩捷股份的综合良品率从 53% 提升至 78%，维持在行业领先水平。通过持续的技术改进和工艺优化，公司不断提高隔膜的良品率，有效地降低了废料和损耗，提高了产品的质量和经济效益，这也是恩捷股份致力于提升竞争力和降低生产成本的重要举措。

复次，恩捷股份采取多种措施控制生产成本，包括利用规模效应、优质设备、先进工艺和客户多元化等。在竞争日益激烈的行业环境下，提高生产效率和控制成本的重要性变得越发突出。为此，恩捷股份采取了多项举措来优化生产流程，通过先进设备和充足的优质客户订单，提升单线持续产出效率。此外，恩捷股份还通过提高辅料回收效率等措施来降低生产成本。凭借技术优势，恩捷股份不断改造设备，提高生产效率，进一步降本增效，从而提升产品的综合竞争力。其中，在线涂覆技术是一项重要的举措。之前基膜产线与涂布车间涂覆工序的生产流程是分成两个阶段的，而在线涂覆技术在基膜主线末端直接增加一道涂覆工序，使原来两段式的生产流程整合到了一起。从成本控制的角度来看，这种技术可以实现10%~20%的生产成本节约，从投料到成品的整个生产过程都能得到优化。经过持续多年的研发试验和不断精进，恩捷股份已成功将在线涂覆技术应用于隔膜生产线上。通过引入在线涂覆技术，恩捷股份在生产过程中实现了更高的效率和更低的成本。这项技术的研发应用为恩捷股份提供了新的竞争优势，进一步巩固了其在市场中的地位。恩捷股份将继续致力于技术创新和设备优化，以提高生产能力和产品质量。

最后，恩捷股份布局干法锂电池隔膜与铝塑膜，构造了双元业务增长点。铝塑膜在软包电池的封装过程中扮演着重要的角色，其技术难度是软包电池产业链中最高的环节。铝塑膜的品质直接影响着软包电池的性能和质量，相较于传统的圆柱电池和方形电池，软包电池在能量密度、循环寿命、安全性和灵活性等方面具有一定的优势。在这一背景下，恩捷股份承担了江苏睿捷动力汽车锂电池铝塑膜产业化项目，进一步加强了在软包电池领域的布局。该项目旨在推动铝塑膜技术的发展和应用，提高软包电池的制造工艺和性能水平。通过自主研发和产业化项目的推进，恩捷股份致力于成为软包电池领域的领先企业。该项目的实施将使恩捷股份能够掌握铝塑膜的核心技术，并在软包电池市场上取得竞争优势。通过优化铝塑膜的制造工艺和质量控制，恩捷股份能够提供高品质的软包电池产品，满足市场对于能量密度、循环寿命和安全性的要求。此外，软包电池的灵活性也使其在电动汽车等领域拥有广泛的应用前景。恩捷股份在软包电池领域的布局不仅能够满足当前市场需求，还能够抓住未来电动汽车市场的发展机遇。通过在软包电池铝塑膜产业化项目上的积极布局，恩捷股份加强了自身在新能源汽车电池产业链中的地位，并推动了整个产业链的发展。同时，恩捷股份将继续加大研发投入，不断提升自身的技术水平和创新能力，为软包电池领域的发展做出更大的贡献。

第二节　圣邦股份

一、专精特新属性分析

圣邦微电子（北京）股份有限公司（以下简称圣邦股份）成立于2007年，主要专注于半导体模拟芯片的研发、设计、生产和销售。为了应对芯片行业激烈的市场竞争，自2018年起，圣邦股份开始了一系列的兼并、收购行动。圣邦股份在2018年3月以1086万元的价格收购了大连阿尔法，以扩大其研发团队；同年12月，又收购了钰泰半导体28.7%的股权，从而丰富了其电源管理芯片产品线。2019年，圣邦股份又相继收购了上海萍生和杭州深谙。其中，上海萍生专注于射频集成模拟芯片领域，而杭州深谙则主要涉及信号链类和电源管理类芯片的业务。在2020年和2021年，圣邦股份又相继收购了苏州青新方和上海方泰，进一步丰富了圣邦股份的产品种类，发挥了协同效应。在这一阶段，圣邦股份的产品种类从2018年的16大类、1000余款增长到了当前的25大类超过4000款可销售产品，产品数量的成倍增加也推动了业绩的多渠道增长。2021年7月，圣邦股份获得了国家级专精特新"小巨人"称号，是第三批获得此称号的公司之一。到了2022年，虽然半导体行业景气度下降、宏观经济衰退以及消费者需求显著下降等因素，圣邦股份依靠多样化的产品种类、坚实的科技基础以及严格的产品质量，实现了逆势增长的营业收入。

圣邦股份获得重要奖项的技术有高精度运算放大器芯片系列（2011 年获中国半导体协会等联合颁发的"中国半导体创新产品和技术"奖）、高性能高阶视频滤波放大器产品（2011 年获北京市人民政府颁发的"北京市科学技术奖二等奖"）、多功能低功耗微处理器电源监控芯片（2012 年获中华人民共和国科技部等联合颁发的"国家重点新产品证书"）、高性能高精度运算放大器芯片（2013 年获北京市人民政府颁发的"北京市科学技术奖三等奖"）。圣邦股份的产品连续多年获得奖项和荣誉，有力地证明了其在研发实力和产品竞争力方面的优势。2016 年，圣邦股份又相继推出了 SGM40562 高输入电压电池充电器和 SGM41000 单芯片电池保护芯片。圣邦股份于 2017 年成功在创业板上市。圣邦股份在 2022 年开展了股票期权激励计划，计划向财务总监张绚以及 635 名核心管理人员和技术骨干授予总计 476 万股限制性股票（含预留），占公司总股本的 1.34%。在绩效评估方面，圣邦股份将 2022 年至 2024 年的会计年度营业收入值或营业收入累计值作为考核指标。截至 2022 年，圣邦股份的营业收入达到了 31.9 亿元，同比增长 42.4%，已经超过了预设的目标。圣邦股份的股权激励计划的实施体现了其发展的信心，有助于激发团队的积极性，保持核心人员的稳定，并提升圣邦股份在市场中的长期竞争力。

圣邦股份拥有集中的股权结构，并且管理层长期稳定。截至 2023 年第一季度，圣邦股份的前四大股东是鸿顺祥泰、宝利鸿雅、林林和弘威国际，它们分别持有公司股权比例是 19.4%、8.4%、5.2% 和 4.8%，并且作为一致行动人合计持股达到 37.8%。公司的董事及总经理张世龙完全拥有鸿顺祥泰的股权，是公司的实际控制人；副董事长、副总经理兼董事会秘书张勤完全拥有宝利鸿雅的股权，与张世龙是表兄妹关系；而 Wen Li 完全拥有公司弘威国际的股权，与张世龙先生是夫妻关系。圣邦股份的股权结构集中，大股东一致行动有利于做出维护公司利益和保障公司长远发展的决策。圣邦股份在其他实体中的权益相对简单，香港圣邦和钰泰半导体在 2022 年分别为公司贡献了 1.3 亿元和 1.2 亿元的净利润，其中香港圣邦是圣邦股份的全资子公司；在钰泰半导体中的参股比例是 25.46%。钰泰半导体是中国境内出色的电源管理设计公司，主要从事电源管理芯片产品和解决方案。目前，他们已经拥有 10 类、500 余款在售产品，包括 DC-DC 功率转换器、AC-DC 功率转换器、LED 驱动、电池管理、PMIC、接口保护等，广泛应用于智能电表、安防、机顶盒、路由器、手机、可穿戴设备、移动电源等终端产品，并涵盖工业、消费、通信等多个市场领域。协同发展的联营企业有利于丰富圣邦股份的产品品类，进一步提升其综合产品竞争力。

对圣邦股份专精特新属性的分析如下：一是专业性。作为一家专注于半导体模拟芯片领域的企业，圣邦股份展现出了卓越的专业性。圣邦股份深入研究和了解该领域的行业知识和技术，不断积累经验，并将这些专业知识应用于芯片的研发、设计、生产和销售业务。通过对半导体模拟芯片的深入了解，圣邦股份能够满足客户对于高精度、高性能芯片的需求，并提供专业的解决方案。二是精细性。圣邦股份在产品研发和生产过程中体现了高度的精细性，其对每个环节都仔细地把控，从芯片的设计和布局到材料的选择和生产制造的各个环节，都注重细节，确保产品的质量和性能达到高标准。圣邦股份采用先进的工艺技术和严格的质量控制体系，不断追求卓越，并通过精细的工艺流程和精密的测试手段，确保每一个芯片都符合高品质的要求。三是特色性。圣邦股份在半导体行业中展现出独特的特色。通过兼并收购和内部研发，圣邦股份逐渐建立起多样化的产品线，涵盖了不同领域和应用的芯片产品。圣邦股份的产品以高精度、高性能和可靠性为特色，凭借出色的技术和工艺优势，赢得了市场的认可和口碑。无论是在射频集成电路领域、信号链类 IC，还是电源管理类 IC，圣邦股份都能提供出色的解决方案，满足不同行业的需求。四是新颖性。圣邦股份在技术创新和产品研发方面展现出强烈的新颖性。圣邦股份不断推陈出新，不断改进现有技术，并积极开发新技术，以适应市场的不断变化和客户不断升级的需求。通过持续的研发投入和创新思维，圣邦股份推出了许多新产品和解决方案，不仅满足市场的需求，还引领行业的发展。圣邦股份不断探索新的技术领域，积极参与行业标准的制定，为客户提供具有创新性和竞争力的产品。圣邦股份注重技术创新，并与各类研究机构、高校和行业合作伙伴建立紧密的合作关系，以共同推动半导体技术的创新与发展。圣邦股份还积极关注市场趋势和前沿技术，不断探索新的应用领域，为客户提供更具竞争力和前瞻性的解决方案。

二、"强链补链"定位分析

全球半导体市场规模近年来持续扩大，达到了接近 6000 亿美元的规模，而中国在这一市场中占据着重要地位，占比超过三成。在 2022 年，全球半导体市场经历了较为剧烈的波动。在第一季度，半导体市场的平均月销售额创下历史新高，但到年底时却出现了意外的周期性业绩低迷。根据 WSTS 的数据，全球半导体市场规模在 2022 年同比仅增长了 3.2%，达到了 5801.3 亿美元。中国作为全球最大的半导体市场，其市场规模在 2022 年同比增长超过全球平均水平，达到 6.3%，销售额为 1803 亿美元，占据了接近 1/3 的全球市场。集成电路（IC）是全球半导体产业最大的细分市场，而中国的集成电路市场增速快于全球平均。半导体产品主要分为集成电路、光电子器件、分立器件和传感器四大类，其中集成电路是半导体市场中最重要的细分领域，能够占到半导体全部市场的 80% 左右。2020 年，全球新冠疫情的暴发使数字化和信息化等领域的应用需求大幅增加，再加上芯片在短时间内出现的短缺影响，全球半导体产品出现阶段性的供不应求，导致集成电路市场出现强劲反弹。2021 年，全球集成电路市场规模增长了 28.2%，但是到了 2022 年，集成电路市场规模的同比增速放缓至 3.7%，这主要是需求减弱所致。同时，由于全球各下游产业仍在消化库存，预计截至 2023 年底，全球集成电路市场规模将出现 5.6% 的同比下滑。作为全球集成电路制造和需求的重要地区，中国的 IC 市场近年来呈现逐年上涨的趋势，并且其增速均快于全球市场的增速。中国在半导体产业中积极推进自主研发和创新能力的提升，不断引进先进技术和设备，持续促进产业升级和转型。

芯片产业链中的产品可分为通用芯片和专用芯片。专用芯片是根据特定用户需求和特定电子系统的要求而设计的芯片，主要应用于通信、消费电子、计算机、汽车、工业等特定领域。而通用模芯片包括电源管理芯片和信号链芯片等，在通信、消费电子、工业控制、医疗仪器和汽车电子等领域广泛应用。根据 WSTS 的数据，2021 年全球通用电源管理芯片、通用信号链芯片和专用模拟芯片市场规模分别为 190.5 亿美元、110.2 亿美元和 440.4 亿美元，中国的这三种芯片市场规模分别为 101.8 亿美元、42.6 亿美元和 150.6 亿美元，占据了全球市场 53.4%、38.6% 和 34.2% 的份额。从生产角度来看，大部分电源管理芯片仍由境外厂商所主导，其中欧美厂商占据了八成以上的市场份额，而日本、韩国和中国台湾的企业也占有一定的份额；中国本土电源管理芯片的全球份额不到10%。在国际贸易摩擦不断、国内产业政策支持的大环境下，半导体产业链持续向中国转移。自2013年以来，随着国产替代的推进，中国开始增加自主生产的芯片产品，但到2022年，中国的芯片国产率实际上不足20%，整体国产化进程进展缓慢。然而，未来国产替代的空间依然广阔。2019年起，随着美国政府将华为及其他半导体公司（如中芯国际）列入实体管制清单，并禁止英特尔、高通等企业向华为供货，中国半导体产业的国产替代步伐明显加快。华为引领国内原始设备制造商（OEM）加速引入国产替代方案，预计未来中国半导体多个细分领域市场的增速将持续快于全球平均水平。

圣邦股份在中国集成电路产业链"强链补链"的作用可以体现在以下方面。一是技术创新与研发投入。圣邦股份增加对技术创新和研发的投入，加强自主知识产权的研发和积累。通过持续的技术创新，圣邦股份有望在关键领域取得突破，提高产品的技术含量和附加值，从而增强中国集成电路产业链的竞争力。二是加强产业链协作。圣邦股份与产业链中的其他上下游企业建立良好的合作关系，形成完整的产业链协作体系；与芯片设计、制造、封装测试等环节的企业合作，共同推进产品的研发、生产和市场推广，实现优势互补，进而提高整个产业链的协同升级效应。三是建立研发平台和联合实验室。圣邦股份与多个高校、研究院所等建立合作关系，共同建立研发平台和联合实验室。通过与科研机构的合作，分享资源和技术，加速技术研发和创新成果的转化，推动中国集成电路产业链的发展。四是培养集成电路人才与促进人才交流。圣邦股份加强芯片领域人才培养和引进，建立完善的人才培养体系；通过与高校、研究机构的人才交流和合作，吸引国内外优秀人才加入，提高其研发创新能力和人才队伍素质，为中国集成电路产业链注入新的活力。五是加强国际合作与市场拓展。圣邦股份积极参与国际合作，与国外企业开展技术交流和合作项目；通过与国际市场的对接和拓展，扩大产品的出口规模，提高产品的国际竞争力，促进中国集成电路产业链的国际化发展。通过以上途径，圣邦股份可以在技术创新、产业链协作、人才培养和国际合作等方面发挥作用，推动中国集成电路产业链的整体提升和发展，加速中国半导体产业的崛起和自主创新能力的提升。

三、企业韧性提升策略

为了提升企业韧性，围绕核心技术的多元化产品和市场拓展是圣邦股份提升企业韧性的重要策略之一。除了开发不同领域和应用功能的芯片产品，圣邦股份还进一步扩大产品线，涵盖更多的技术和应用领域；通过与合作伙伴合作，可以探索新的市场机会，开拓新的客户群体。圣邦股份积极参与行业协会和展览会，与行业专业人士进行交流和合作，深入了解市场需求，并及时调整产品策略。在供应链管理方面，圣邦股份进一步加强与供应商的合作关系，建立长期稳定的合作伙伴关系；通过共享信息、资源和技术，可以实现供应链的协同和优化，提高物流效率和原材料供应的稳定性。圣邦股份还制定专项风险管理策略，针对供应链中的潜在风险进行预先规划，如备货策略、多元化供应商和备用物流渠道，以减轻供应链中断的不利影响。为了保持技术领先地位，圣邦股份加大研发和创新投入。他们加强与高校和研究机构的合作，共同开展前沿技术研究和创新项目；此外，引进和培养高级人才，建立专业的研发团队，提升技术创新能力和加快产品研发速度。通过持续的技术创新，他们提升了满足市场不断变化需求的能力，并推出具有竞争优势的新产品。为了快速应对市场变化和突发事件，圣邦股份建立灵活的组织结构和决策机制；采用灵活的管理方法，可以实现快速决策和行动响应，加强了跨部门和跨团队的协作和沟通。圣邦股份还重视培养员工的灵活性和适应性，提高组织的敏捷性和应变能力。在危机管理方面，圣邦股份制订完善的危机管理计划和应急预案；建立专门的危机管理团队，负责监测市场动态、预测潜在风险，并及时采取措施进行应对和处理。通过积极的危机管理，可以降低危机对企业的影响，保护企业的利益和声誉；具体包括建立紧急联系渠道，与政府部门、行业组织和媒体保持密切合作，及时传递信息和回应关切。此外，圣邦股份定期进行危机演练和评估，及时修正和改进危机管理计划，以确保企业在危机发生时能够迅速做出反应并采取有效措施。这些措施将帮助企业更好地适应不确定的商业环境，保持竞争优势，并为可持续发展奠定坚实基础。

第三节　天孚通信

一、专精特新属性分析

苏州天孚光通信股份有限公司（以下简称天孚通信）成立于 2005 年，并在成立 10 年后成功在创业板上市。作为行业领先的光器件整体解决方案提供商，天孚通信目前采取了全球化的网状布局，以苏州为总部研发中心，日本和深圳为研发分支，江西和东南亚为生产基地，美国、深圳和武汉为技术支持分支。在上市之前，天孚通信主要专注于最基础的三类无源产品，包括陶瓷套管、光纤适配器和光收发接口组件。随着上市后的发展，天孚通信逐步完善了无源光器件产品线及有源光器件代工和封装产品线，并向平台化发展。为了拓展相关业务领域，天孚通信在 2020 年收购了天孚精密和北极光电，构建了高速光引擎平台。在整合无源光器件和有源封装能力的基础上，天孚通信进一步向非通信领域延伸，为自身开辟了更广阔的成长空间。2021 年，天孚通信成功入选江苏省高新区的企业，并被工信部公示为第三批专精特新"小巨人"企业之一，获得国家级专精特新"小巨人"的称号。同时，天孚通信的子公司高安天孚光电技术有限公司也荣登国家级专精特新"小巨人"榜单。

根据业务领域的扩展，天孚通信的发展历程可以梳理成三个阶段。

第一阶段是 2005 年至 2015 年，天孚通信以三大类无源光组件为主要产品。起初，天孚通信以陶瓷套管为切入点，并逐步拓展至光纤适配器和光收发接口组件。同时，天孚通信还具备计算机数字控制机床精密金属零件和注塑模具设计能力，成为国内光纤连接细分市场的领军企业。随着市场需求增长和公司市场份额提升的双重推动，天孚通信的收入从 2011 年的 1.1 亿元增长至 2015 年的 2.4 亿元。

第二阶段是 2015 年至 2019 年，天孚通信横向丰富了无源光器件产品线，朝着平台化方向发展。在 2015 年至 2017 年，由于我国 4G 和光纤网络的大规模建设，国内陶瓷套管、光纤适配器和光收发组件的市场需求不断增长。天孚通信通过募投项目无源光器件扩产及升级建设项目，在 2017 年上半年实现了扩产目标，新增的年产能力包括 1.08 亿个陶瓷套管、3000 万个光纤适配器和 4200 万个光收发接口组件。除了三大基础元件的扩产，上市后天孚通信通过内生研发、外部合资和并购等方式，扩充了产品线，增加了隔离器、线缆连接器、光纤透镜、光学镀膜器件和保偏光纤阵列器件等无源光器件的新产品线，同时还提供有源光组件的代工和整体高速光模块的解决方案。在第二个发展阶段中，天孚通信整合核心技术，从产品型向平台型转型升级，发展成为高端无源光器件整体方案提供商和高速光器件封装的原始设备制造商，从而在光通信产业链中占据更高的地位。此外，天孚通信还能提供一体化的解决方案，包括有源光组件的封装和配套服务，以提高对客户需求的响应速度。

第三阶段是 2019 年至今，天孚通信加大对高速光引擎的投资，继续延伸产业链，拓展非通信领域，开拓了新的业务成长空间。在 2020 年 2 月，天孚通信成功完成了 7.86 亿元的定向增发投资，用于建设高速光引擎项目，以满足高速率通信领域和非通信领域的需求。高速光引擎的具体产品包括激光集成芯片高速光引擎和硅光芯片集成高速光引擎，主要针对 400G、800G 市场需求和 5G 市场需求。天孚通信的高速光引擎平台还可应用于非通信领域，如激光雷达和医疗检测等，涵盖光学设计、光波测试、光学冷加工、光学镀膜等。2020 年 4 月，天孚通信收购了天孚精密，获得了高水平的光学透镜模具设计和生产能力。天孚精密是天孚通信和永昶集团在 2016 年合资成立的公司，成立后天孚通信将光通信透镜业务转移到天孚精密之中，永昶集团也将光通信相关的镜头、塑料结构件和金属插针等业务整合进新公司的业务范围。2017 年，天孚精密在日本成立了全资控股公司，并购买了日本 Tsuois Mold 株式会社的资产，这些优质资产具备一流的光学透镜模具设计、开发和制造能力，是国际一流的光模块客户的主要供应商。2020 年 8 月，天孚通信还收购了北极光电，该公司具备高端的镀膜工艺，并在滤光片、WDM 器件、微光学产品等领域有所专长。收购后，北极光电成为天孚通信在华南地区的研发中心和生产基地。天孚通信保留了北极光电在深圳的业务、人员和生产规模，并增加了研发资源的投入，通过江西新厂区向北极光电引入新的产能。这些举措使天孚通信在第三阶段实现了产业链的延伸，并向非通信领域拓展，为其成长提供了更多的机遇。至此，天孚通信已形成十余条产品线的布局，涉及无源光器件和有源光代工封装。其中无源光器件收入占比 85% 左右，无源产品线包括陶瓷套管、光收发接口组件、光纤适配器、数控机床精密金属件、隔离器、光纤透镜阵列、线缆连接器、模具注塑产品线、镀膜及光学元器件产品线、AWG MUX/ DeMUX 产品线、FA/PM 产品线等；有源产品线收入占比呈现上升趋势，目前有源产品线主要包括 OSAODM/OEM 产品线、BOX/TO 封装产品线和光引擎产品线等。

根据天孚通信的业务情况和发展历程，可以对其专业性、精细性、特色、新颖性作如下分析。一是天孚通信在光通信领域具备专业性。天孚通信是业界领先的光器件整体解决方案提供商，其专注于无源光器件的设计、研发和生产，并且通过内部研发和外部合作扩大产品线，包括隔离器、光纤透镜、线缆连接器、光学镀膜器件等。天孚通信在光器件领域积累了丰富的专业知识和经验。二是天孚通信在生产和制造过程中注重精细性，具备数控机床精密金属零件和注塑模具设计能力，这些技术对于生产高质量的光器件至关重要。此外，天孚通信还拥有光学设计、光波测试、光学冷加工和光学镀膜等精细加工技术，确保产品的精确度和性能。三是天孚通信在业界有一些特色。首先，天孚通信在市场上建立了良好的声誉，成为国内光纤连接细分市场的领军企业。其次，天孚通信通过收购和合资等方式扩大业务范围，构建了全球化的研发、生产和技术支持布局。这种特色布局使天孚通信能够更好地满足不同地区和市场的需求。四是天孚通信在业务发展中展现出一定的新颖性。在第三个发展阶段中，天孚通信加大了对高速光引擎的投资，并将应用领域拓展到高速率通信和非通信领域。这种新颖的发展战略使天孚通信能够适应市场需求的变化，并开辟新的成长空间。天孚通信的收购行动也展示了对新技术和新能力的追求，如收购具备高端镀膜工艺的北极光电与拥有光学透镜模具设计和生产能力的天孚精密。

二、"强链补链"定位分析

以光波为载波的通信所用到的零部件可划分为四大类，分别是芯片、有源光器件、无源光器件以及光模块与子系统。在这些器件中光通信器件占据超过一半份额的是有源光收发模块。光器件被划分为有源光器件和无源光器件的根据为是否需要添加外部能源进行工作。有源光器件的主要用途是光电信号的转换，具体的下游应用有激光器件、探测器件、调制器件和集成器件等；而无源光器件能够改变光的传播特性，主要用途是进行光路的连接、分路、交换、隔离、合路和控制等，典型的无源光器件包括光开关、光分路器、光隔离器、光滤波器和光连接器等。

光器件的上游零部件包括光芯片、光组件和光学元件等。在光芯片方面，接口速率达到25G及以上产品的进口依赖度仍然很高，接口速率较低的光芯片如10G及以下的产品则有较高的国产替代率。光学元件和光组件领域的生产销售竞争程度激烈，参与的厂商很多。光器件的产业链下游是光模块厂商，光通信设备厂商、运营商或云厂商会直接采购部分光器件来进行生产。光模块领域的市场集中度较高，国内有六家光模块生产厂商进入全球前十名；主要应用场景集中在电信网络和数据中心领域，运营商和设备商是电信市场的主要终端客户，而数通市场的终端客户则主要是国内和国外的云计算企业。光模块的组成器件是由光收发组件和辅料构成，辅料包括外壳、插针、覆铜板和控制芯片等。光收发组件在光模块中占据的成本最多，超过了七成，主要由光芯片和光学元件构成，辅料则占据光模块总成本剩下的三成。传播速率提高，光模块中对光芯片性能的要求和成本占比也随之提高。光收发组件中，为了实现光电互相转换功能的有源器件占据了光器件成本的八成，剩下的二成主要是各类辅助元器件的成本。所以，通过上述对光模块产业链的分析可知，天孚通信传统业务中所提供的无源光器件产品在光模块物料成本中占比约为15%，占比还不算高。要想提高产业链中自身产品的占比，后续可通过研发推出光引擎设备将产业链贡献占比提升至60%以上。

由于预期多个促进因素的存在，预计未来五年全球光模块产业链市场规模将持续提升。受疫情和新基建政策的影响，2020年电信和数据中心市场的需求旺盛，全年光模块市场的销售规模达到了 80 亿美元，同比提升了 20% 以上。根据预测，到 2026 年全球光模块产业链市场规模将达到 176 亿美元，2021 年至 2026 年的年复合增长率约为 14%。未来的增长主要来自 5G 通信持续的增量部署以及下一代数据中心模块（传输速度有望到达 200G、400G、800G）的大规模应用。其中，销售额占比最大的两个光模块品类预计是疏波、密集分复用光模块和以太网光模块。根据戴尔奥罗集团的统计数据，在 2021 年，全球数据中心的资本支出增长接近 10%，超过了 2000 亿美元。预计 2023 年全球 IT 数据中心支出将达到 2220 亿美元，超过 2022 年的 2120 亿美元。预计到 2026 年，全球数据中心的资本支出将达到 3500 亿美元。2023 年 9 月发布的《智能世界 2030》报告中预测，未来三年内全球超大型数据中心数量将突破 1000 个。美国是拥有数据中心最多的国家，而我国也在快速发展。随着我国"东数西算"工程的正式启动和数字经济的快速发展，国内数据中心的建设也在迅速增长，因此刺激了光模块需求量的增加。中国的"东数西算"工程旨在推动国内数据中心合理布局、供需平衡、绿色集约和互联互通，提升国家整体算力水平、促进绿色技术发展、扩大有效投资和推动区域协调发展。该工程规划建设 8 个算力网络国家枢纽节点以及 10 个国家数据中心集群，以实现"东数西算"循序渐进、快速迭代。为满足高速、高容量数据传输的需求，光模块技术将需要不断创新和升级。随着数据中心的发展，光模块产业链将面临更高的技术要求，包括更高的速率、更低的功耗、更小的尺寸等。这将促使相关企业在技术研发和创新方面进行投入，推动光模块产业链的发展。"东数西算"工程提倡绿色集约和节能减排，通过评价指标体系对数据中心进行绿色评估。这将对光模块产业链产生积极影响，推动光模块制造商在能效方面进行创新，开发更节能环保的产品。

国内光模块企业在全球产业链中的地位持续提升。在 10G 时代，北美光模块厂商主导市场，而在 40G 时代，云厂商转向了"直采模式"，并行封装取代了单通道封装，这导致市场格局发生了变化，中际旭创和自动光学检测机器生产商迎来了行业风口。随着进入 100G 时代，传统的北美光模块厂商在市场中的份额持续下降，国内光模块企业崛起。到了 2020 年，国内的六家光模块厂商进入了全球前十供应商榜单。由于成本压力和市场竞争的加剧，全球光器件厂商重新"洗牌"，许多生产巨头通过收购兼并来扩大规模，而其中多以美国厂商为主导。近年来，随着中国厂商竞争力的提升，也在收购兼并案例中看到了一些中国企业的身影。无源光器件市场和低中端有源光器件领域处于全面竞争状态，而高端有源光器件市场则处于相对竞争的状态。国内光器件生产商数量较多，市场竞争相对分散，由于细分市场规模有限，多数光器件厂商的营业销售规模较小。这主要是因为光器件具有较高的定制化要求，生产过程需要较多的专业人力投入，很难产生规模效应。大部分厂商专注于某些特定品类，因此年收入超过 10 亿元的企业较少。

天孚通信在细分产业链中促进"强链补链"。天孚通信根据客户需求的变化拓展产业链，下游客户主要是光模块厂商。天孚通信的产品布局从基础无源光元件发展到高端无源光器件，再到定制化的高速光引擎完整解决方案，使其自身产品在光模块产业链中的价值占比持续提升，占比从 2% 提升到 20%，再到超过 60%。从产品的价格趋势上来看，产品单价从几毛钱的陶瓷套管到几十元的无源器件和有源代工费，再到上千元的高速光引擎器件。天孚通信收入结构原以无源光器件为主，之后有源光产品线的收入占比持续提升，到 2021 年超过了 8%。有源产品销售收入从 2016 年的 1600 万元增长至 2021 年的 8500 万元，随着高速光引擎产品的销量持续增加，有源产品的收入占比持续提升。境外收入占比呈现出增长的趋势，2018 年 12 月天孚通信成立了美国子公司，有助于提升对境外大客户提供本地化服务的能力。2021 年第一季度，天孚通信的境外销售收入占比已经接近 50%，如果将部分境外客户在境内建厂再采购本土产品的方式考虑在内，实际的外销收入占比还可能更高。天孚通信产品应用领域从电信发展到数据中心市场，早期的三大基础元件可用于电信和数通领域的不同场景，电信市场除了不使用 AWG 和线缆产品，其他产品都会使用到。光纤透镜阵列、线缆连接器和高速光引擎等新产品线主要应用于数据中心市场。目前，数据中心市场已经超过电信市场成为光通信行业的主要驱动力，天孚通信的产品应用领域伴随行业市场结构的升级而优化。

天孚通信从专业人才培养方面推动"强链补链"。天孚通信的人才队伍特点是高素质、国际化和专业化，从而为天孚通信和相关产业链的长期稳健发展提供了坚实的保障。目前，天孚通信拥有一支资深的跨国管理团队和高品质的产品理念，在研发、生产、品质控制、技术、销售、采购和管理等关键岗位上都有高效稳定的团队。在生产制造、工艺改进和自动化设备改造等方面培养了许多熟练的技术员工。天孚通信的董事长曾获得多项荣誉称号，包括"苏州高新区创新创业领军人才""江苏省科技企业家""上市公司十大创业领袖人物"等。天孚通信也获得了多项荣誉，其中包括国家级专精特新"小巨人"企业称号、2020年苏州市质量奖荣誉称号、江苏省隐形冠军企业称号等。天孚通信旗下的产品线和子公司在市场上也享有良好的声誉。天孚通信的股权结构稳定，实际控制人是董事长邹支农和总经理欧洋夫妇，两人的持股合计约为40.5%。天孚通信的大股东是苏州天孚仁和，邹支农和欧洋夫妇通过苏州天孚仁和间接持有公司股权，并且通过苏州追梦人间接持有公司1.23%的股份。在天孚通信上市之前，苏州追梦人投资管理有限公司成立，被当作骨干员工的持股平台。天孚通信实施了股票期权激励计划和限制性股票激励计划，以促进管理层、核心技术人员与股东的利益一致，以实现共同经营发展的目标。2018年发布了股票期权和限制性股票激励计划，设定了公司三年的收入复合年均增长目标接近30%。但是由于部分生产线投产进度不及预期，2019年未能实现业绩目标。2021年1月，天孚通信发布了第二次限制性股权激励计划，涵盖了240名核心技术人员，其考核目标基于营收或净利润增速进行评定。这两次激励计划将天孚通信与核心人员的利益紧密联系在一起，激发了增长潜力。相较于第一次激励计划，第二次激励计划所涵盖的人员范围更加广泛，授予的股权价格更高，显示了天孚通信对未来经营的信心，为产业链人才的培养奠定了坚实的基础。

三、企业韧性提升策略

1.掌握领先核心工艺技术

天孚通信以其产品高精度、高一致性和良好的数据离散性而享有良好口碑，这得益于天孚通信多年来的积累和持续改进的工艺技术。天孚通信通过独特的技术积累，确保了产品制造的尺寸精度、生产质量和效率。以天孚通信"传统三大件"为例，无源光器件如陶瓷套管、光纤适配器和光收发接口组件，通常需要采用陶瓷套管毛坯成型技术、精密加工技术和注塑技术。对于陶瓷套管毛坯成型技术，使用的冷等静压技术是天孚通信独特工艺，能够同时保障产品的品质和生产效率。在精密加工技术方面，天孚通信对陶瓷套管和光收发接口组件所需的不锈钢零件进行精密加工，实现了 1 微米以下和 5 微米以下的尺寸精度。在注塑技术方面，天孚通信掌握了精密模具制作技术，并拥有高精度全自动进口注塑机，确保了光纤适配器外壳部件等产品的精密尺寸。天孚通信在纳米级超精密研发制造方面占据优势。一般加工精度在 10 微米和 100 微米之间，精密加工精度在 3 微米和 10 微米之间，而高精密加工精度要求在 0.1 微米和 3 微米之间，超精密加工精度要求更高于 0.1 微米。

天孚通信致力于组建光通信细分市场的国际化资深人才团队，并依托其建设的江苏省企业技术中心和工程技术中心，在精密陶瓷、光学玻璃和工程塑料等基础材料领域积累了多项全球领先的工艺和专利技术。2016 年，天孚通信收购日本 Tsuois Mold 株式会社，从而得到了纳米级精密光学透镜的技术团队和研发资源。天孚通信还形成了波分复用耦合技术、FA 光纤阵列设计制造技术和并行光学设计制造技术等多个创新平台。天孚通信的工艺技术积累离不开高效的研发体系，并与欧美日等国家和地区的多家客户建立了共同的技术研发平台。天孚通信持续增加研发投入，以保持细分市场产品核心技术的竞争力；年度研发费用随收入的增长而提升，整体研发费用率保持在 9% 以上。根据公司 2023 年半年报披露的信息，2023 年上半年投入研发费用 6346 万元，占当期营业收入的 9.55%，并且近几年持续保持较高比例的研发投入。天孚通信的研发方向从分立式元器件向混合集成元器件平台转型，利用平台多材料、多工艺、多技术路线的特点，持续深入研究高速光引擎和高速光器件等核心产品的设计生产。

2. 获得成本优势和客户黏性

天孚通信展现了强大的资源整合能力，包括一体化垂直整合、技术平台和解决方案平台的整合，以及对行业优质资源的整合。一体化垂直整合是天孚通信在上市前就开始的"传统三大件"业务。陶瓷套管是光纤适配器和光收发接口组件的原材料，天孚通信通过向产业链上游延伸，建立了高精密数控机场加工生产线，设计和生产使用到的精密金属零件，并且设计光收发接口组件的完整应用产品和定制化方案。天孚通信还建立了注塑生产线，并设立了模具设计加工中心，实现了从设计、验证到量产的全过程控制。凭借自主生产的陶瓷套管、注塑模具和精密金属结构件等一体化优势，天孚通信能够提供优质且有竞争力的产品，其中传统三大基础元件产品的综合毛利率均超过同行竞争对手。

天孚通信的产业链一体化垂直整合还包括从元器件向集成封装器件和有源代工封装的转型，以及无源器件和OSA设备制造的共同销售。天孚通信通过提升业务附加值和加快客户响应速度，帮助客户解决与多个供应商对接的困难，提高客户黏性。此外，基于十余年的积累，天孚通信整合了九大核心技术平台和九大解决方案平台（包括八大解决方案和高速光引擎解决方案），提升了技术复用度和客户服务能力。在精密陶瓷、工程塑料和复合金属等基础材料领域，天孚通信拥有多项全球领先的工艺技术，并成立了相应的技术创新平台，如波分复用耦合技术（WDM）、光纤阵列单元设计制造技术、并行光学设计制造技术、光学元件镀膜技术、纳米级精密模具设计制造技术、金属材料微米级制造技术、陶瓷材料成型烧结技术、平面光波导技术芯片的加工测试等。这些技术和创新平台有助于天孚通信产品从元器件逐步向集成产品转型。基于核心技术平台，天孚通信能够为不同类型的光模块提供多样化的光路零部件方案，其中包括高速同轴光器件解决方案、高速率BOX器件封装解决方案、微光学解决方案、AWG系列无源光器件解决方案、PSM/DR系列无源光器件解决方案、PM-FAU保偏无源光器件解决方案、SR&OBO用塑料透镜和光纤阵列解决方案，以及AOC系列无源光器件解决方案八大"一站式"解决方案。

天孚通信善于整合行业内产业链优质资源，这一点体现在以下方面。一是技术引进和产品拓展。通过与日本住友的战略合作，推动隔离器产品的研发；通过与日本TM公司战略合作，快速获得LENS系列产品的开发能力；通过收购AWG资产，布局数据中心和5G市场；通过收购北极光电，整合光学镀膜、光学冷加工和波分器件等技术以及海外优质客户。二是产能协同。例如，将北极光电和珠海AIDI的产线转移到江西工厂，以降低采购和生产环节的成本，并提高效率。三是客户协同。北极光电的主要客户包括菲尼萨、光迅科技、德科立、卢克斯泰勒等光通信企业，主要在北美市场开展业务，而天孚通信拥有国内头部客户，双方能够相互扩充客户资源。四是以低估值收购优质资产，保护股东利益。天孚通信以 0.99 亿元的价格收购北极光电 100% 的股权，相当于北极光电 2019 年净利润 773 万元，对应 PE 为 12.8 倍；同时，天孚通信以 0.894 亿元的价格收购天孚精密 74.5% 的股权，相当于天孚精密 2019 年净利润 1349 万元，对应 PE 为 8.9 倍。这些收购交易相对于天孚通信自身的市盈率（2021 年）45.9 倍来说，具有较低的估值，收购性价比较高，从而保护股东利益。

3.高速光引擎拓展天孚通信成长空间

天孚通信致力于加强业务协同和客户合作，新产品的发展将推动老产品的持续销售，并且新产品线逐步实现量产。江西天孚主要负责承接天孚通信新产品线的产能，同时也承接北极光电部分产品线的转产。在 2019 年已开始大规模交付的产品线包括阵列波导光栅（AWG）、光纤阵列（FA）、PM 保偏光器件等，这些产品线在市场上有广阔的应用前景，并持续贡献销售增量。公司的阵列波导光栅产品线具备成本优势，并受益于该技术的应用与推广。光波分复用技术（WDM）最初主要应用于骨干网，但随着技术的演进，逐渐拓展到城域网、接入网、数据中心以及 5G 前传等领域。阵列波导光栅作为光波分复用技术中的一种，通常应用于 WDM 波分系统和光模块中，如骨干网的 DWDM 系统和 100G CWDM4 光模块。目前，在中短距离数据通信领域，常用的波分技术有 TFF（这是一种基于透镜的解决方案，用于 Z-block 结构的模块中，通常在光纤收发器的发射端）和阵列波导光栅。相比于 TFF 技术，阵列波导光栅具有更高的集成度，一个阵列波导光栅芯片可以实现多个波长的复用和解复用功能，减少了复杂的组装环节，有利于降低封装成本，具有更多的通道数量和更小的插入损耗。阵列波导光栅工艺的产品在大规模量产后具有较高的性价比，目前 CWDM4-AWG 芯片工艺已经相对成熟，产品应用渗透率有望进一步提高。与同行相比，天孚通信在阵列波导光栅产品方面与晶圆厂深度合作，拥有成本优势和供应稳定性，有望极大地受益于行业需求的增长。另外，保偏光纤阵列（PM Fiber Array）的下游应用市场较为广阔，天孚通信加工的高精度和可靠性对系统的性能影响显著，利于其持续发挥自身精密制造的专精特新优势。

有源产品线开始逐渐贡献新的业绩增长点。虽然天孚通信向产业链下游延伸至有源产品代工封装环节，但是仍制定了差异化竞争战略，并不涉及上游的光芯片和下游的光模块生产环节。这样的细分差异化竞争能够防止上游芯片研发所需要的重资产投入和研发风险，又可以避免与下游客户产生直接的业务竞争。例如，在 2018 年以前天孚通信的开放式服务架构平台（OSA）产品以 10G OSA 代工为主，同时以 100G OSA 代工为辅，在 2018 年之后为了满足 5G 技术的建设需求，天孚通信逐渐加入 25G OSA 产品代工的业务；2019 年至 2020 年 5G 基站开始进入大规模建设时期，使无线前传侧 25G 光模块进入了需求旺盛期，天孚通信 25G OSA 产品出货量大幅提升；不过到 2021 年底，5G 行业进入了建设材料清库存的阶段，导致 25G OSA 产品线新增需求明显下降。高速光引擎产品的市场推广将会成为天孚通信在有源产品线的主要业绩增长点。另外，天孚通信的器件封装业务也可以拓展到光模块以外的通信零部件领域。参考全球光器件代工龙头法比耐特的经验，天孚通信充分利用自身在精密机电制造服务和精密光学生产与封装的专业能力，多方面尝试技术特长的价值创造。法比耐特的传统优势技术应用领域以光通信业务为主，依靠其在光通信领域内积累的技术与资源，积极拓展自身技术的应用领域，努力向非光通信领域步扩张；新探索到的应用方向有工业激光、智能驾驶和医疗器械等领域。目前，法比耐特的非光通信业务收入占比达到两成，其公司首席执行官表示，未来包括工业、汽车行业和医疗器械行业在内的非通信业务收入占比有望超过一半。法比耐特的发展路径验证了光通信器件代工厂商向非通信领域拓展的可能性。天孚通信通过整合自身已有的无源产品和有源产品的封装技术，搭建高速光引擎平台，能够进一步为光通信场景和非通信应用场景的使用进行赋能。从通信领域的应用来看，2021 年天孚通信的高速光引擎产品线已开始贡献新的营业收入，该产品的主要应用方向是 400G 和 800G 的光模块器件。天孚通信的产品型号将会持续扩充，后续随着与大客户合作的深入和新客户的突破，有望成为公司未来新的业绩增长点。从非通信侧的下游应用领域来说，天孚通信围绕客户需求，已研发出激光雷达和医疗检测领域的光器件和模组产品，目前已进入部分客户的合格供应商体系中，有望为公司提供新的业务成长空间。光引擎应用场景丰富，天孚通信提前进行"赛道卡位"，占据先发优势。其产品的下游应用场景除了 400G 和 800G 端口的传统高速光模块，还包括高集成度的共封装光学（CPO）交换机以及光互连领域。随着光模块数据传输速率的大幅提升，对光引擎器件的品质和功能的要求越来越高。天孚通信依靠自身拥有的丰富自制光器件产品线和整体方案解决能力，在布局高速光引擎赛道上具备了技术领先优势。

第四节　凯莱英

一、专精特新属性分析

凯莱英医药集团（以下简称凯莱英）成立于 1998 年，2016 年在深圳证券交易所上市，是一家全球行业领先的医药领域定制研发生产（CDMO）提供商，致力于为全球制药企业提供包括药品研发和生产在内的"一站式"服务。凯莱英近几年业务绩效较为稳定，2017—2021 年的营业收入和可归属净利润复合年增长率分别为 33.3% 和 33.4%，并于 2021 年又在香港联合交易所主板挂牌上市。2022 年 8 月，凯莱英获得了国家级专精特新"小巨人"称号，是我国第四批获得此称号的公司之一。

凯莱英具备为全球新药提供高质量的研发、生产"一站式"服务的能力，业务范围覆盖临床早期到商业化阶段，以及临床研究服务。CDMO 服务对于新药研发和生产非常重要，直接影响药物的临床应用及商业化成功的概率，该行业创造价值的途径是解决人们日益增长的新药需求与持续增加的研发成本之间的矛盾。凯莱英凭借技术营销，与全球主流制药企业建立了广泛的市场销售网络，并具备同时接受多个重要药物订单的能力。凯莱英通过与国际制药巨头和新兴医药公司的密切合作，形成了深度嵌入的合作关系，并成为多家跨国制药公司的长期战略合作伙伴。凯莱英是全球第五大创新药、原料药的定制制造公司，也是中国最大的商业化阶段化学药物的定制制造公司。商业和临床阶段的 CDMO 解决方案是主要的收入贡献业务，一般都属于小分子的 CDMO 业务。2021 年凯莱英商业化 CDMO

项目收入为 25.15 亿元，占比超过 54%，一直是公司贡献业绩最大细分领域。2022 年第一季度中，商业和临床阶段的 CDMO 项目分别占营业收入的 73% 和 19%，分别占毛利润的 75% 和 18%。凯莱英的新兴服务业务包括化学大分子 CDMO、生物大分子 CDMO、生物合成技术、药物产品和临床研究服务等。近年来凯莱英的新兴业务绩效一直在快速增长，在 2022 年第一季度贡献了总收入的 8%，成为公司营业收入新的增长驱动力。凯莱英的海外收入占总收入的大部分，2022 年上半年为 86%，由于国内的高端新药研发需求的增加，国内业务的收入贡献一直在上升，从 2020 年的 12% 增加到 2022 年上半年的 14%。新兴业务板块伴随着多肽和寡核苷酸 CDMO、临床 CRO 业务和制剂 CDMO 业务持续高增长，拉动占比持续提升，如果扣除大订单影响，预计未来五年新兴业务的占比将会保持提升的趋势。

2022 年底即将建成专属于化学大分子的 12000 平方米研发中心和 9500 平方米 GMP 车间。GMP 是一套制药、医疗器械等相关行业遵循的国际质量管理标准，目的是保障产品的高质量、安全性和有效性，并确保生产过程符合严格的规范和标准。生物大分子医药研发技术厚积薄发，凯莱英已经储备了足够的产能，业务领域有望进入快速增长期。2022 年第一季度，凯莱英已经完成双 2000 升一次性生物反应器抗体原液产能建设，并且 100 升抗体药物偶联物原液（ADC）中试车间已经投入使用，双 500 升 ADC 商业化偶联原液产能即将于 9 月底投入使用。另外，苏州质粒和信使核糖核酸业务中试产能已经投产使用，已具备临床研究阶段的药物及临床样品制备的服务能力。由此，对凯莱英专精特新属性的分析如下：

一是专业性。凯莱英专注于建立全球领先的 CDMO 服务平台，通过不断的技术创新和专业化发展，为客户提供高质量的药物研发和生产服务。相对于同行业其他公司，凯莱英在 CDMO 领域拥有先发优势和丰富的行业经验。凯莱英的控股股东 ALAB 通过董事长洪浩直接和间接持有公司 37.34% 的股份，成为公司的实际控制人，从而确保了公司股权结构的稳定性。此外，凯莱英的核心管理人员，如 James Gage 和肖毅等，拥有有机化学专业背景和海外大型制药企业研发生产经验。他们旨在为凯莱英的发展提供全球一流的技术指导，例如，参与公司研发项目的立项评审和鉴定验收，提出研究、开发、推广和应用先进技术的建议，并组织指导相关技术人员进行技术攻关，进一步推动凯莱英向国际制药技术的最前沿迈进。同时，凯莱英以国内市场为重点，充分发挥专家和学者在行业中的优势，形成智力合力，积极推动凯莱英在绿色制药技术方面的进步，提高战略决策的专业化和科学化水平。通过与专家和学者的紧密合作，凯莱英不断探索和引入新的绿色制药技术，推动其在环保和可持续发展方面的表现。通过与国际先进制药技术的接轨，凯莱英不断提升自身技术水平和竞争力，以满足客户的多样化需求，并为中国制药产业链的发展做出专业性贡献。

二是精细性（精细制造）。凯莱英注重精细制造，即在药物研发和生产过程中追求高度的精确性、准确性和一致性。公司通过严格的质量管理体系和先进的生产设备，确保每一批药物的制造过程严格符合质量标准。凯莱英在药物制造过程中采用严格的控制和监测手段，确保药物的纯度、稳定性和安全性。精细制造使凯莱英能够满足客户的高要求，并在药物研发和生产领域取得卓越的成绩。

三是特色性（定制化服务）。凯莱英在 CDMO 领域的特色在于提供定制化的服务，致力于理解客户的需求，并根据客户的特定要求进行药物研发和生产。凯莱英具备灵活的生产能力和多样化的技术平台，可以满足不同类型的药物制造需求，包括固体制剂、液体制剂、注射剂等。凯莱英的定制化服务使客户能够获得与其研发项目和市场需求完全匹配的解决方案，从而提高产品的竞争力和市场份额。

四是新颖性（创新研发）。凯莱英公司在 CDMO 领域的新颖性表现在其强大的研发实力和持续的创新能力。凯莱英拥有一支高素质的研发团队，其中包括拥有有机化学专业背景和海外大药企研发生产经验的核心管理人员。凯莱英通过与高校、研究机构等合作，不断引进和应用先进的制药技术，推动药物研发领域的创新。凯莱英通过持续投入大量的资源和人才，加强研发能力，以满足客户对新药物研发的需求。凯莱英的创新研发使其能够在 CDMO 市场上脱颖而出，并为客户提供具有竞争力的解决方案。

二、"强链补链"定位分析

新药的研发过程是一项具有高科技性、高研发风险、高资产投入和长周期性特征的复杂系统工程。在整个研发过程中，医药研发外包（CRO）行业扮演着贯穿新药发现、研究和开发全过程的重要角色，能够提供研发一体化和产品上市全周期的服务。具体来说，CRO产业链提供的专业服务包含了医药化合物研究、临床前研究、临床申请与批准、临床研究、注册申请与审批以及新药上市后的持续跟踪研究等。医药制造生产（CMO）、定制研发和定制生产（CDMO）行业则是医药研发外包产业链的下游，其服务范围不仅包含新药生产所需的工艺开发和配方开发等，还包括临床用药、化学或生物合成的原料药生产、中间体制造、制剂生产以及药品包装等。在欧美等新药研发行业相对成熟的国家和地区，医药服务产业链还进一步延伸至药品上市销售策划等商业服务领域。每个新药研发阶段都为医药企业或科研机构提供技术成果转化服务，包括转让可用于新药研发的专利和医药技术成果等，从而真正贯穿新药研发的全周期并渗透至医药行业的全产业链各环节。

从我国医药研发外包行业的代表性企业的发展布局来看，这些企业已经实施了一体化服务，提供CRO+CMO（CDMO）的"一站式"解决方案。从重点业务开展区域而言，凯莱英和康龙化成等主要代表性企业在海外展开业务布局。从披露的研发支出数据来看，支出金额超过1亿元的企业有药明康德、凯莱英、博腾股份、康龙化成和泰格医药等。尽管中国CDMO产业链在近年来取得了一定的发展，但仍存在一些不足之处，包括以下几个方面。一是技术创新和自主研发能力有限。相比于国际领先的CDMO企业，中国的CDMO产业链在技术创新和自主研发能力方面还有差距。部分企业更多地侧重于技术引进和合作，缺乏自主知识产权和核心技术的积累，限制了产业链的可持续发展。二是高端服务能力有待提升。中国的CDMO产业链主要以中低端产品和服务为主，对于高端、复杂的制药项目和需求仍面临挑战；缺乏对复杂疾病治疗、生物技术和创新药物等领域的深入研究和服务能力，限制了产业链的高质量发展。三是质量控制和合规管理不完善。CDMO行业对于药物研发和生产的质量控制和合规管理要求严格，但在中国仍存在一些企业在这方面的不足。质量问题和合规风险可能导致产品质量不稳定、生产延期或停产，损害企业声誉和客户信任。四是人才培养和留住面临挑战。CDMO产业链需要高素质的科研人员、工艺技术人员和管理人才，但目前中国的 CDMO 企业在人才培养和留住方面还存在一定的困难。高端人才流失和技术人员流动性大，制约了产业链的长期发展。五是产业链协同与整合仍有待加强。CRO 与 CMO 之间的衔接和协同合作，以及与药企之间的紧密合作，虽然能够提高产业链的效率和降低成本，但在实践中仍面临一些障碍。药企与 CRO、CMO 之间需要进行大量的信息和知识交流。然而，确保准确、及时、完整地传递关键信息可能存在困难，特别是在涉及多个合作伙伴和不同地域时。药企依赖 CRO 和 CMO 来执行关键的研究和生产任务，然而确保合作伙伴的质量标准符合要求可能具有挑战性，包括符合法规、质量管理系统和合规要求等。CRO 和 CMO 通常同时与多个药企进行合作，这可能导致资源分散和项目管理困难。合作伙伴之间需要建立有效的项目管理和沟通机制，以确保项目按时交付并保持高质量。

凯莱英作为中国医药研发外包（CDMO）行业的代表性企业，在提升中国医药研发产业链方面做出了以下贡献。一是技术创新和服务优化。凯莱英致力于不断推动技术创新，提供先进的研发技术和解决方案，为客户提供高质量的研发服务。通过不断优化服务流程和提升服务质量，凯莱英提高了医药研发的效率和水平，为客户节约时间和成本。二是一体化服务模式。凯莱英实施了"CRO+CMO"（CDMO）的一体化服务模式，将新药研发和商业化生产相结合。通过提供从药物研发到商业化生产的全周期服务，凯莱英帮助客户实现整个研发过程的无缝衔接，提高了产品上市的速度和成功率。三是国际合作与跨国布局。凯莱英在海外市场进行了布局和合作，与国际知名的制药企业和研究机构进行合作项目，共享技术和资源。这种国际合作带来了国际先进的技术和管理经验，促进了中国医药研发产业链的国际化水平提升。四是医药研发专业人才培养。凯莱英注重人才培养和团队建设，吸引了一批有机化学、制药工程等专业背景的高素质人才。通过提供培训和职业发展机会，凯莱英为中国医药研发产业链培养了一批专业技术人才，推动了整个行业的人才素质提升。五是促进行业规范与合规发展。作为行业的代表性企业，凯莱英积极参与行业组织和标准制定，推动医药研发外包行业的规范化和合规发展。凯莱英本着严谨、高效、透明的原则开展业务，提高了行业的整体信誉和可持续发展能力。

三、企业韧性提升策略

凯莱英结合自身业务内容和经营特征，从以下几方面提升自身企业韧性。一是提升预见和应对能力。建立强大的市场情报和数据分析能力，以准确预测和识别变化、风险和机会。凯莱英通过收集和分析市场数据、行业趋势和竞争情报等信息来获取准确的市场洞察。建立灵活的决策机制和快速反应机制，以便及时采取行动应对变化。凯莱英采用灵活的管理方法，推动快速决策和行动，并加强跨部门和跨团队的协作和沟通。二是战略调整能力。定期评估市场环境和竞争态势，及时调整和修正企业战略。凯莱英建立战略规划和执行体系，确保战略与市场相匹配，并能够灵活应对市场变化。加强与客户和合作伙伴的合作与沟通，共同探讨市场趋势和需求，以及未来的发展方向，从而进行有针对性的战略调整。三是创新能力。投入更多资源用于研发和创新，加强与高校、研究机构的合作，引进和培养高级人才。凯莱英建立创新中心或实验室，专注于新产品、新技术和新业务模式的研发和应用。鼓励员工提出创新想法和解决方案，并建立奖励机制来激励创新。凯莱英设立创新奖励计划，鼓励员工参与创新活动，并提供资源支持和培训。四是灵活性和适应性。建立灵活的组织结构和流程，以便快速调整和适应变化。凯莱英采用扁平化组织结构，强调跨部门合作和信息流动，并通过流程改进和自动化来提高工作效率。五是资源多样化和风险分散。灵活配置资源，包括人员、资金和技术等，以适应市场需求的变化。凯莱英建立资源管理体系，确保资源的灵活调配和优化利用。凯莱英通过拓展业务领域和产品线，实现资源的多样化布局。例如，扩大服务范围，涵盖更多临床早期到商业化阶段的药物研发和生产服务，以及拓展临床研究服务，这样可以降低对特定业务领域的依赖，减少单一市场或产品带来的风险。加强与不同国家和地区的合作与合作伙伴关系，实现地域分散和风险分散。凯莱英寻求与全球范围内的药企、研究机构和合作伙伴进行合作，拓展和丰富市场覆盖和资源。六是增强危机管理能力。建立完善的危机管理体系，包括制定应急预案、培训员工应对危机情况、建立紧急响应机制等。凯莱英通过定期组织危机演练和模拟情景训练，提高员工的危机应对能力。加强与监管机构和行业组织的合作，了解最新的法规要求和行业标准，确保在危机事件发生时能够及时响应并符合相关要求。七是培养学习型员工和团队。重视员工培训和发展，提供持续学习的机会，以提高员工的专业知识和技能。凯莱英提供内部培训计划、外部培训资源和职业发展规划，帮助员工不断成长。建立高效的合作团队，促进团队间的沟通和协作。凯莱英通过团队建设活动、跨部门合作项目和分享经验的平台，增强团队的凝聚力和合作能力。

总体而言，凯莱英可以通过不断加强预见和应对能力、战略调整能力、创新能力、灵活性和适应性、资源多样化和风险分散、危机管理能力，以及员工和团队能力的提升，来增强自身的企业韧性。这些措施将帮助凯莱英适应市场变化、应对挑战，保持竞争优势，并持续提供高质量医药研发和生产一站式服务。

第五节　爱美客

一、专精特新属性分析

爱美客技术发展股份有限公司（以下简称爱美客）是由简军于 2004 年创立，公司专注于满足国内非手术医美市场的需求，在玻尿酸产品研发领域进行技术深耕。2009 年，爱美客推出了首款产品"逸美"，标志着我国透明质酸类填充产品有了重要突破。在玻尿酸填充剂领域，爱美客先后推出了国内首款具有长效填充效果的产品"宝尼达"和首款利多卡因填充产品"爱芙莱"。2016 年，爱美客成为"十三五"国家重点研发计划项目的牵头单位，开展的重点专项项目是研发新型颌面软硬组织修复材料。同年，爱美客针对颈纹治疗项目推出的新产品"嗨体"获得批准，并于 2017 年正式上市。2019 年，爱美客推出的面部埋植线产品"紧恋"又一次成为国内首款获得批准的细分领域产品。同年，爱美客在深交所创业板上市。2020年第一季度，"嗨体"单项产品的销售收入达到 1.4 亿元，占公司总收入近六成。2021 年，爱美客推出了世界首款含左旋乳酸－乙二醇共聚物微球

（PLLA–PEG）皮肤填充剂“濡白天使”。截至2021年底，公司的产品已经进入了超过4400家医疗机构，公司的营业收入达到了14.5亿元；并且公司目前在研产品数量较多，提前在溶脂针、肉毒毒素和麻醉膏等潜在医美市场产品进行了多维度布局。2022年9月，爱美客获得了国家级专精特新“小巨人”的企业认证。

爱美客在2018—2021年四年的时间里营收复合年增长率达到了65%，这主要得益于“嗨体”系列产品的销量大幅增长。截至2022年第三季度，爱美客实现营收14.89亿元，同比增速接近50%。然而，由于疫情的反复影响和客流阶段性下滑，业绩增速有所降低。随着疫情防控政策的优化和病毒传播情况的缓和，线下客流量逐渐恢复，产品推广工作按计划稳步进行，“嗨体1.5”、“熊猫针”、“濡白天使”、“冭活泡泡”针等产品有望成为爱美客持续增长的新动力。从产品分类来看，溶液类注射产品和凝胶类注射产品为爱美客的主要业务，其中溶液类注射产品在2021年的营业收入占比达到七成，凝胶类注射产品占比为27%。溶液类产品的占比显著提高的原因主要得益于“嗨体”系列产品销量的大幅增长，而随着高单价的“濡白天使”产品逐渐放量，凝胶类注射产品的销售占比有望提升。目前，爱美客的股权持有情况相对集中，能够将核心骨干人员的利益与企业发展相绑定。爱美客创始人兼董事长简军直接持股比例达到三成，并通过丹瑞投资管理合伙企业、宁波知行军投资管理合伙企业和客至上投资管理合伙企业间接持股7.08%，由此合计持股接近四成。公司总经理石毅峰个人持股占比为4.85%，董事会成员简勇个人持股占比为2.42%。此外，爱美客的其他高级管理人员、销售骨干人员、核心技术人员和部分资深员工通过知行军投资和客至上投资的员工持股平台间接持有公司11%的股份，前五大股东合计持股比例为51.89%。爱美客的股权结构安排既能体现稳定的控制权，又能保障企业的发展与核心员工的利益一致性。

爱美客在医美行业展现了专业性、精细性、特色性和新颖性，分别具有以下特征。一是专业性。作为非手术医美领域的一家公司，爱美客专注于研发和生产医美产品。他们针对客户不同的美容需求，开发出多种专业的注射产品，包括玻尿酸填充剂、面部埋植线、颈纹治疗产品等。爱美客在产品研发、生产工艺和临床实践方面积累了丰富的专业知识和经验。二是精细性。爱美客注重产品的精细设计和品质控制。他们致力于提供高品质、安全可靠的医美产品，通过严格的质量管理和生产流程控制，确保产品的精准度和稳定性。同时，公司还注重产品的细节和用户体验，致力于为客户提供满意的效果和舒适的使用体验。三是特色性。爱美客在医美市场上树立了自身的产品特色，通过推出具有长效填充效果的填充产品和利多卡因填充产品等，他们在玻尿酸填充剂领域取得了重要突破。此外，爱美客还在不断推出新产品来拓展产品线，如含左旋乳酸－乙二醇共聚物微球皮肤填充剂"濡白天使"等，展现了其在技术研发和产品创新方面的特色。四是新颖性。公司将科技驱动作为产品创新的核心战略，与科研机构和研发伙伴进行紧密合作，共同开展医美产品的技术研究和创新项目。通过引进先进的医疗技术和材料科学，结合市场需求的变化和升级，爱美客开发出更具前瞻性和颠覆性的非手术医美产品，从而展现出其新颖性和创新性。

二、"强链补链"定位分析

根据生命周期理论，医美行业产业链的发展可以划分为以下四个阶段。一是导入期。虽然技术逐步成熟以及新产品获得批准上市，但产品是否真正符合客户需求，并能否实现大规模增长，是医美行业发展的关键因素。因此，那些能够敏锐捕捉消费需求、具备强大的研发和上市能力，并率先推出商业化产品的企业将占据先发优势。二是成长前期。随着市场内竞争对手数量的逐渐增多，竞争格局不确定性明显增加，同时渠道拓展过程中容易出现商品在供应链中非正常流动的现象和乱定价等问题，这会对渠道利润造成明显损害，并且对产品的推广进度产生不利影响。因此，那些具备快速占领优质渠道的能力、能够迅速控制渠道并培育市场的企业，将能够快速提高市场份额。三是成长后期。市场竞争格局初步形成，各个企业需要快速扩展渠道的深度和广度，并实现渠道复用来推广新医美产品，这样才能使企业实现持续增长。四是成熟期。市场需求逐步趋于稳定，利润增长主要来自产品升级迭代、提价以及降低成本、提高效率等。在行业发展过程中，那些逐步形成强大品牌力的企业仍能保持较快的增长。五是衰退期。为了避免需求的萎缩，各企业需要提前转型或引入颠覆性技术来开启新需求，这样的举措可以延缓衰退并保持行业的生机。

我国医美行业的起源可以追溯到战争创伤的愈合需求，医用硅胶的出现在 20 世纪 60 年代推动了行业快速发展；国内医美行业从 20 世纪 80 年代开始慢慢兴起。依靠信息技术的发展和互联网线上营销平台的出现，医美行业的效果和风险推广得到跨越式发展，2014 年前后医美市场进入了快速增长期。近年来，国家经济水平的提高和居民消费的升级使我国医美市场得以快速发展。根据投资与企业增长咨询专业服务机构沙利文的数据，2021年我国的医美市场规模已经接近 1900 亿元，并预计在之后十年的时间内将保持 14% 左右的年复合增速，在 2030 年市场规模将超过 6000 亿元。与海外市场相比，我国的医美市场仍有显著的潜在增长空间。根据 2020 年统计的数据，韩国、美国、巴西和日本每千人医疗美容治疗次数分别为 82 次、48 次、43 次和 26 次，而我国每千人仅有 21 次。医美产业链的上游是医美药械供应商；中游是医美机构，包括专业门诊部、公立和私立医疗机构等；通常将销售渠道作为医美产业链的下游。产业链流程是首先上游医美药械供应商生产注射产品或医美器械，然后将产品销售给医美实施机构，下游的销售渠道与消费者直接联系，并提供定制属性较强的医美服务。在此产业链中，爱美客是上游高技术壁垒产品的主要供应商之一，占据着技术和营销渠道的优势地位。从盈利水平来看，上游寡头公司的毛利率仍然较高。

在我国下游医美市场需求增长的背景下，2017 年至 2021 年五年的时间里，我国基于透明质酸皮肤填充剂市场规模从 31 亿元增长了一倍达到了近64 亿元，由此计算的年复合增长率约为 20%；并且市场仍有潜在的增长因素，如注射类医美项目数量的提升和基于透明质酸皮肤填充剂产品功效的创新等。根据沙利文的分析数据，上述市场销售规模预计在 2026 年达到近200 亿元，年复合增长率将为 25%。目前，医美市场的主要产品仍然由国外公司提供，但国产品牌的市场份额表现出显著增长的趋势。根据 2021 年全球医美产品销售额所占比例计算，中国医美透明质酸市场的前八强中有五家是国外品牌，其市场份额已经接近了一半。国产品牌主要排名靠前的是爱美客、华熙生物和昊海生科等，这些国内头部公司的市场份额合计占到三成，剩下的市场份额由其他公司所占有。与 2020 年相比，国产品牌的市场份额占比明显提升，爱美客所占的市场份额从 14% 增长到 21%，位居市场第二。

爱美客在中国医美行业产业链"强链补链"进程中做出了以下几方面的贡献。一是产品研发和创新。作为医美行业的重要参与者，爱美客不仅致力于玻尿酸填充剂和透明质酸皮肤填充剂等传统产品的研发和创新，还不断追求技术突破和革新。通过引入先进的材料和技术，他们推出了更多种类、更具特色的医美产品，满足了消费者对个性化、定制化医美方案的需求。这种持续的产品改进和创新不仅丰富了市场选择，也为医美行业带来了更多发展机会。二是技术引领和质量保障。作为技术实力强大的医美企业，爱美客注重产品的质量控制和安全性。爱美客拥有一支高素质的研发团队，紧跟国际前沿技术的发展趋势，确保产品的质量符合相关的医疗标准和法规。通过严格的质量管理体系和临床实践验证，爱美客可确保产品的有效性和安全性，为医美机构和消费者提供了可靠的产品和技术支持。这种技术引领和质量保障不仅提升了行业的整体水平，也增强了消费者对医美产品的信心和信赖。三是产业链合作与发展。爱美客在医美行业产业链中扮演着积极的角色，并与上游供应商、中游医美机构和下游销售渠道建立了紧密的合作关系。爱美客通过与供应商的合作，确保原材料的稳定供应和优质品质，提高生产效率和产品可靠性。与医美机构的合作，则促进了爱美客产品的推广和使用，拓展了市场渠道和消费者群体。同时，爱美客还与销售渠道合作，共同开展市场推广和品牌推介活动，提升了品牌的知名度和影响力。这种产业链合作与发展有助于实现资源共享、优势互补，推动整个医美行业的协同发展和创新壮大。四是市场推广与品牌影响力。爱美客的市场推广活动不仅广泛覆盖了线上和线下的多个渠道，还注重与医美专业机构的合作，通过专业的培训和教育活动，提升医生和技术人员对产品的认知和使用技能。爱美客还积极参与医美展会和学术会议，展示最新的研发成果和技术进展，提高品牌的影响力和行业地位。这种全方位的市场推广策略有助于拓展医美市场的规模，吸引更多消费者关注和选择本公司的产品，并推动了整个行业的发展。五是医学教育和知识普及。作为医美行业的重要参与者，爱美客不仅关注产品的开发和推广，还致力于医学教育和知识普及的推动。爱美客通过举办学术讲座、培训班和学术交流活动，与医生、技术人员和行业专家分享最新的医学研究成果和临床应用经验。同时，爱美客还开展公众健康教育活动，提供关于医美知识和安全用药的信息，增强消费者对医美行业的认知和理解。这种医学教育和知识普及的努力有助于提高整个行业的专业水平和公众健康意识，推动医美行业更加健康和可持续发展。

三、企业韧性提升策略

1. 技术研发方面

一是研发投入和研发人员。爱美客在研发方面的投入率和研发人员占比在行业中位居前列，显示出明显的研发优势。爱美客高度重视研发投入，2018 年至 2021 年的费用投入复合年增长率达到 45%，研发人员数量复合年增长率为 24%。从 2018 年至 2022 年第三季度，研发费用投入率一直维持在 7% 以上，研发人员占比也一直维持在 20% 以上。这一水平远高于行业其他竞争对手。此外，研发团队具有多元化的专业背景，包括生物工程、制药工程、临床医学等领域，平均拥有超过八年的医美经验。二是研发能力和专利获取。相比于其他竞争对手，爱美客专注于医美业务，研发投入和研发问题更加集中，保证了研发能力的持续领先。截至 2022 年第一季度，爱美客已累计注册专利 46 项，其中包括 25 项发明专利。爱美客获得了多项专业核心技术，如水密型微球悬浮制备技术（WEMST）、组织液仿生技术（TFBT）、悬浮分散两亲性微球技术（SDAMT）等。此外，爱美客上市的产品大多数是所在品类的首款产品，并且目前仍有多款产品正在研发中，不断拓展其产品矩阵。三是资质优势和审批获证。爱美客具备突出的资质优势，形成了资质壁垒。为了缩减审批和获证的时间，爱美客会提前对较为先进的技术进行研究，作为储备项目，待合适的时机再选择进行临床试验和注册申请，从而更好地掌握获批的节奏。爱美客自 2009 年至今已有 7 款产品获得批准，平均过证周期不足两年。考虑到三类医疗器械证书的审批周期通常为 3~5 年，爱美客具备了较高的竞争对手进入壁垒和强大的资质优势。

2.产品营销方面

爱美客管理层经验丰富并具备渠道赋能，展现出卓越的消费洞察力。爱美客的核心管理层包括董事长简军、总经理石毅峰以及销售总监勾丽娜等，他们在医美行业已经深耕多年，积累了丰富的经验，对市场的变化和监管动态有着更为敏锐的洞察力。爱美客主要依靠直销渠道，并与终端机构紧密合作。通过"全轩学院"培训医生，鼓励消费者分享消费体验，爱美客能够更准确地捕捉消费者的需求，并推出有针对性的产品。这种深度绑定的销售渠道策略使爱美客能够更好地了解消费者的喜好和需求，从而提供更具针对性的产品。

爱美客的产品矩阵正在逐步形成，取代领先地位并推动增长。在2017年，爱美客推出了市场上唯一的颈纹产品"嗨体1.5"。经过两年的市场培育，该产品进入了放量期。随后，公司相继推出了"嗨体1.0"和"夋活泡泡"针，它们成为推动增长的新动力。到了2021年7月，公司推出了"濡白天使"，进入到了再生针剂领域。目前市场上上市的再生针剂产品仅有三家，而"濡白天使"凭借其高安全性、持久效果和较高性价比等优势，结合"嗨体"系列积累的渠道和运营优势，有望开启第二个增长曲线。此外，爱美客已经提前布局了利拉鲁肽和肉毒毒素等产品，持续丰富产品矩阵，拓展业绩增长的边界。

爱美客采用直销为主、经销为辅的模式，共同推动产品推广。直销模式有助于爱美客更多地参与医美机构的产品推广和终端销售，从而把握优质资源，提高价格管控能力，并坚持稳健的销售推广策略。同时，直销模式也更容易接收医生和消费者的反馈和建议，从而提高消费洞察力，及时改进产品。直销模式适用于对于尚未成熟、认可度不高的产品。而经销模式则主要针对于公司销售团队无法直接覆盖的医疗机构，能够借助外部营销力量迅速提高自身产品在市场上的占有率。经销模式适用于市场认可度较高的产品。爱美客从2020年开始逐步拓展经销渠道，截至2021年末，爱美客已拥有185家经销商，覆盖了4400多家医美机构，其中直销渠道覆盖了约4000家，直销模式的收入占比稳定在六成左右。爱美客充分发挥"直销+经销"模式的优势，助力新产品的销售放量。在新冠疫情暴发之前，爱美客主要以线下医生培训和学术推广为主。受到新冠疫情防控的影响后，爱美客推出了"全轩学院"线上平台，通过线上线下相结合的方式，持续为终端医疗机构赋能，保障产品推广进度尽量不受影响。截至 2022 年上半年，线上、线下会议总数已超过 160 场。此外，在 2022 年第一季度，"全轩学院"已注册认证超过 1.2 万名医生，关注用户超过 3 万人，爱美客的学术品牌影响力持续增强。

　　总体而言，爱美客的产品矩阵正在逐步完善，并通过推出新产品来取代领先地位，推动增长。爱美客采用"直销为主、经销为辅"的模式，充分发挥直销和经销的优势，助力产品拓展。此外，爱美客通过"全轩学院"线上平台和线下学术会议等方式赋能终端机构，提升产品推广效果。爱美客的管理层经验丰富且具备消费洞察力，为公司的发展提供了有力支持。

参考文献

［1］Abibo Abebaw, Muchie Mammo, Sime Zerayehu, Ezezew Wondemhunegn. Factors affecting the innovation ecosystem in public universities in Ethiopia［J］. African Journal of Science, Technology, Innovation and Development, 2023, 15(1): 135-150.

［2］Arias-Vargas Marco, Sanchis Raquel, Poler Raúl. Impact of predicting disruptive events in supply planning for enterprise resilience［J］. IFAC Papers on Line, 2022, 55(10): 1864-1869.

［3］Ates A , Bititci U .Change process: A key enabler for building resilient SMEs［J］. International Journal of Production Research, 2011, 49(18): 5601-5618.

［4］Barile Sergio, Simone Cristina, Iandolo Francesca, Laudando Antonio. Platform-based innovation ecosystems: Entering new markets through holographic strategies［J］. Industrial Marketing Management, 2022, 105: 467-477.

［5］Boyer James, Kokosy Annemarie. Technology-push and market-pull strategies: The influence of the innovation ecosystem on companies' involvement in the Industry 4.0 paradigm［J］. The Journal of Risk Finance, 2022, 23(5): 461-479.

［6］Bruce Ann, Adam Katherine E., Buller Henry, Chan Kin Wing (Ray), Tait Joyce. Creating an innovation ecosystem for rapid diagnostic tests for livestock to support sustainable antibiotic use［J］. Technology Analysis & Strategic Management, 2022, 34(11): 1249-1262.

［7］Chan Sze Ling, Lum Elaine, Ong Marcus E H, Graves Nicholas. Implementation science: A critical but undervalued part of the healthcare innovation ecosystem〔J〕. Health Care Science, 2022, 1(3): 160–165.

〔8〕Chinonso Okolie Ugochukwu, Agu Igwe Paul, Madichie Nnamdi O, Chaipongpati Jirawan, Thawesaengskulthai Natcha, Koiwanit Jarotwan. Development of a university innovation ecosystem assessment model for Association of Southeast Asian Nations universities〔J〕. Industry and Higher Education, 2022, 36(6): 846–860.

〔9〕Cukier Wendy, Gagnon Suzanne, Dalziel Margaret, Grant Ken, Laplume Andre, Ozkazanc Pan Banu, Saba Tania. Women entrepreneurship: Towards an inclusive innovation ecosystem〔J〕. Journal of Small Business & Entrepreneurship, 2022, 34(5): 475–482.

〔10〕Dedehayir Ozgur, Mäkinen Saku J, Ortt J Roland. Innovation ecosystems as structures: Actor roles, timing of their entrance, and interactions〔J〕. Technological Forecasting & Social Change, 2022, 183: 121875.

〔11〕Dong Caiting, Li Xiang, Chang Xinzhi. Interdependence with suppliers in the innovation ecosystem: The effects of supplier concentration on firm innovation〔J〕. Chinese Management Studies, 2022, 16(5): 1145–1160.

〔12〕Erol, Ozgur, Brian J Sauser, and Mo Mansouri.A framework for investigation into extended enterprise resilience〔J〕. Enterprise Information Systems, 2010, 4(2): 111–136.

〔13〕Fan Xinyi, Shan Xueshu, Day Steven, Shou Yongyi. Toward green innovation ecosystems: Past research on green innovation and future opportunities from an ecosystem perspective〔J〕. Industrial Management & Data Systems, 2022, 122(9): 2012–2044.

〔14〕Ge Shuang, Liu Xielin. Catch-up in Solar PV Industry of China: A perspective of industrial innovation ecosystem〔J〕. International Journal of Innovation and Technology Management, 2022, 19(6): 2250016.

〔15〕Gibson C A, Tarrant M .A "conceptual models" approach to organisational resilience〔J〕. Australian Journal of Emergency Management, 2010, 25(2): 6–12.

〔16〕Guan Xueling, Chen Lijiang, Xia Qing, Qin Zhaohui. Innovation efficiency of Chinese pharmaceutical manufacturing industry from the perspective of innovation ecosystem [J]. Sustainability, 2022, 14(20): 12993.

[17] Hao Xinyu, Liu Guangfu, Zhang Xiaoling, Dong Liang. The coevolution mechanism of stakeholder strategies in the recycled resources industry innovation ecosystem: The view of evolutionary game theory [J]. Technological Forecasting & Social Change, 2022, 179: 80–92.

[18] Holling C S. Resilience and stability of ecological systems [J]. Annual Review of Ecology and Systematics, 1973, 37(4):221–230.

[19] Huo Lisha, Shao Yunfei, Wang Simeng, Yan Wei. Identifying the role of alignment in developing innovation ecosystem: Value co–creation between the focal firm and supplier [J]. Management Decision, 2022, 60(7): 2092–2125.

[20] Kindermann Bastian, Salge Torsten Oliver, Wentzel Daniel, Flatten Tessa Christina, Antons David. Dynamic capabilities for orchestrating digital innovation ecosystems: Conceptual integration and research opportunities [J]. Information and Organization, 2022, 32(3): 100422.

[21] Kusumawardhani D, Asmara A Y, Purwadi , Pradana A W, Indriasari D T. A collaborative governance model for bioethanol research and innovation ecosystem [J]. IOP Conference Series: Earth and Environmental Science, 2022, 1105(1): 80–86.

[22] Li Yan, Shi Yi. Dynamic game analysis of enterprise green technology innovation ecosystem under double environmental regulation [J]. International Journal of Environmental Research and Public Health, 2022, 19(17): 11047.

[23] Li Ying, Wang Yating, Wang Lei, Xie Jingci. Investigating the effects of stakeholder collaboration strategies on risk prevention performance in a digital innovation ecosystem [J]. Industrial Management & Data Systems, 2022, 122(9): 2045–2071.

[24] Li Yu, Wang Ran, Wang Tiexun, Wang Junhe. Exploring the relationship between network routines and innovation ecosystem performance in China: The moderating effect of transaction dependence [J]. Technological Forecasting & Social Change, 2022, 178: 121565.

［25］Li Yuhua, Fu Kaiwen, Gong Xiheng, Xiang Ziwei, Zhang Jingyi, Liao Chengjun. Research on value co-creation mechanism of platform enterprises in digital innovation ecosystem: A case study on Haier HOPE platform in China［J］. Frontiers in Psychology, 2022, 13: 1055932.

［26］Li. Shenfeng Research on the construction of innovation ecosystem for key core technologies breakthrough［J］. Academic Journal of Business & Management, 2022, 4(13): 38-45.

［27］Liang Lin, Li Yan. How does government support promote digital economy development in China? The mediating role of regional innovation ecosystem resilience［J］. Technological Forecasting & Social Change, 2023, 188: 122328.

［28］Liang Xingkun, Luo Yining, Shao Xiaolin, Shi Xianwei. Managing complementors in innovation ecosystems: A typology for generic strategies［J］. Industrial Management & Data Systems, 2022, 122(9): 2072-2090.

［29］Liu Bo, Li Yan, Tang Linhua, Zhao Yipeng, Chang Haodong. The impact of enterprise resilience and HRM practices on performance: Findings from fsQCA［J］. Frontiers in Psychology, 2023, 14: 1114087.

［30］Li-Ying Jason, Sofka Wolfgang, Tuertscher Philipp. Managing innovation ecosystems around Big Science Organizations［J］. Technovation, 2022, 116: 102523.

［31］Ma Jianquan, Li Ping. What kind of innovation ecosystem is needed for achieving self-reliance and self-improvement in science and technology?［J］. Cultures of Science, 2022, 5(3): 149-151.

［32］Maalsen Sophia, Wolifson Peta, Dowling Robyn. Gender in the Australian innovation ecosystem: Planning smart cities for men［J］. Gender, Place & Culture, 2023, 30(2): 299-320.

［33］Myllyoja Jouko, Rilla Nina, Lima Toivanen Maria. Strengthening futures-oriented agenda for building innovation ecosystems［J］. European Journal of Futures Research, 2022, 10(1): 1-12.

［34］Nan C, Sansavini G. A quantitative method for assessing resilience of interdependent infrastructures [J]. Reliability Engineering & System Safety, 2017, 157: 35–53.

[35] Pattinson Steven, Nicholson John D, Ehret Michael, Velu Chander, Ryan Paul. Innovation ecosystems in B2B contexts: Owning the space [J]. Industrial Marketing Management, 2023, 108: 14–35.

[36] Pham Quang Huy, Vu Kien Phuc. Digitalization in small and medium enterprise: A parsimonious model of digitalization of accounting information for sustainable innovation ecosystem value generation [J]. Asia Pacific Journal of Innovation and Entrepreneurship, 2022, 16(1): 318–325.

[37] Reis Diego, Moura Fábio, Aragão Iracema. The linkage between intellectual property and innovation in the global innovation ecosystem [J]. International Journal of Innovation and Technology Management, 2023, 20(1): 218–232.

[38] Remneland Wikhamn Björn, Styhre Alexander. Open innovation ecosystem organizing from a process view: A longitudinal study in the making of an innovation hub [J]. R&D Management, 2022, 53(1): 24–42.

[39] Sheth Ananya, Kusiak Andrew. Resiliency of smart manufacturing enterprises via information integration [J]. Journal of Industrial Information Integration, 2022, 28: 100370.

[40] Starr R, Newfrock J, Delurey M .Enterprise resilience: Managing risk in the networked economy [J]. Strategy & Business, 2003, 30: 70–79.

[41] Stokke Raymond, Kristoffersen Frida Strand, Stamland Marte, Holmen Elsebeth, Hamdan Hasan, De Boer Luitzen. The role of green public procurement in enabling low–carbon cement with CCS: An innovation ecosystem perspective [J]. Journal of Cleaner Production, 2022, 363: 132451.

[42] Sun Yu, Xu Xiaobo, Yu Haiqing, Wang Hecheng. Impact of value co - creation in the artificial intelligence innovation ecosystem on competitive advantage and innovation intelligibility [J]. Systems Research and Behavioral Science, 2022, 39(3): 474–488.

[43] Surie Gita. Scaling the innovation ecosystem for renewable

energy: The case of India [J]. International Journal of Global Business and Competitiveness, 2022, 17(1): 89–103.

[44] Taozhe Bai, Jiani Li. Resilience evaluation of innovation ecosystem of high-tech enterprises in Liaoning province [J]. Financial Engineering and Risk Management, 2022, 5(1): 61–68.

[45] Wang Hong, Liu Shuang, Guo Mingshun. Retraction Note: 6C model construction and future prospects of innovation ecosystem research based on ecological theory [J]. Arabian Journal of Geosciences, 2022, 15(9).

[46] Wang Nannan, Cui Dengfeng, Jin Chengguo. The value of internal control during a crisis: Evidence from enterprise resilience [J]. Sustainability, 2022, 15(1): 63–84.

[47] Xiao Song, Feng Li. Innovation ecosystem innovation coordination management of Chinese shipbuilding enterprises [J]. SHS Web of Conferences, 2023, 154: 1–6.

[48] Yang Jianzhao. An empirical study evaluating the symbiotic efficiency of China's provinces and the innovation ecosystem in the high-tech industry [J]. Complexity, 2022, 2022: 56–75.

[49] Yang Zhongji, Qi Liangqun, Li Xin, Wang Tianxi. How does successful catch-up occur in complex products and systems from the innovation ecosystem perspective? A case of China's high-speed railway [J]. Sustainability, 2022, 14(13): 7930.

[50] Youtie Jan, Ward Robert, Shapira Philip, Schillo R. Sandra, Louise Earl E. Exploring New approaches to understanding innovation ecosystems [J]. Technology Analysis & Strategic Management, 2023, 35(3): 255–269.

[51] Yu Xiaohua, Qi Yuan, Yu Longzhen, He Yuanyuan. Temporal and spatial evolution of coupling coordination degree of industrial innovation ecosystem—From the perspective of green transformation [J]. Sustainability, 2022, 14(7): 4111.

[52] Yuqiong Tong, Qiang Liu, Kui He, Ming Liu. Research on the influencing factors of innovation ecosystem resilience of high-tech enterprises [J].

Industrial Engineering and Innovation Management, 2022, 5(1): 57–63.

［53］Zeng Jingwei, Chen Xinyu, Liu Yun, Cui Rongyue, Zhao Pengfei. How does the enterprise green innovation ecosystem collaborative evolve? Evidence from China［J］. Journal of Cleaner Production, 2022, 375: 134181.

［54］艾志红. 数字创新生态系统价值共创的演化博弈研究［J］. 技术经济与管理研究，2023，321（4）：25-30.

［55］安家骥，刘国亮. 营商环境驱动专精特新企业创新的路径选择——基于 FsQCA 的定性比较分析［J］. 科学管理研究，2023，41（2）：101-110.

［56］毕鹏，王丽丽. 机构投资者网络提升了企业创新效率吗［J］. 财会月刊，2023，44（4）：37-44.

［57］曹宪娜. 双元能力与战略一致性对跨境电商企业韧性的影响［J］. 商业经济研究，2021，814（3）：152-155.

［58］曹越，彭可人，郭天枭. 增值税税率调整对企业创新的影响研究［J］. 中国软科学，2023，386（2）：214-224.

［59］陈红川，魏璐璐，李云健，等. 管理创新如何影响企业竞争优势——新冠疫情冲击下组织韧性与政府支持的作用［J］. 广东财经大学学报，2021，36（5）：90-102.

［60］陈劲，李振东，张月遥. 融通创新视角下央地联动共破"卡脖子"技术问题的理论框架与长效机制［J］. 陕西师范大学学报（哲学社会科学版），2023，52（1）：141-152.

［61］陈敏灵，米雪梅，薛静. 创新驱动平台的构建、协同创新机制及治理研究——以陕西秦创原为例［J］. 科学管理研究，2023，41（2）：73-82.

［62］陈文博，张璐洋. 卫星导航产业政策与创新生态系统构建研究［J］. 中国工程科学，2023，25（2）：41-49.

［63］储节旺，李振延. 长三角一体化区域创新生态系统及其知识协同机制研究［J］. 现代情报，2023，43（5）：14-22.

［64］褚建勋，王晨阳，王喆. 国家有组织科研：迎接世界三大中心转移的中国创新生态系统探讨［J］. 中国科学院院刊，2023，38（5）：708-

718.

［65］崔淼，周晓雪，蔡地. 新兴市场企业如何塑造组织韧性——基于路径构造理论的案例研究［J］. 管理案例研究与评论，2020，13（6）：646-657.

［66］丁俊凯，孙晋海. 财税政策促进体育企业创新的影响研究——基于中国体育上市企业数据的实证分析［J］. 中国体育科技，2023，59（4）：109-113.

［67］董彩婷，柳卸林，高雨辰，等. 从创新生态系统视角分析中国光伏产业的追赶与超越［J］. 科研管理，2022，43（12）：44-53.

［68］董艳蕊. 数字经济发展对商贸流通企业创新绩效的影响效应与作用机理［J］. 商业经济研究，2023，862（3）：39-41.

［69］杜传忠，疏爽. 我国提升科技创新能力的机制与路径分析——基于创新生态系统视角［J］. 社会科学辑刊，2023，264（1）：141-149.

［70］杜金柱，扈文秀. 数字经济发展对企业创新持续性的影响［J］. 统计与决策，2023，39（3）：21-26.

［71］杜志威，文志敏，金利霞. "结构-能动性"框架下短期经济韧性的动态演化与影响机制——基于新冠肺炎疫情冲击下对东莞企业的访谈［J］. 热带地理，2022，42（8）：1217-1227.

［72］段华友，杨兴柳，董峰. 数字化转型、融资约束与企业创新［J］. 统计与决策，2023，39（5）：164-168.

［73］樊雪梅，卢梦媛. 新冠疫情下汽车企业供应链韧性影响因素及评价［J］. 工业技术经济，2020，39（10）：21-28.

［74］范明珠，王京，徐璟娜. 异质性股东引入与企业创新质量——来自中国A股上市公司的经验证据［J］. 山西财经大学学报，2023，45（5）：99-112.

［75］范祚军，郅曼琳，孟庆伟. 金融结构市场化与企业创新——基于东盟国家的经验证据［J］. 南洋问题研究，2023，193（1）：96-112.

［76］方慧，霍启欣. 数字服务贸易开放与企业创新质量的"倒U型"关系：兼议技术吸收能力和知识产权保护的调节作用［J］. 世界经济研究，2023，348（2）：3-18+134.

［77］冯挺，祝志勇．探索式创新与企业韧性——来自新三板上市公司的证据［J］．山西财经大学学报，2023，45（2）：116-126.

［78］冯文娜，陈晗．二元式创新对高技术企业组织韧性的影响——知识范围与知识平衡的调节作用［J］．科学学与科学技术管理，2022，43（4）：117-135.

［79］高天宇，马宗国．政府补助、税收优惠对国家自主创新示范区企业创新绩效的影响——以中关村国家自主创新示范区为例［J］．现代管理科学，2023，338（1）：94-104.

［80］戈兴成，季璐．数字经济产业创新生态系统的形成与演化分析［J］．经济体制改革，2023，238（1）：125-134.

［81］顾建平，崔雨欣．高管团队社会资本与企业发展韧性：团队心理资本与风险承担能力的链式中介作用［J］．技术经济，2023，42（4）：172-184.

［82］顾建平，房颖莉．战略性企业社会责任与组织韧性：网络嵌入与创新能力的链式中介作用［J］．科技管理研究，2022，42（16）：146-153.

［83］关皓明，杨青山，浩飞龙，等．基于"产业—企业—空间"的沈阳市经济韧性特征［J］．地理学报，2021，76（2）：415-427.

［84］韩少杰，苏敬勤．数字化转型企业开放式创新生态系统的构建——理论基础与未来展望［J］．科学学研究，2023，41（2）：335-347.

［85］郝政，褚泽泰，刘艳峰，等．中国式现代化国家创新体系的效能提升与优化路径研究——基于创新生态系统的组态分析［J］．科学管理研究，2023，41（2）：18-26.

［86］何建民，姜文琼．疫情下旅游企业韧性与高质量发展的基本理论及决策和管理思路［J］．旅游学刊，2022，37（9）：8-10.

［87］何洁，毛焱，梁滨，等．新冠肺炎疫情背景下企业社会责任对员工韧性的影响研究［J］．中国人力资源开发，2020，37（8）：35-47.

［88］贺正楚，潘为华，潘红玉．制造企业创新效率测度与影响因素研究——基于数字化转型的视角［J］．科学决策，2023，307（2）：18-29.

［89］侯曼，王倩楠，弓嘉悦．企业家精神、组织韧性与中小企业可持续发展——环境不确定性的调节作用［J］．华东经济管理，2022，36（12）：

120-128.

［90］胡海峰，宋肖肖，窦斌．数字化在危机期间的价值：来自企业韧性的证据［J］．财贸经济，2022，43（7）：134-148.

［91］胡海峰，宋肖肖，郭兴方．投资者保护制度与企业韧性：影响及其作用机制［J］．经济管理，2020，42（11）：23-39.

［92］胡甲滨，俞立平，张宏如．数字创新韧性与高技术产业创新：机制及效应［J］．山西财经大学学报，2023，45（4）：95-111.

［93］胡宁宁，侯冠宇．区域创新生态系统如何驱动高技术产业创新绩效——基于30个省份案例的NCA与fsQCA分析［J］．科技进步与对策，2023，40（10）：100-109.

［94］胡艳君，王如意，党西凤．智慧城市建设是否促进了企业创新绩效？——来自准自然实验的证据［J］．现代管理科学，2023，339（2）：114-123.

［95］胡媛媛，陈守明，仇方君．企业数字化战略导向、市场竞争力与组织韧性［J］．中国软科学，2021（S1）：214-225.

［96］黄思琦，刘年平，谢晓君，等．建筑企业韧性安全文化实证研究［J］．中国安全生产科学技术，2020，16（1）：111-117.

［97］黄送钦，禹心郭，吕鹏．平台的力量：设立研发平台能促进企业创新吗？［J］．经济管理，2023，45（2）：80-97.

［98］黄细嘉，宋佳星，李茫茫．审批制度改革与企业创新绩效——基于行政审批中心成立的准自然实验［J］．江西社会科学，2023，43（2）：65-78.

［99］霍远，何旭，陶圆．经济政策不确定性对企业创新持续性的影响——基于非线性视角的实证分析［J］．技术经济，2023，42（2）：64-77.

［100］江春，雷振锋，胡德宝，等．利率市场化改革能促进企业创新吗？——基于中国人民银行取消贷款利率上下限的经验证据［J］．国际金融研究，2023，432（4）：29-38.

［101］江映霞．地区数字化视角下普惠金融对企业创新的影响——基于融资效率和投资机会的分析［J］．财会通讯，2023，915（7）：54-58+111.

［102］姜安印，张帆，苏志．信息基础设施建设与企业创新"增量提质"关系研究——基于数字化、网络化、智能化时代特征的考量［J］．价格理论与实践，2023，463（1）：169-173．

［103］姜帅帅，刘慧．危机冲击下全球价值链嵌入对企业出口韧性的"双刃剑"效应［J］．国际商务（对外经济贸易大学学报），2021，198（1）：1-17．

［104］蒋峦，凌宇鹏，张吉昌，等．数字化转型如何影响企业韧性？——基于双元创新视角［J］．技术经济，2022，41（1）：1-11．

［105］蒋纳，李晓静．海外子公司地理布局、地区知识产权保护与企业创新［J］．世界经济研究，2023，348（2）：50-65+135．

［106］李恩极，张晨，万相昱．经济政策不确定性下的创新决策：企业韧性视角［J］．当代财经，2022，455（10）：102-114．

［107］李光辉，孙浩骐．自由贸易试验区设立对企业创新搜索战略的影响研究［J］．财贸研究，2023，34（3）：28-41．

［108］李海林，汤弘钦，林春培．异质性创新补贴对企业创新的机制分析［J］．华侨大学学报（哲学社会科学版），2023，155（2）：71-87．

［109］李健．基于"ICIG"分析框架的创新区驱动力及评价体系研究［J］．学术论坛，2023，46（1）：103-112．

［110］李江，吴玉鸣．政府补助与制造业企业创新：基于"量"与"质"的视角［J］．现代经济探讨，2023，496（4）：88-98．

［111］李兰，王锐，彭泗清．企业家成长30年：企业家精神引领企业迈向高质量发展——中国企业家队伍成长与发展30年调查综合报告［J］．管理世界，2023，39（3）：113-136．

［112］李兰，仲为国，彭泗清，等．新冠肺炎疫情危机下的企业韧性与企业家精神——2021·中国企业家成长与发展专题调查报告［J］．南开管理评论，2022，25（1）：50-64．

［113］李廉水，张梦娜，程中华．不同所有制的智能制造企业创新效率及其决定——基于智能制造示范试点企业的研究［J］．科学学与科学技术管理，2023，44（2）：107-124．

［114］李乾文，曹佳颖．创业企业组织韧性培育路径研究［J］．现代经

济探讨，2021，479（11）：107-115.

［115］李容达，何婧. 数字技术应用与企业创新：机制识别与约束条件［J］. 金融理论与实践，2023，523（2）：9-23.

［116］李姗姗，黄群慧. 基于 fsQCA 方法的新创企业组织韧性构建路径研究［J］. 经济体制改革，2022，234（3）：90-96.

［117］李彤. 对当代民营企业"韧性"生存力建设的思考［J］. 商业时代，2013，618（35）：100-101.

［118］李欣. 家族企业的绩效优势从何而来？——基于长期导向韧性的探索［J］. 经济管理，2018，40（5）：54-72.

［119］李星，戚湧，张桂阳. 高端装备制造企业创新的多重并发因果关系研究［J］. 中国科技论坛，2023，322（2）：82-92.

［120］李迎成，李金刚. 基于生态位视角的城市创新空间适宜性评价及发展策略研究——以南京市为例［J］. 科技管理研究，2023，43（7）：62-69.

［121］李宇，王竣鹤. 学习和忘却、组织韧性与企业数字化能力获取研究［J］. 科研管理，2022，43（6）：74-83.

［122］李志遂，聂常虹，刘倚溪，等. 大科学装置（集群）驱动型创新生态系统的理论模型与实证研究［J］. 管理评论，2023，35（1）：121-133.

［123］梁富山，王心洁. 加计扣除优惠政策对企业创新的异质性效应研究——基于多期 DID 的实证检验［J］. 税收经济研究，2023，28（1）：54-66.

［124］林素娇. 共享经济对流通企业创新绩效的影响［J］. 商业经济研究，2023，867（8）：151-154.

［125］林艳，廖慧. 不同类型的科技型新创企业如何嵌入数字创新生态系统？——基于资源编排视角［J］. 学习与探索，2023，333（4）：98-107.

［126］刘斌，谭书琪. 企业社会责任对组织韧性创新的影响——基于中国制造业上市公司的多维实证分析［J］. 企业经济，2022，41（1）：113-121.

［127］刘刚，朱朝晖. 数字经济赋能企业创新能力提升的实证检验——基于智慧城市的准自然实验［J］. 现代管理科学，2023，339（2）：134-

142.

［128］刘昊昱. 关系资本与零售企业韧性的互动关系：网络能力的中介效应［J］. 商业经济研究，2022，843（8）：122-125.

［129］刘和东，鲁晨曦. 创新生态系统韧性对经济高质量发展的影响［J］. 中国科技论坛，2023，321（1）：48-57.

［130］刘慧，綦建红. 外需冲击下多元化策略如何影响企业出口韧性［J］. 国际经贸探索，2021，37（12）：4-19.

［131］刘苹. 数字经济影响民营企业韧性的空间效应研究［J］. 工业技术经济，2022，41（12）：20-27.

［132］刘铁鑫，杜静然，伊茹罕. 数据驱动能力、创新生态系统"占位"与企业高质量创新——以小米为例［J］. 财会月刊，2023，44（4）：105-114.

［133］刘亭立，方钰，王妍. 殊途同归还是两歧遂分：战略调整度对企业创新绩效的影响［J］. 科技管理研究，2023，43（4）：12-21.

［134］刘小霞，韩传丽. 公共危机视域下中小企业组织韧性提升的循环路径探析［J］. 领导科学，2021，803（18）：73-75.

［135］刘元雏，华桂宏. 金融科技能否通过缓解金融错配促进企业创新可持续性——来自战略性新兴产业上市公司的经验证据［J］. 中国科技论坛，2023，324（4）：122-132.

［136］刘云，郭栋，黄祖广. 我国高档数控机床技术追赶的特征、机制与发展策略——基于复杂产品系统的视角［J］. 管理世界，2023，39（3）：140-158.

［137］柳彩莲. 数字化转型对流通企业供应链韧性的影响研究［J］. 商业经济研究，2023，863（4）：29-32.

［138］卢现祥，许诚. 非正式制度影响企业创新吗？——基于我国A股民营上市公司的经验证据［J］. 江汉论坛，2023，537（3）：13-21.

［139］陆可晶，罗仲伟. 环境突变下中小制造企业的组织韧性研究［J］. 价格理论与实践，2022，454（4）：20-27.

［140］陆蓉，徐龙炳，叶茜茜，等. 中国民营企业韧性测度与影响因素研究［J］. 经济管理，2021，43（8）：56-73.

［141］吕波，漆萌，葛鑫月．独角兽企业创新能力与区域创新生态系统耦合机制研究［J］．科技管理研究，2023，43（3）：1-9.

［142］马施．共同富裕背景下内部薪酬差距与企业创新［J］．会计之友，2023，704（8）：150-156.

［143］毛宁，杨运杰，尹志锋．"单向混改"还是"双向混改"？——民营企业混合所有制改革路径选择对企业创新的影响［J］．经济管理，2023，45（1）：85-104.

［144］梅蕾，胡荣荣，张鹏，等．创新生态系统视角下健康服务业发展仿真［J］．计算机仿真，2023，40（2）：503-509.

［145］孟金环．区域物流能力对流通业韧性的影响研究——产业聚集的调节效应［J］．商业经济研究，2023，868（9）：85-88.

［146］孟韬，李琦，赵非非等．数字服务化战略如何影响企业绩效：基于组织韧性视角［J］．科学决策，2023，307（2）：1-17.

［147］欧阳桃花，曹鑫．推动企业技术创新能力和创新主体地位——基于数字化资源视角［J］．北京航空航天大学学报（社会科学版），2023，36（2）：115-123.

［148］綦方中，张磊磊．基于改进灰色预测模型的供应链韧性评价与预警研究［J］．工业技术经济，2022，41（12）：100-107.

［149］乔翠霞，马一森，刘韵致．非国有股东治理与国有企业创新：倒U型关系及其形成机理检验［J］．改革，2023，348（2）：118-138.

［150］乔朋华，龙杨，许为宾．管理者心理韧性对企业创新绩效的影响机制研究［J］．外国经济与管理，2022，44（7）：33-47.

［151］乔朋华，张悦，许为宾，等．管理者心理韧性、战略变革与企业成长——基于香港联合证券交易所中资上市公司的实证研究［J］．管理评论，2022，34（2）：269-280.

［152］乔朋华，张悦，许为宾．领导者韧性对高科技企业探索式创新的影响——兼论期望落差的调节作用［J］．软科学，2022，36（3）：131-137.

［153］卿陶．知识产权保护、集聚差异与企业创新［J］．经济学报，2023，10（1）：15-46.

［154］冉奥博，吕晓荷，余畅．面向全面创新的县域创新生态构建研

究——以安徽省界首市为例［J］．科学管理研究，2023，41（1）：106-111．

［155］任跃文，张伟科．政府研发资助方式与企业创新效率——基于企业特征和创新动机双约束视角［J］．财会月刊，2023，44（6）：54-61．

［156］沙叶舟，唐伟霞，李实．外部冲击与中国上市公司韧性——来自"中国制造2025"企业的事件研究证据［J］．福建论坛（人文社会科学版），2020，343（12）：73-86．

［157］沈佳坤，张军，陈娟．应用型高校的校企融通创新模式与动力机制——区域创新生态系统的多案例研究［J］．高校教育管理，2023，17（3）：100-110+124．

［158］沈亚男，陈锦鹏．人力资本异质性与高新技术企业创新绩效——基于创新行为的非线性检验［J］．山西财经大学学报，2023，45（4）：112-126．

［159］沈昱青．FDI、融资约束与企业创新产出［J］．财会通讯，2023，916（8）：79-82．

［160］史丹，李少林．新冠肺炎疫情冲击下企业生存韧性研究——来自中国上市公司的证据［J］．经济管理，2022，44（1）：5-26．

［161］宋建，包辰．税收优惠政策能否激励中国企业创新？——基于创新链视角的探究［J］．南京审计大学学报，2023，20（1）：60-67．

［162］宋耘，王婕，陈浩泽．逆全球化情境下企业的组织韧性形成机制——基于华为公司的案例研究［J］．外国经济与管理，2021，43（5）：3-19．

［163］孙维章，薛智中，王亚平，等．CEO继任来源、生存环境异质性与企业创新投入［J］．科技管理研究，2023，43（5）：136-145．

［164］孙文浩．政府结构化人才引进政策能否促进企业创新［J］．科研管理，2023，44（4）：164-174．

［165］唐朝永，师永志，李逸波，等．失败学习与企业绩效：组织韧性与环境动态性的作用［J］．管理评论，2023，35（4）：291-302．

［166］滕莉莉，苏杭，覃莹莹．政府研发补贴对高新技术企业创新效率的影响——基于异质性的门槛效应分析［J］．财政科学，2023，85（1）：

118-135.

[167] 田博文，李灿，吕晓月. 抑制还是促进：企业冗余资源对组织韧性质量的影响研究 [J]. 技术经济，2022，41（12）：168-180.

[168] 田超杰，张会锋. 如何锻造品牌韧性——基于 54 家老字号上市企业的组态分析 [J]. 中国流通经济，2022，36（1）：92-103.

[169] 王崇锋，刘洋，许杰. 合作网络视角下组织韧性对企业技术创新的影响研究——基于知识异质性的调节效应分析 [J]. 工业技术经济，2022，41（8）：69-76.

[170] 王海花，周洁，郭建杰，等. 区域创新生态系统适宜度、双元网络与创新绩效——一个有调节的中介 [J]. 管理评论，2023，35（3）：83-91.

[171] 王敬. 战略转型情境下企业发展的权变风险识别与治理之道 [J]. 领导科学，2021，807（22）：103-106.

[172] 王靖宇，刘长翠，张宏亮. 产学研合作与企业创新质量——内部吸收能力与外部行业特征的调节作用 [J]. 管理评论，2023，35（2）：147-155.

[173] 王凯，王辰烨. 国有资本投资运营公司组建对企业创新的影响研究——基于准自然实验的证据 [J]. 管理学刊，2023，36（1）：120-139.

[174] 王莉娜，郭誉森. 数智化和制造企业创新质量——来自中国上市企业的经验证据 [J]. 工业技术经济，2023，42（4）：13-23.

[175] 王林，杨勇，王琳，等. 管理者韧性对企业 - 员工共同感知的影响机制研究 [J]. 管理学报，2019，16（6）：857-866.

[176] 王苗，张冰超. 企业数字化能力对商业模式创新的影响——基于组织韧性和环境动荡性视角 [J]. 财经问题研究，2022，464（7）：120-129.

[177] 王敏，李兆伟. 数字普惠金融与企业创新：理论逻辑与实证检验 [J]. 管理学刊，2023，36（1）：102-119.

[178] 王楠楠，崔登峰. 疾风知劲草：企业韧性评价指标体系与量化分析 [J]. 工业技术经济，2023，42（2）：86-95.

[179] 王倩，柳卸林. 企业跨界创新中的价值共创研究：基于生态系统视角 [J]. 科研管理，2023，44（4）：11-18.

［180］王圣君，王雷，张悦，等. 匹配视角下创新可占有性与企业创新绩效关系研究［J］. 管理评论，2023，35（3）：125-135.

［181］王世文，温馨，刘峻峰. 金融科技对中小企业创新的影响［J］. 经济问题，2023，523（3）：51-57.

［182］王维，宋芳菲，乔朋华. 企业家心理韧性对企业成长的影响——探索式创新与社会连带的中介调节作用［J］. 科技进步与对策，2021，38（3）：124-132.

［183］王文华，丁佳琰. 并购业绩承诺、风险承担与企业创新绩效［J］. 财会月刊，2023，44（3）：32-40.

［184］王晓燕，郭建鸾，张璐，等. "专一"还是"多变"：高管职业路径如何影响企业创新？［J］. 经济管理，2023，45（1）：144-168.

［185］王馨博，高良谋. 互联网嵌入下的组织韧性对新创企业成长的影响［J］. 财经问题研究，2021，453（8）：121-128.

［186］王永贵，高佳. 新冠疫情冲击、经济韧性与中国高质量发展［J］. 经济管理，2020，42（5）：5-17.

［187］王永霞，孙新波，张明超，等. 数字化转型情境下组织韧性形成机理——基于数据赋能视角的单案例研究［J］. 技术经济，2022，41（5）：97-108.

［188］王勇，蔡娟. 企业管理者积极领导力对组织韧性的影响机制研究［J］. 首都经济贸易大学学报，2021，23（2）：92-102.

［189］王勇，蔡娟. 企业员工职业生涯韧性构念、影响因素及其提升策略［J］. 企业经济，2018，37（2）：120-124.

［190］王勇，蔡娟. 企业组织韧性量表发展及其信效度验证［J］. 统计与决策，2019，35（5）：178-181.

［191］王勇. 组织韧性、战略能力与新创企业成长关系研究［J］. 中国社会科学院研究生院学报，2019，229（1）：68-77.

［192］王雨帆，李依文. 浙江省饲料产业科技创新驱动发展生态系统战略研究［J］. 中国饲料，2023，720（4）：156-159.

［193］王玉，张占斌. 传统企业数字化、组织韧性与市场竞争力——基于236家企业调查数据［J］. 华东经济管理，2022，36（7）：98-106.

［194］魏文江，钟春平．中国风险投资与企业创新：绩效及作用机制——基于半导体行业的实证研究［J］．河南社会科学，2023，31（2）：45-55.

［195］魏昀妍，龚星宇，柳春．数字化转型能否提升企业出口韧性［J］．国际贸易问题，2022，478（10）：56-72.

［196］魏昀妍，岳文，韩剑．区域贸易协定与企业出口韧性［J］．当代财经，2023，461（4）：106-117.

［197］温科，李常洪，徐晓肆．质量信号对企业创新绩效的影响［J］．企业经济，2023，42（4）：72-84.

［198］吴斌，柏双伟，张新．产业链韧性在人工智能产业链评估中的应用探讨［J］．科技管理研究，2023，43（7）：199-204.

［199］吴慧香，朱文婧．股权涉入方式与家族企业创新［J］．会计之友，2023，700（4）：42-48.

［200］伍晨，张帆．数字并购、数字化转型与企业创新［J］．现代财经（天津财经大学学报），2023，43（3）：21-38.

［201］伍兆祥，代吉林，李胜文．长期导向投资韧性、数字化转型与家族企业国际创业［J］．山西财经大学学报，2023，45（6）：99-112.

［202］夏丽艳，关勇军．人才政策驱动背景下的企业创新绩效研究——基于 fsQCA 方法［J］．财会月刊，2023，44（7）：149-154.

［203］肖兴志，李少林．大变局下的产业链韧性：生成逻辑、实践关切与政策取向［J］．改革，2022，345（11）：1-14.

［204］谢泗薪，董涵．物流企业战略韧性型人力资源管理的发展方略——基于后疫情时代［J］．价格月刊，2021，534（11）：64-73.

［205］谢泗薪，孙敏，秦皓．绿色物流引领长江经济带高质量发展的时空差异及引领战略构建——基于韧性经济视角［J］．中国流通经济，2022，36（9）：17-31.

［206］谢泗薪．长江经济带绿色经济发展视角下韧性物流引领战略创新研究［J］．南通大学学报（社会科学版），2023，39（1）：11-22.

［207］辛晓华，缪小明，魏芬芬．产业创新生态系统组态与产业竞争力——基于模糊集定性比较分析［J］．中国科技论坛，2023，323（3）：

82-92.

[208] 徐光伟，孙露，刘星. 行政区划调整赋能民营企业创新发展的机制研究——基于"撤县设区"的经验分析 [J]. 西部论坛，2023，33（1）：108-124.

[209] 徐虹. 风险投资与企业创新的互动耦合机制——基于信任嵌入视角的文献思考与研究展望 [J]. 会计之友，2023，705（9）：2-8.

[210] 薛楚江，潘博. 传统金融发展、金融科技与企业创新 [J]. 新金融，2023，409（2）：56-63.

[211] 薛海燕，张信东，贺亚楠. 转板能促进中小企业创新吗？——来自新三板转板企业的新证据 [J]. 中国软科学，2023，387（3）：123-139.

[212] 闫晓勇，李烨，王刘伟，等. 基于三方演化博弈的创新生态系统自组织集聚机制研究 [J]. 科学学与科学技术管理，2023，44（3）：63-79.

[213] 阳镇，贺俊. 科技自立自强：逻辑解构、关键议题与实现路径 [J]. 改革，2023，349（3）：15-31.

[214] 杨柏，陈银忠，李海燕. 数字化转型下创新生态系统演进的驱动机制 [J]. 科研管理，2023，44（5）：62-69.

[215] 杨隽萍，赵彩虹. 基于链式中介模型的组织韧性对新创企业成长性研究 [J]. 科技管理研究，2022，42（11）：192-200.

[216] 杨秀丽，邵易珊，张晓萍，等. 乡村振兴背景下中医药产业创新生态系统构建 [J]. 卫生经济研究，2023，40（4）：34-37+42.

[217] 杨宜，李建伟，张彦，等. 新冠肺炎疫情冲击下中国民营企业韧性的实证研究——基于融资约束的视角 [J]. 北京联合大学学报（人文社会科学版），2021，19（4）：64-75.

[218] 臧树伟，王浩福，王启蒙. 好风凭借力：非核心企业如何实现创新生态嵌入？[J]. 科学学与科学技术管理，2023，44（3）：21-41.

[219] 张宝建，裴梦丹. 企业韧性战略的双重选择——基于可持续创新理论 [J]. 现代经济探讨，2020，465（9）：89-97.

[220] 张超，陈丽芳，宋华盛. 土地规制与企业创新——基于中国土地集约节约政策的研究 [J]. 经济学（季刊），2023，23（1）：37-55.

［221］张慧慧. 科教兴国背景下高校研发对企业创新的促进作用及机制研究［J］. 社会科学，2023，510（2）：128-140.

［222］张吉昌，龙静，凌宇鹏，等. 逆势而生：企业韧性研究述评及展望［J］. 管理现代化，2021，41（3）：121-125.

［223］张吉昌，龙静，王泽民. 中国民营上市企业的组织韧性驱动机制——基于"资源－能力－关系"框架的组态分析［J］. 经济与管理研究，2022，43（2）：114-129.

［224］张嘉耕，卿春. 研发国际化深度与广度影响上市电商企业创新绩效的机理：考虑网络位置的调节作用［J］. 商业经济研究，2023，861（2）：165-168.

［225］张晶，刘琼，于渤. 创新生态系统模式对新创企业创新绩效的影响研究——基于平台与产品的双重视角［J］. 工业技术经济，2023，42（3）：106-114.

［226］张玲. 融资约束、政策支持与企业创新［J］. 财会通讯，2023，915（7）：59-63.

［227］张璐. "双循环"格局下资本错配影响流通企业创新发展的机制［J］. 商业经济研究，2023，865（6）：140-143.

［228］张卿，邓石军. 数字化转型对企业韧性的影响——来自COVID-19的证据［J］. 经济与管理，2023，37（1）：38-48.

［229］张帏，王荔妍，高雨辰. 创新生态系统中的互补性技术：编排、治理与演进机制［J］. 科学学与科学技术管理，2023，44（3）：4-20.

［230］张文涛，廖路思，赵雯敏，等. 全过程创新生态链：比较、经验与启示——以广州环五山创新策源区为例［J］. 科技管理研究，2022，42（24）：24-30.

［231］张永云，刘杜娟. 外部研发合作对企业创新绩效的影响——基于知识网络视角［J］. 华东经济管理，2023，37（4）：110-119.

［232］赵策，余婕. 农村创业者权威与企业创新［J］. 贵州财经大学学报，2023，223（2）：62-72.

［233］赵晨，林晨，刘军，等. 中小企业的韧性重铸——"政策＋平台"的协同纾困机制［J］. 学术研究，2023，460（3）：84-91.

［234］赵凯，徐圣翔. 外部环境、企业创新与政府补贴［J］. 统计与决策，2023，39（6）：167-172.

［235］赵坤，荆林波，孙锐，等. 创业企业韧性如何促进新产品开发？——资源保护理论视角下的单案例研究［J］. 技术经济，2021，40（5）：133-145.

［236］赵胜民，于星慧. 企业社会责任对企业创新的影响研究——来自中国上市公司的经验证据［J］. 科研管理，2023，44（4）：144-153.

［237］赵思嘉，易凌峰，连燕玲. 创业型领导、组织韧性与新创企业绩效［J］. 外国经济与管理，2021，43（3）：42-56.

［238］赵伟，吴松强，吴琨. 韧性视角下科技型中小企业创新风险防范研究［J］. 现代管理科学，2022，332（1）：115-124.

［239］赵艺璇，成琼文，陆思宇，等. 创新生态系统中参与者资源获取路径研究——社会嵌入视角的多案例分析［J］. 管理学报，2023，20（2）：159-170.

［240］郑涛，杨如雪. 高技术制造业的技术创新、产业升级与产业韧性［J］. 技术经济，2022，41（2）：1-14.

［241］郑向杰. 齐美尔关系与企业创新：联盟创新网络视阈下的知识效应［J］. 企业经济，2023，42（4）：50-59.

［242］郑玉. 数字基础设施建设对企业创新影响机理探究——基于"宽带中国"战略试点准自然实验的实证检验［J］. 中央财经大学学报，2023，428（4）：90-104.

［243］周常宝，冯志红，林润辉，等. 从产品导向到生态导向：高科技企业创新生态系统的构建——基于大疆的纵向案例［J］. 管理评论，2023，35（3）：337-352.

［244］周全，程梦婷，陈九宏，等. 战略性新兴产业创新生态系统研究进展及趋势展望［J］. 科学管理研究，2023，41（2）：57-65.

［245］邹永广，吴沛，李媛，等. 新冠病毒感染疫情影响下旅游企业韧性：进阶机理与复苏路径［J］. 中国软科学，2023，386（2）：125-135.